精品课程新形态教材

21 世纪应用型人才培养规划教材

"双创"型人才培养教材

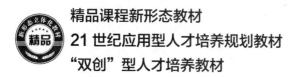

U0614143

水手业务

SHUISHOU
YEWU

主编　黎冬楼

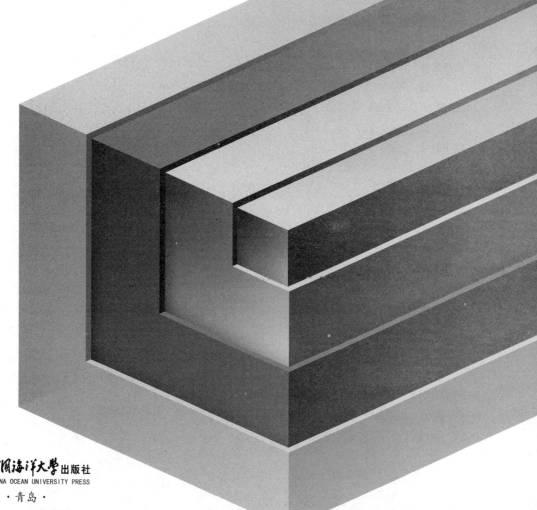

中国海洋大学出版社

CHINA OCEAN UNIVERSITY PRESS

·青岛·

图书在版编目（CIP）数据

水手业务 / 黎冬楼主编 . —青岛：中国海洋大学
出版社，2023.7
ISBN 978-7-5670-3404-4

Ⅰ.①水…　Ⅱ.①黎…　Ⅲ.①海员-资格考试-教材
Ⅳ.①U676.2

中国国家版本馆 CIP 数据核字（2023）第 017520 号

出版发行	中国海洋大学出版社
社　　址	青岛市香港东路 23 号　　　　邮政编码　266071
出 版 人	刘文菁
网　　址	http://pub.ouc.edu.cn
电子信箱	2880524430@qq.com
订购电话	010-82477073（传真）　　　　电　　话　0532-85902349
责任编辑	王积庆
印　　制	涿州汇美亿浓印刷有限公司
版　　次	2023 年 7 月第 1 版
印　　次	2023 年 7 月第 1 次印刷
成品尺寸	185 mm×260 mm
印　　张	18.5
字　　数	425 千
印　　数	1—10000
定　　价	49.80 元

前　言

本教材是根据二十大精神的有关要求，高举中国特色社会主义伟大旗帜，全面贯彻新时代中国特色社会主义思想，严格按照交通运输部编制的《海船船员培训大纲（2021版）》中 500 总吨及以上船舶值班水手的相关内容进行编写的，也完全履行了《STCW 公约》马尼拉修正案中对船舶值班水手的相关要求。并弘扬伟大建党精神，自信自强、守正创新、踔厉奋发、勇毅前行，为全面建设社会主义现代化国家、全面推进中华民族伟大复兴而团结奋斗。为了落实国家的教育方针，教材增加了船员法律规定和职业道德部分课程思政的内容。本书既具有国际性，也符合我国国情，富有时代特性。

本教材共六章，第一章是课程思政的内容，编写了国家与船员有关的法律规定和应该具备的职业道德；第二章到第五章是水手理论考试的内容，分别是第二章航海基础知识、第三章水手值班、第四章水手专业基础知识、第五章水手工艺技能；第六章介绍的是水手实操评估的内容。

本教材由黎冬楼担任主编，缪从金、陈忠平、魏爱民、彭海光担任副主编。其中第一、二、三章由黎冬楼编写；第四、五章由缪从金、魏爱民编写；第六章由陈忠平、彭海光编写。本教材最后由黎冬楼统稿。

本教材既可作为在校学生的水手业务学习用书，也可作为在职船员和社会人员参加水手业务考试的培训教材，还可供航海类专业教学人员的教学和参考用书。

编　者

目 录

CONTENTS

第一章　船员的法律规定与职业道德

第一节　海上交通安全法对船员的规定

中国籍船员和海上设施上的工作人员应当接受海上交通安全以及相应岗位的专业教育、培训。中国籍船员应当依照有关船员管理的法律、行政法规的规定向海事管理机构申请取得船员适任证书，并取得健康证明。外国籍船员在中国籍船舶上工作的，按照有关船员管理的法律、行政法规的规定执行。船员在船舶上工作，应当符合船员适任证书载明的船舶、航区、职务的范围。

中国籍船舶的所有人、经营人或者管理人应当为其国际航行船舶向海事管理机构申请取得海事劳工证书。船舶取得海事劳工证书应当符合下列条件：

（1）所有人、经营人或者管理人依法招用船员，与其签订劳动合同或者就业协议，并为船舶配备符合要求的船员；

（2）所有人、经营人或者管理人已保障船员在船舶上的工作环境、职业健康保障和安全防护、工作和休息时间、工资报酬、生活条件、医疗条件、社会保险等符合国家有关规定；

（3）所有人、经营人或者管理人已建立符合要求的船员投诉和处理机制；

（4）所有人、经营人或者管理人已就船员遣返费用以及在船就业期间发生伤害、疾病或者死亡依法应当支付的费用提供相应的财务担保或者投保相应的保险。

海事管理机构人力资源社会保障行政部门，按照各自职责对申请人及其船舶是否符合前款规定条件进行审核。经审核符合规定条件的，海事管理机构应当自受理申请之日起10个工作日内颁发海事劳工证书；不符合规定条件的，海事管理机构应当告知申请人并说明理由。海事劳工证书颁发及监督检查的具体办法由国务院交通运输主管部门会同国务院人力资源社会保障行政部门制定并公布。

海事管理机构依照有关船员管理的法律、行政法规的规定，对单位从事海船船员培训业务进行管理。

国务院交通运输主管部门和其他有关部门、有关县级以上地方人民政府应当建立健全船员境外突发事件预警和应急处置机制，制订船员境外突发事件应急预案。船员境外突发事件应急处置由船员派出单位所在地的省、自治区、直辖市人民政府负责，船员户籍所在地的省、自治区、直辖市人民政府予以配合。中华人民共和国驻外国使馆、领馆和相关海事管理机构应当协助处置船员境外突发事件。

第二节　船员条例

一、总则

为了加强船员管理，提高船员素质，维护船员的合法权益，保障水上交通安全，保护水域环境，制定本条例。中华人民共和国境内的船员注册、任职、培训、职业保障以及提供船员服务等活动，适用本条例。

国务院交通主管部门主管全国船员管理工作。国家海事管理机构依照本条例负责统一实施船员管理工作。负责管理中央管辖水域的海事管理机构和负责管理其他水域的地方海事管理机构（以下统称海事管理机构），依照各自职责具体负责船员管理工作。

二、船员注册和任职资格

本条例所称船员，是指依照本条例的规定取得船员适任证书的人员，包括船长、高级船员、普通船员。本条例所称船长，是指依照本条例的规定取得船长任职资格，负责管理和指挥船舶的人员。本条例所称高级船员，是指依照本条例的规定取得相应任职资格的大副、二副、三副、轮机长、大管轮、二管轮、三管轮、通信人员以及其他在船舶上任职的高级技术或者管理人员。本条例所称普通船员，是指除船长、高级船员外的其他船员。

船员应当依照本条例的规定取得相应的船员适任证书。申请船员适任证书，应当具备下列条件：

（1）年满 18 周岁（在船实习、见习人员年满 16 周岁）且初次申请不超过 60 周岁；

（2）符合船员任职岗位健康要求；

（3）经过船员基本安全培训。

参加航行和轮机值班的船员还应当经过相应的船员适任培训、特殊培训，具备相应的船员任职资历，并且任职表现和安全记录良好。国际航行船舶的船员申请适任证书的，还应当通过船员专业外语考试。

申请船员适任证书，可以向任何有相应船员适任证书签发权限的海事管理机构提出书面申请，并附送申请人符合本条例第五条规定条件的证明材料。对符合规定条件并通过国家海事管理机构组织的船员任职考试的，海事管理机构应当发给相应的船员适任证书及船员服务簿。

船员适任证书应当注明船员适任的航区（线）、船舶类别和等级、职务以及有效期限等事项。参加航行和轮机值班的船员适任证书的有效期不超过 5 年。船员服务簿应当载明船员的姓名、住所、联系人、联系方式、履职情况以及其他有关事项。船员服务簿记载的事项发生变更的，船员应当向海事管理机构办理变更手续。

中国籍船舶的船长应当由中国籍船员担任。中国籍船舶在境外遇有不可抗力或者其他特殊情况，无法满足船舶最低安全配员要求，需要由本船下一级船员临时担任上一级职务时，应当向海事管理机构提出申请。海事管理机构根据拟担任上一级职务船员的任职资历、任职表现和安全记录，出具相应的证明文件。

曾经在军用船舶、渔业船舶上工作的人员，或者持有其他国家、地区船员适任证书的船员，依照本条例的规定申请船员适任证书的，海事管理机构可以免除船员培训和考试的相应内容。具体办法由国务院交通主管部门另行规定。

以船员身份出入国境和在国外船舶上从事工作的中国籍船员，应当向国家海事管理机构指定的海事管理机构申请中华人民共和国船员证。申请中华人民共和国船员证，应当符合下列条件：

（1）是中华人民共和国公民；

（2）持有国际航行船舶船员适任证书或者有确定的船员出境任务；

（3）无法律、行政法规规定禁止出境的情形。

海事管理机构应当自受理申请之日起 7 日内做出批准或者不予批准的决定。予以批准的，发给中华人民共和国船员证；

不予批准的，应当书面通知申请人并说明理由。

中华人民共和国船员证是中国籍船员在境外执行任务时表明其中华人民共和国公民身份的证件。中华人民共和国船员证遗失、被盗或者损毁的，应当向海事管理机构申请补发。

船员在境外的，应当向中华人民共和国驻外使馆、领馆申请补发。中华人民共和国船员证的有效期不超过 5 年。

持有中华人民共和国船员证的船员，在其他国家、地区享有按照当地法律、有关国际条约以及中华人民共和国与有关国家签订的海运或者航运协定规定的权利和通行便利。在中国籍船舶上工作的外国籍船员，应当依照法律、行政法规和国家其他有关规定取得就业许可，并持有国务院交通主管部门规定的相应证书和其所属国政府签发的相关身份证件。在中华人民共和国管辖水域航行、停泊、作业的外国籍船舶上任职的外国籍船员，应当持有中华人民共和国缔结或者加入的国际条约规定的相应证书和其所属国政府签发的相关身份证件。

三、船员职责

船员在船工作期间，应当符合下列要求：

（1）携带本条例规定的有效证件；

（2）掌握船舶的适航状况和航线的通航保障情况，以及有关航区气象、海况等必要的信息；

（3）遵守船舶的管理制度和值班规定，按照水上交通安全和防治船舶污染的操作规则操纵、控制和管理船舶，如实填写有关船舶法定文书，不得隐匿、篡改或者销毁有关船舶法定证书、文书；

（4）参加船舶应急训练、演习，按照船舶应急部署的要求，落实各项应急预防措施；

（5）遵守船舶报告制度，发现或者发生险情、事故、保安事件或者影响航行安全的情况，应当及时报告；

（6）在不严重危及自身安全的情况下，尽力救助遇险人员；

（7）不得利用船舶私载旅客、装载货物，不得携带违禁物品。

船长在其职权范围内发布的命令，船舶上所有人员必须执行。高级船员应当组织下属船员执行船长命令，督促下属船员履行职责。船长管理和指挥船舶时，应当符合下列要求：

（1）保证船舶和船员携带符合法定要求的证书、文书以及有关航行资料；

（2）制订船舶应急计划并保证其有效实施；

（3）保证船舶和船员在开航时处于适航、适任状态，按照规定保障船舶的最低安全配员，保证船舶的正常值班；

（4）执行海事管理机构有关水上交通安全和防治船舶污染的指令，船舶发生水上交通事故或者污染事故的，向海事管理机构提交事故报告；

（5）对本船船员进行日常训练和考核，在本船船员的服务簿内如实记载船员的服务资历和任职表现；

（6）船舶进港、出港、靠泊、离泊，通过交通密集区、危险航区等区域，或者遇有恶劣天气和海况，或者发生水上交通事故、船舶污染事故、船舶保安事件以及其他紧急情况时，应当在驾驶台值班，必要时应当直接指挥船舶；

（7）保障船舶上人员和临时上船人员的安全；

（8）船舶发生事故，危及船舶上人员和财产安全时，应当组织船员和船舶上其他人员尽力施救；

（9）弃船时，应当采取一切措施，首先组织旅客安全离船，然后安排船员离船，船长应当最后离船，在离船前，船长应当指挥船员尽力抢救航海日志、机舱日志、油类记录簿、无线电台日志、本航次使用过的航行图和文件，以及贵重物品、邮件和现金。

船长、高级船员在航次中，不得擅自辞职、离职或者中止职务。船长在保障水上人身与财产安全、船舶保安、防治船舶污染水域方面，具有独立决定权，并负有最终责任。船长为履行职责，可以行使下列权力：

（1）决定船舶的航次计划，对不具备船舶安全航行条件的，可以拒绝开航或者续航；

（2）对船员用人单位或者船舶所有人下达的违法指令，或者可能危及有关人员、财产和船舶安全或者可能造成水域环境污染的指令，可以拒绝执行；

（3）发现引航员的操纵指令可能对船舶航行安全构成威胁或者可能造成水域环境污染

时，应当及时纠正、制止，必要时可以要求更换引航员；

（4）当船舶遇险并严重危及船舶上人员的生命安全时，船长可以决定撤离船舶；

（5）在船舶沉没、毁灭不可避免的情况下，船长可以决定弃船，但是，除紧急情况外，应当报经船舶所有人同意；

（6）对不称职的船员，可以责令其离岗。

船舶在海上航行时，船长为保障船舶上人员和船舶的安全，可以依照法律的规定对在船舶上进行违法、犯罪活动的人采取禁闭或者其他必要措施。

四、船员职业保障

船员用人单位和船员应当按照国家有关规定参加工伤保险、医疗保险、养老保险、失业保险以及其他社会保险，并依法按时足额缴纳各项保险费用。船员用人单位应当为在驶往或者驶经战区、疫区或者运输有毒、有害物质的船舶上工作的船员，办理专门的人身、健康保险，并提供相应的防护措施。

船舶上船员生活和工作的场所，应当符合国家船舶检验规范中有关船员生活环境、作业安全和防护的要求。船员用人单位应当为船员提供必要的生活用品、防护用品、医疗用品，建立船员健康档案，并为船员定期进行健康检查，防治职业疾病。船员在船工作期间患病或者受伤的，船员用人单位应当及时给予救治；船员失踪或者死亡的，船员用人单位应当及时做好相应的善后工作。

船员用人单位应当依照有关劳动合同的法律、法规和中华人民共和国缔结或者加入的有关船员劳动与社会保障国际条约的规定，与船员订立劳动合同。船员用人单位不得招用未取得本条例规定证件的人员上船工作。船员工会组织应当加强对船员合法权益的保护，指导、帮助船员与船员用人单位订立劳动合同。

船员用人单位应当根据船员职业的风险性、艰苦性、流动性等因素，向船员支付合理的工资，并按时足额发放给船员。任何单位和个人不得克扣船员的工资。船员用人单位应当向在劳动合同有效期内的待派船员，支付不低于船员用人单位所在地人民政府公布的最低工资。

船员在船工作时间应当符合国务院交通主管部门规定的标准，不得疲劳值班。船员除享有国家法定节假日的假期外，还享有在船舶上每工作 2 个月不少于 5 日的年休假。船员用人单位应当在船员年休假期间，向其支付不低于该船员在船工作期间平均工资的报酬。

船员在船工作期间，有下列情形之一的，可以要求遣返：

（1）船员的劳动合同终止或者依法解除的；

（2）船员不具备履行船上岗位职责能力的；

（3）船舶灭失的；

（4）未经船员同意，船舶驶往战区、疫区的；

（5）出于破产、变卖船舶、改变船舶登记或者其他原因，船员用人单位、船舶所有人不能继续履行对船员的法定或者约定义务的。

船员可以从下列地点中选择遣返地点：

（1）船员接受招用的地点或者上船任职的地点；

（2）船员的居住地、户籍所在地或者船籍登记国；

（3）船员与船员用人单位或者船舶所有人约定的地点。

船员的遣返费用由船员用人单位支付。遣返费用包括船员乘坐交通工具的费用、旅途中合理的食宿及医疗费用和 30 千克行李的运输费用。船员的遣返权利受到侵害的，船员当时所在地民政部门或者中华人民共和国驻境外领事机构，应当向船员提供援助；必要时，可以直接安排船员遣返。民政部门或者中华人民共和国驻境外领事机构为船员遣返所垫付的费用，船员用人单位应当及时返还。

五、船员培训和船员服务

申请在船舶上工作的船员，应当按照国务院交通主管部门的规定，完成相应的船员基本安全培训、船员适任培训。在危险品船、客船等特殊船舶上工作的船员，还应当完成相应的特殊培训。依法设立的培训机构从事船员培训，应当符合下列条件：

（1）有符合船员培训要求的场地、设施和设备；

（2）有与船员培训相适应的教学人员、管理人员；

（3）有健全的船员培训管理制度、安全防护制度；

（4）有符合国务院交通主管部门规定的船员培训质量控制体系。

依法设立的培训机构从事船员培训业务，应当向国家海事管理机构提出申请，并附送符合本条例规定条件的证明材料。国家海事管理机构应当自受理申请之日起 30 日内，做出批准或者不予批准的决定。予以批准的，发给船员培训许可证；不予批准的，书面通知申请人并说明理由。从事船员培训业务的机构，应当按照国务院交通主管部门规定的船员培训大纲和水上交通安全、防治船舶污染、船舶保安等要求，在核定的范围内开展船员培训，确保船员培训质量。

从事向中国籍船舶派遣船员业务的机构，应当按照《中华人民共和国劳动合同法》的规定取得劳务派遣许可。从事代理船员办理申请培训、考试、申领证书（包括外国海洋船舶船员证书）等有关手续，代理船员用人单位管理船员事务，提供船舶配员等船员服务业务的机构（以下简称"船员服务机构"）应当建立船员档案，加强船舶配员管理，掌握船员的培训、任职资历、安全记录、健康状况等情况并将上述情况定期报监管机构备案。关于船员劳务派遣业务的信息报劳动保障行政部门备案，关于其他业务的信息报海事管理机构备案。船员用人单位直接招用船员的，应当遵守前款的规定。

船员服务机构应当向社会公布服务项目和收费标准。船员服务机构为船员提供服务，应当诚实守信，不得提供虚假信息，不得损害船员的合法权益。船员服务机构为船员用人单位提供船舶配员服务，应当按照相关法律、行政法规的规定订立合同。船员服务机构为船员用人单位提供的船员受伤、失踪或者死亡的，船员服务机构应当配合船员用人单位做好善后工作。

六、监督检查

海事管理机构应当建立健全船员管理的监督检查制度，重点加强对船员注册、任职资格、履行职责、安全记录，船员培训机构培训质量，船员服务机构诚实守信以及船员用人单位保护船员合法权益等情况的监督检查，督促船员用人单位、船舶所有人以及相关的机构建立健全船员在船舶上的人身安全、卫生、健康和劳动安全保障制度，落实相应的保障措施。海事管理机构对船员实施监督检查时，应当查验船员必须携带的证件的有效性，检查船员履行职责的情况，必要时可以进行现场考核。依照本条例的规定，取得船员适任证书、中华人民共和国船员证的船员以及取得从事船员培训业务许可的机构，不再具备规定条件的，由海事管理机构责令限期改正；拒不改正或者无法改正的，海事管理机构应当撤销相应的行政许可决定，并依法办理有关行政许可的注销手续。

海事管理机构对有违反水上交通安全和防治船舶污染水域法律、行政法规行为的船员，除依法给予行政处罚外，实行累计记分制度。海事管理机构对累计记分达到规定分值的船员，应当扣留船员适任证书，责令其参加水上交通安全、防治船舶污染等有关法律、行政法规的培训并进行相应的考试；考试合格的，发还其船员适任证书。船舶违反本条例和有关法律、行政法规规定的，海事管理机构应当责令限期改正；在规定期限内未能改正的，海事管理机构可以禁止船舶离港或者限制船舶航行、停泊、作业。

海事管理机构实施监督检查时，应当有 2 名以上执法人员参加，并出示有效的执法证件。

海事管理机构实施监督检查，可以询问当事人，向有关单位或者个人了解情况，查阅、复制有关资料，并保守被调查单位或者个人的商业秘密。接受海事管理机构监督检查的有关单位或者个人，应当如实提供有关资料或者情况。海事管理机构应当公开管理事项、办事程序、举报电话号码、通信地址、电子邮件信箱等信息，自觉接受社会的监督。劳动保障行政部门应当加强对船员用人单位遵守劳动和社会保障的法律、法规和国家其他有关规定情况的监督检查。海事管理机构在日常监管中发现船员用人单位或者船员服务机构存在违反劳动和社会保障法律、行政法规规定的行为的，应当及时通报劳动保障行政部门。

七、法律责任

违反本条例的规定，以欺骗、贿赂等不正当手段取得船员适任证书、船员培训合格证书、中华人民共和国船员证的，由海事管理机构吊销有关证件，并处 2000 元以上 2 万元以下罚款。违反本条例的规定，伪造、变造或者买卖船员服务簿、船员适任证书、船员培训合格证书、中华人民共和国船员证的，由海事管理机构收缴有关证件，处 2 万元以上 10 万元以下罚款，有违法所得的，还应当没收违法所得。违反本条例的规定，船员服务簿记载的事项发生变更，船员未办理变更手续的，由海事管理机构责令改正，可以处 1000 元以下罚款。违反本条例的规定，船员在船工作期间未携带本条例规定的有效证件的，由海事管理机构责令改正，可以处 2000 元以下罚款。

违反本条例的规定，船员有下列情形之一的，由海事管理机构处 1000 元以上 1 万元以下罚款；情节严重的，并给予暂扣船员适任证书 6 个月以上 2 年以下直至吊销船员适任证书的处罚：

(1) 未遵守值班规定擅自离开工作岗位的；
(2) 未按照水上交通安全和防治船舶污染操作规则操纵、控制和管理船舶的；
(3) 发现或者发生险情、事故、保安事件或者影响航行安全的情况未及时报告的；
(4) 未如实填写或者记载有关船舶、船员法定文书的；
(5) 隐匿、篡改或者销毁有关船舶、船员法定证书、文书的；
(6) 不依法履行救助义务或者肇事逃逸的；
(7) 利用船舶私载旅客、货物或者携带违禁物品的。

船员适任证书被吊销的，自被吊销之日起2年内，不得申请船员适任证书。

第三节　船员的职业道德

职业道德是指从事一定职业的人员在职业活动中应遵循的行为规范的总和。基本要求是，向社会负责、爱岗敬业、诚实守信、办事公道等。社会主义道德的核心是为人民服务。

一、现代船员的职业特性

现代船员有着不同于历史上各类船员的职业特点，中国船员又有着不同于世界各地船员的职业特点。职业特点是培养职业道德的基础，同时，船员的职业特点也规定和影响着职业道德的形成与发展。

（一）开放性与封闭性

远洋船舶劈波斩浪，漂洋过海，驶向五大洲。船员耳闻目睹各国不同的社会风貌和风土人情，接触到不同肤色的人群，周游列国，见多识广，其职业具有其他职业所无法比拟的开放性。然而，在船工作的性质，又决定了船员工作的封闭性。

（二）独立性与群体性

远洋船舶往往长期远离祖国，航行在世界各国和地区的各个港口。远洋船员有着维护祖国尊严和主权的神圣职责。船上所有船员各司其职，岗位明确。这种长期漂泊于大海的实际状况要求远洋船员具有高度的独立性。

远洋船员是集体性质的生活模式，一旦登船，就构成了同舟共济、生死相依的群体。

（三）技术性与风险性

航海是一种技术性很强的职业。对技术性以及业务能力要求很高，若对船舶没有一定的了解和认识，很难保证船舶的正常运行。

海洋运输属于高风险行业。

（四）复杂性与管理性

远洋运输情况比较复杂，航区、航线复杂，货品复杂，港口环境复杂等，因此对船员的素质要求很高。

现代船员的管理性体现为，船员各司其职，倒班操作，对船舶维修保养和严格管理，不可有一丝一毫的疏忽。

（五）涉外性与国防性

我国远洋船舶航行于世界 150 多个国家和地区的 1100 多个港口。现代的中国船员在从事跨国商贸活动中，承担着民间外交和和平友好使者的使命，素有民间外交家的美称。

作为海军后备军的我国远洋运输船队，在建设和平世界的同时，也责无旁贷地承担着保卫祖国的神圣使命。因而，船员职业不仅具有涉外性，而且具有国防性的特点。

二、船员道德规范

（一）船员道德的基本原则

船员道德规范体系的内容十分丰富，其中船员道德的基本原则是道德规范体系的核心与支柱，最基本的道德原则可以概括为两条。

1. 集体主义原则

集体主义原则是人类道德体系的基本原则，是一种传统的高尚的人类伦理原则，也是船员道德的首要原则。

（1）船员道德以集体主义原则为首要原则的理由。

①集体主义原则是调整全船人员内部关系的生死攸关的原则。如果把个人利益放在集体利益之上，我行我素，就会产生危险，甚至会酿成船毁人亡的悲剧。

②集体主义原则是增强航运企业凝聚力与竞争力的原则。任何形式的个人主义、自由主义以及涣散军心的因素和倾向均会削弱航运企业的整体战斗力而导致不可估量的严重后果。

③集体主义原则体现在船员道德规范和范畴的各个方面，制约着社会主义船员道德的规范与范畴。离开了集体主义原则，就不可能全面、正确地构建船员道德体系。

（2）船员道德的集体主义原则的内容。

①从国家、企业和人民的利益出发，坚持集体利益高于船员个人利益，船员个人利益服从集体利益。

②在保证集体利益的前提下，尽量满足船员个人的正当利益，将集体利益和个人利益结合起来，创造实现个人价值的条件。

③在集体利益与个人利益发生矛盾时，船员个人利益必须无条件地服从集体利益。

④严格执行与企业签订的劳动合同，认真履行合同规定的全部条款，全心全意地为航运企业提供一流的服务，自觉维护企业形象，为企业增效尽心尽力。

2. 爱国主义原则

爱国主义作为船员道德体系的基本原则，是由船员的职业特点所决定的。

爱国主义是千百年来人们积累发展起来的对自己祖国的一种最深厚的感情，爱国主义是中国人民 21 世纪增强凝聚力的一面旗帜，爱国主义是在世界范围内调整个人与国家和民族关系的道德标准，爱国主义也是中华民族最具魅力的传统美德之一。远洋船员浪迹天涯，周游世界，与世界各国有着多方位的联系，接触不同性质的国家，容易受到各种诱惑，受到的考验远比从事其他职业的国人更为严峻。因此，爱国主义应是对中国船员无条件的道德要求，它规定船员无论在任何情况下都必须受此约束。

人们常把祖国比成母亲，一个人如果连自己的母亲都不爱，还有何道德可言？因此，船员若不爱国，那么其他的道德规范和范畴也无从谈起。爱国是用来衡量船员心灵善、恶、美、丑的道德尺度。因此，爱国主义原则构成了船员道德体系的核心部分，规定着船员行为的社会影响，形成了对船员最一般形式的道德要求。

集体主义原则与爱国主义原则构成了船员道德的基本原则，构成了船员道德的庞大体系的基石。

（二）船员道德的基本规范

没有规矩不成方圆，没有规范不成社会。船员道德规范是指从事航海职业的人员在从事航海的劳动过程中所应遵循的职业行为要求，是船员道德原则和范畴的具体化。

1. 热爱祖国，热爱航海

热爱祖国、热爱航海是船员最基本的道德素质，是船员职业道德规范的首要要求。

热爱祖国、忠于祖国是中华民族的传统美德，是我国船员的光荣传统，也是爱国主义原则的具体体现与展开。作为一名远洋船员，应做到三点：

（1）要做到无论在何时何地，都要维护祖国的尊严，保持民族自尊心，不为金钱物质利益诱惑所动，不损害中国人的形象。

（2）在任何情况下都要忠于祖国，忠于人民，永不叛国。

（3）要把爱国之情化为报国之志和效国之行，用高尚的人格、精湛的技艺、美好的行为为祖国争光。

热爱航海，首先要充分认识到航海事业在国民经济中的重要地位与作用。作为一名船员，应当有光荣感与自豪感，有远大的职业理想，热爱海洋，热爱岗位，要有一辈子献身航海的决心与勇气，要靠对航运事业的热爱去藐视困难，克服困难，力争为祖国的航运事业多做贡献。

热爱航海就要有一种乐于奉献的精神。一名合格的远洋船员应该以献身祖国的航运事业为最高理想。伟大的动机产生伟大的理想，一个人有了这样的理想，就一定能够克服重重困难，成为一名出色的船员。

2. 爱岗敬业，责任如山

爱岗敬业，是热爱祖国与热爱航海的具体化。爱岗敬业是 20 世纪 90 年代后期兴起的一种被赋予新内涵的职业道德规范。今天不敬业，明天就失业；今天不爱岗，明天就下岗；今天不努力工作，明天就要努力找工作。以上这些说法说明爱岗敬业不仅与国与民与企业关系重大，而且与自身利益关系密切。要树立强烈的竞争意识，要有危机感、紧迫感、责任感，彻底摒弃那些把工作当成应付上级检查、得过且过、不讲究效率和质量、处于被动状态、讨价还价、缺乏责任心、在船混航时等与敬业精神相悖的表现，真正做到爱国、爱海、爱岗敬业。

工作责任心，体现一个人的敬业精神。敬业，就是说要尊重自己的工作，工作时要投入自己的全部身心，甚至把它当成自己的私事，无论怎么付出都心甘情愿，并且能够善始善终。如果一个人能这样对待工作，那么一定有一种神奇的力量在支撑着他的内心，这就是现在所说的职业道德。在人类历史上，职业道德一贯为人们所重视，而在世界发展日新月异的今天，它更是一切想成就一番大业者不可或缺的条件。

无数事故案例告诉我们，大多数事故的发生都是船员的工作疏忽、责任心不强而造成的。船上工作一个萝卜一个坑，任何地方、任何环节都不能出任何差错，来不得半点疏忽和马虎，要不然就会出大事，这方面不仅仅是工作业务技术问题，更重要的是工作责任心、事业心强不强的问题。

3. 安全第一，服从指挥

安全是航海人永恒的话题。安全第一，安全为本，安全是效益，安全是幸福，安全是生命。每位船员均要牢牢树立安全第一的思想，做到一切行动服从指挥。确保大海行船平安无险是船员道德基本的、重要的规范。为了确保安全第一，必须做到三点：

（1）确立安全意识。

安全意识是搞好航运事业的重要基础与保证，安全要年年讲，月月讲，天天讲，人人讲安全，人人保安全，每位船员都要努力培养自己的安全意识。可是，长期以来，有些船员安全意识淡薄。有人错误地认为，船舶年年平安，事故不会那么凑巧偏出在我的身上。这种意识往往构成了事故发生的隐患。须知，昨天的安全并不代表今天的安全，更不能代表明天的安全。该船员所在的船舶虽然没有出事故，但是并不能说明在安全管理上没有隐患和疏漏，也不能代表所有的船舶都不出事故。触目惊心的事实应使广大船员在头脑中绷紧安全这根弦。要充分认识到，一方面，安全是企业船舶效益的保证，是打开市场的最好通行证；另一方面，船员的安危是家庭幸福的保证。有人说：在战争中，小不忍则乱大谋；在安全上，小不防则酿大祸。没有船舶安全，就没有船员的家庭幸福可言。因此，可以从伦理的高度来认识培养安全意识的重要性。不安全的行为就是不道德的行为，它有损于国家，有损于企业，有损于家庭，是对企业、对家庭缺乏责任感的表现。公司把一艘船交给我们，就等于把上亿元的财产、几十条生命、几十个家庭都系于我们一身，责任重于泰山，决不能有任何大意和疏忽。每一个船员都要让安全意识在头脑中深深扎根。

（2）严格遵守职业纪律和各项规章制度，保证船舶安全航行。

船员要形成自觉的习惯，在工作中一丝不苟地服从命令，听从指挥，扎扎实实地做好每一项本职工作，遵章守规，保证船舶安全行驶。

形形色色的海损事故提醒船员，要时刻牢记安全第一的宗旨，严格按照相关规定和操作规程，按章指挥，按章作业，遵守劳动纪律，做到一切有章可循，杜绝一切不安全因素，确保船舶安全。

（3）严格遵守国际、国内与本职工作紧密相关的法律、法规、公约、条约及条例。

船员本身是中华人民共和国公民，理所当然地应当认真遵守我国的宪法和法律，同时还要认真遵守与职业密切相关的国际法律、法规、公约、条例，诸如国际上各种安全公约、避碰规则、船舶营运条例等，并且要熟悉所到国家港口的地方性法律、法规，还要遵守我国有关部门制定的外事纪律与各种涉外规定。

对于船员的职业操守，良好的服从意识是排在第一位的，服从是指下级服从上级，全船服从船长，各船服从公司；服从是指在工作上要绝对地服从，没有任何讨价还价的余地。因为船上的力量有限，只有大家服从，才能将有限的力量集中到一起，发挥出最大的效力。因此在服从时应该立即、无条件、不打折扣地服从于上级的命令。如果对上级的命令有不同意见，只有在执行完命令之后才有权利向上级解释自己的想法。但是绝对服从不等于盲目服从，当感觉服从一个命令会立即威胁到个人生命、船舶安全时，一定要向上级提出自己的意见，一定要等得到确切的答复之后再执行。

4. 开拓创新，优质服务

从某种意义上说，开拓创新是为了优质服务，而优质服务必须开拓创新。开拓创新与优质服务是船员职业道德的基本规范之一，也是航运企业保持蓬勃的生命力与长盛不衰的竞争力的动力与源泉。

优质服务就是要为船舶所有人、承租人、货主的利益着想，把他们当成上帝和衣食父母来对待，多为他们排忧解难，提供优质、高效的服务。在当前国际国内航运业竞争日益激烈的情况下，优质服务与经济效益的提高关系更为密切，因此，广大船员必须全心全意地为服务对象提供最优质的服务。

怎样做到优质服务？首先，要树立全心全意为船舶所有人、承租人、货主服务的思想，坚持信誉第一。其次，要努力做到安全、准时、保证货运质量。最后，优质服务要特别注意保证船期，多装快跑，为承租人或货主多创效益。

5. 团结协作，同舟共济

远洋船员为了一个共同的理想，从祖国各地走到一艘船上，长年共同工作、学习、生活在一起，远比在陆地工作的人更需要明确团结协作的重要意义。全体船员需要一起经风浪、历险情，不仅要战胜大自然的严峻考验，而且要迎接各种意外事件的挑战。一艘船如果离开全体船员的团结协作就不能顺利地抵达彼岸，所以说船上更需要牢固的凝聚力。有人用"有福同享、有难同当、情同手足、生死与共"来形容一艘船上船员的关系是很贴切的。同舟共济是远洋船员的传统美德，这是由这一职业的特点所自然形成的。

6. 爱船如家，精于管理

船舶是船员的谋生之所、衣食之源，没有船舶就不会有船员，船员同船舶命运相连。从这些浅显的道理上可以看出培养远洋船员爱船如家的职业道德的必要性。精于管理与爱船如家有着密切的内在联系，只有精于管理，才能做到爱船如家。

7. 遵守环保法规，增强环保意识

船员要增强环保意识和公德意识，积极维护生态平衡，保持大海的清澈湛蓝，保护资

源，保护环境，珍惜和爱护地球上的生物，做地球村的文明公民。这是一种道德责任，也是一种道德义务。

（三）船员道德品质

船员道德品质的形成过程是一个将外在道德观念内化为船员内心道德信念的过程。船员必备的道德品质可概括为六个方面。

1. 诚信

诚信就是要诚实，守信用，诚实做人，诚实做事，实事求是。诚信是中华民族的传统美德，也是中国船员必备的基本道德品质。

2. 勤奋

勤奋就是自强不息，奋发向上，开拓进取，创新求变，勤学苦练，视野开阔。船员勤奋的品质表现为孜孜不倦地做好本职工作，争分夺秒、精益求精地钻研技术和业务知识，掌握最新的科技发展动态与信息，与世界航运业发展保持同步。

3. 勇敢

航海是勇敢者的事业，作为一名搏击风浪的船员，要具备不畏艰险、奋勇向前的品质，这是航海者引为自豪的突出品质。具有这种品质的船员在日常生活中不怕苦、不怕累，勇于挑重担，乐于承担责任，危险时刻敢于拼尽全力与惊涛骇浪反复较量，在出现各种险情以及人为的争端时，能够做到奋不顾身或伸张正义，主持公道，大义凛然。

4. 节制

节制通常指人对自身欲望、情感、爱好、习惯的合理控制。由于船员职业的特点，他们在泛海航行时比起在陆地工作的人更应有效地培养与练就这种品质，面对五光十色的物质诱惑、情感诱惑、不良嗜好的诱惑均要节制，在日常生活中言行要做到有节适度，保持高度的理性，不能随心所欲或放纵自由。

5. 谨慎

谨慎是船员特有的品质。谨慎通常指对外界事物或自己的言行密切注意，以免发生差错、不利或不幸的事情。

6. 自尊

自尊是指尊重自己，不向外人卑躬屈膝，也不容许外人对自己歧视和侮辱。这是船员必备的一种道德品质。平心而论，自尊心是每个正直的公民都应具有的品质，船员尤其应有民族自尊心和自豪感，对我国社会主义现代化大业和祖国的未来充满信心，不允许少数对我国人民抱有偏见的外国人或少数敌对分子歧视、贬损、侮辱我们的国家和民族，同时对自己的工作充满自信、自重、自爱和自尊。船员在对外交往中和在外国船员面前要保持不卑不亢、落落大方。

此外，船员还应具有朴素、公正、谦虚、豁达、仁爱、无私等优良品质。随着时代的发展和科学技术的进步，船员道德品质的内容也应不断地丰富、更新、调整与完善。

第二章　航海基础知识

第一节　地理坐标

一、地球形状

地球形状，即地球的外部自然表面形状。由于高山海洋等遍布，地球自然表面的形状是非常复杂的。随着科技的发展，人们对地球的形状已经有了一个明确的认识，即地球并不是一个正球体，而是一个两极稍扁、赤道略鼓的不规则球体，地球的平均半径6 371千米，最大周长约4万千米，表面积约5.1亿平方千米。

航海上为了计算的方便，通常将地球近似地看成圆球体，并将该圆球体作为地球的第一近似体。如果需要较为准确地计算，则将地球近似地看成椭圆体，作为地球的第二近似体。

二、地理坐标

1. 地球椭圆体上的基本点、线、圈

为了较为准确地计算，把地球看作第二近似体，如图2-1-1所示。

地轴：地球自西向东自转的轴。

地极：地轴与地表的相交点，P_N为北极、P_S为南极。

赤道：地球椭圆体长半轴的端点绕地轴一周所在的痕迹。

纬度圈：地球体上与赤道平行的小圆。

子午线：通过两地极的半个子午圈。

格林子午线：通过英国伦敦格林尼治天文台原址的子午线。

测者子午线：通过某地测者的子午线。

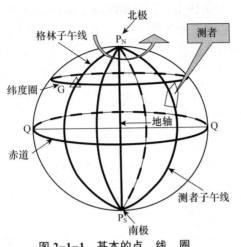

图 2-1-1　基本的点、线、圈

2. 地理坐标

航海上，任何船舶和物标的位置都是用地理坐标来呈现的，地理坐标分为纬度和经度，地球表面的任何一点都可以用纬度和经度来表示。地理坐标的单位通常用度、分、秒来表示，为 60 进制，1 度＝60 分，1 分＝60 秒，符号表示为度（°）、分（′）、秒（″）。

（1）纬度。

纬度是指地球椭圆子午线上某点法线与赤道面的夹角，如图 2-1-2 所示，用 φ 或 Lat 表示。度量方法是从赤道起，向北或向南计量，范围是 0°～90°，从赤道向北计量的叫北纬，用"N"表示；向南计量的叫南纬，用"S"表示。例如，海口的纬度是 20°01′N，南非开普敦的纬度是 33°55′S。

纬度圈上任一点的纬度都是相等的。

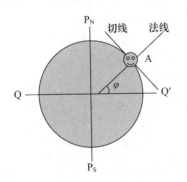

图 2-1-2　地理纬度

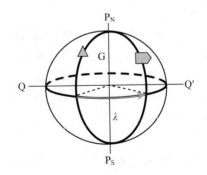

图 2-1-3　地理经度

（2）经度。

格林经线与某点经线在赤道上所夹的劣弧长，如图 2-1-3 所示，用 λ 或 Long 表示。度量方法是从格林经线起，在赤道上向东或向西量到通过该点的经线止，范围是 0°～180°，从格林经线向东计算的叫东经，用"E"表示；向西计算的叫西经，用"W"表示。例如，海口的经度是 110°19′E，合恩角的经度是 067°16′W。

经线上任一点的经度也都是相等的。

在地理坐标中，以赤道和格林经线为基准圈，以赤道和格林子午线的交点为坐标原点。赤道纬度为 0°，不同的纬度圈纬度不相同，南北极的纬度分别为 90°；格林子午线的经度为 0°，不同的子午线经度不相同。纬度和经度构成了不同的纬度和纬度线相互平行、纬度和经度线之间相互垂直的经纬线图网。

3. 纬差和经差

当船舶由于航行处于不同的位置，它的地理坐标就发生了变化，如图 2-1-4 所示，其方向和大小的改变可用纬差和经差表示。

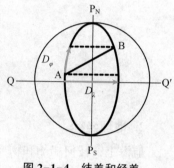

图 2-1-4 纬差和经差

（1）纬差（D_{φ}）

定义：到达地纬度与起航地纬度之差。

计算公式：$D_{\varphi} = \varphi_2 - \varphi_1$

计算注意事项：

计算时，N 取+、S 取−；

计算结束时，

凡是正值（+），表示向北运动，称北纬差，用 "N" 表示；

凡是负值（−），表示向南运动，称南纬差，用 "S" 表示。

（2）经差（D_{λ}）

定义：到达地经度与起航地经度之差。

计算公式：$D_{\lambda} = \lambda_2 - \lambda_1$

计算注意事项：

计算时，E 取+、W 取−；

计算结束时，

凡是正值（+），表示向东运动，称东经差，用 "E" 表示；

凡是负值（−），表示向西运动，称西经差，用 "W" 表示。

计算值大于 180° 时，用 360° 减计算值，符号相反。

【例 2-1-1】某轮由海口（20°01′N，110°19′E）航行至大连（39°02′N，121°46′E），求两地间纬差和经差。

解：

$$\varphi_2 \quad 39°02′N \ (+) \qquad\qquad \lambda_2 \quad 121°46′E \ (+)$$
$$-) \ \varphi_1 \quad 20°01′N \ (+) \qquad\qquad -) \ \lambda_1 \quad 110°19′E \ (+)$$
$$\overline{\quad D_{\varphi} \quad 19°01′N \ (+) \qquad\qquad D_{\lambda} \quad 11°27′E \ (+)\quad}$$

【例 2-1-2】某轮由（20°20′N，108°15′W）航行至（09°09′S，120°18′E），求经差和纬差。

解：

$$
\begin{array}{ll}
\varphi_2 \quad 09°09'S\ (+) & \lambda_2 \quad 121°18'E\ (+) \\
-)\ \varphi_1 \quad 20°20'N\ (+) & -)\ \lambda_1 \quad 108°15'W\ (-) \\
\hline
D_\varphi \quad 29°29'S\ (-) & D_\lambda \quad 298°33'E\ (+) \\
& D_\lambda' = 360°-229°33'\ (E) \\
& \quad\ \ = 130°27'W
\end{array}
$$

第二节　方位和距离

一、方向的确定和划分

（一）四个基本方向（N、E、S、W）的确定

通过测者眼睛，并与该点重力方向重合的直线叫作测者铅垂线。凡与测者铅垂线相垂直的平面是水准面，在航海上都叫作测者的地平平面，地平平面有无数个，其中通过地心的地平平面，叫作测者真地平平面；通过测者眼睛的地平平面，叫作测者地面真地平平面，测者周围的方向是在测者地面真地平平面上确定的。

设测者位于 A 点，眼高 AA'，过 A' 点并垂直于测者铅垂线的平面就是测者地面真地平平面 A'NES W；测者 A 点的子午圈平面 $P_N AQP_S Q'$ 与其相交的直线 NA'S，是测者方向的基准线南北线。它近北极 P_N 的一方是测者的正北方向；近南极 P_S 的一方是测者的正南方向，如图 2-2-1 所示。通过测者铅垂线 A'AO，并与测者子午圈平面相互垂直的平面，叫作测者的卯酉圈平面。卯酉圈平面与测者地面真地平平面相交的直线 EA'W，叫作测者的东西线。当测者面北背南时，测者东西线的右方是正东方向，左方是正西方向。

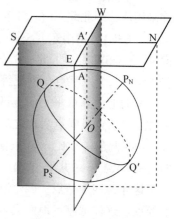

图 2-2-1　方向的确定

对于不同地点的测者来说，各有其不同的铅垂线方向、不同的地面真地平平面与不同的方向基准。位于两极的测者无法确定其方向基准，位于地理北（南）极的测者，则任意方向都是正南（北）方向，无正北（南）方向可言。

（二）方向的划分

在航海实际工作中，仅有四个基本方向是远远不够的，还需要在这四个基本方向的基础上，通过不同的方法做更详细的划分。航海上常用的进一步划分方向的方法有圆周法、半圆法、罗经点法三种，半圆法常用于天文中。

1. 圆周法

圆周法是航海上表示方向的最常用的一种方法。它是从正北开始，按顺时针方向度

量，由000°～360°，其中正北方向为000°，正东方向为090°，正南方向为180°，正西方向为270°。圆周法始终用三位数字表示，如008°、066°、188°等。它是航海上最常用的表示方向的方法。

2. 半圆法

以测者为中心，以正北（或正南）为基准，向东（或向西）以0°～180°计量。其方向的表示必须标有N或S的起算点，以及是向E或W的计算方向。如158°NW、56°SE等。

3. 罗经点法

将等分北东南西四个方向基点之间地面真地平平面上的方向，叫作隔点，既东北（NE）、东南（SE）、西南（SW）和西北（NW）四个方向；又把等分基点和隔点之间地面真地平平面上的方向，叫作三字点，其名称是由基点名称之后加上隔点名称来组成，即北北东（NNE）、东北东（ENE）、东南东（ESE）、南南东（SSE）、南南西（SSW）、西南西（WSW）、西北西（WNW）和北北西（NNW）八个三字点；再把等分基点或隔点与三字点之间的地面真地平平面上的方向，叫作偏点，其名称是在基点或隔点名称之后加上偏向的方向来组成，如北偏东（N/E）、北东偏北（NE/N）、南西偏西（SW/W）……共16个偏点，如图2-2-2所示。

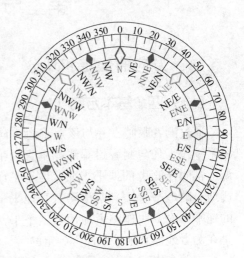

图2-2-2 罗经点方向

这样，四个基点、四个隔点、八个三字点和16个偏点共计32个方向点，叫作32个罗经点。这样把测者地面真地平平面分成32个方向的方法就是罗经点法。罗经点法也可以被认为是两个相邻的罗经点方向之间的角度。因此：

$$1 点 = 11°25', 则 \quad 4 点 = 45°$$

罗经点在过去曾经被广泛地运用在航海上，但目前仅用它来表示风、流等的大概方向。

二、真向位

在地面真地平平面上，以基准北确定的船舶的航向和物标的方位统称向位。航海上经常遇到的两种方向是船舶航行方向（航向，Course）和物标方向（方位，Bearing）。

当船舶无横倾时，通过船舶铅垂线的纵剖面是船舶的首尾面；它与测者地面真地平平面相交的直线叫作船首尾线（Fore And Aft Line）。船首尾线向船首方向的延伸线叫作航向线（Course Line，代号CL）。船舶航行的方向，即从基准北顺时针方向计量至航向线的角度叫作航向。航海上有时用船首向（Heading，代号Hdg）来表示在任何情况下船舶某一瞬间的船首方向或瞬时航向。在地球表面上连接测者与物标的大圆AM叫作物标的方位圈，而物标方位圈平面与测者地面真地平平面相交的直线 A′M′叫作物标的方位线（Bearing Line，代号 BL）。物标的水平方向即从基准北顺时针方向计量至物标方位线的角度叫作物标的方位。航向、方位通常采用圆周法以整度三位数表示，精确计算时也常要求在三位整数后另加一位小数。

在地面真地平平面上，以真（正）北方向为基准所确定的船舶航向和物标方位统称真向位，如图 2-2-3 所示。

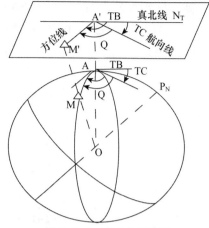

图 2-2-3 真向位示意图

（一）真航向（TC）

船舶航行时，在船上测者的地面真地平平面上，从真（正）北方向（N_T）顺时针计量至航向线的角度叫作船舶的真航向，它在地面上是从测者子午圈平面至船舶首尾面之间的两面角。

（二）真方位（TB）

在测者地面真地平平面上，从真北方向顺时针计量至物标方位线的角度叫作物标的真方位，它在地面上是从测者子午圈平面至物标方位圈平面之间的两面角。

（三）舷角（Q）

在测者地面真地平平面上，以航向线为基准，从航向线至方位线之间的夹角叫作舷角（有时也称相对方位）。它是以船首方向为 0°，顺时针方向 0°～360° 计量，计算至物标方位线；或以船首方向为 0°，向右或向左 0°～180° 计算，计算至物标的方位线，它们分别叫作物标的右舷角 $Q_右$ 或左舷角 $Q_左$。在地面上，舷角是船首尾面和地面相交的大圆与物标方位圈平面之间的球面角，当舷角 $Q = 090°$ 或 $Q_右 = 90°$ 时，叫作物标的右正横；当 $Q = 270°$ 或 $Q_左 = 90°$ 时，叫作物标的左正横；右正横和左正横统称物标的正横。

（四）航向、方位和舷角的关系

物标的真方位是以测者的真北方向线为基准度量的，它与航向变化无关。也就是说，如果测者位置不变，虽然航向改变了，但是物标的真方位是不变的。物标舷角是以船首尾线为基准度量的，因此航向改变后，舷角也就随之改变，航向、方位和舷角的关系是：

$$TB = TC + Q$$
$$或 TB = TC + Q [Q_右 为 (+)，Q_左 为 (-)]$$

由于航向，方位的范围在 0°～360°，计算航向，方位的结果如得负值则应该加上 360°；如大于 360°，则应将计算结果减去 360°。

【例 2-2-1】某船真航向 235°，测的 A 物标在右舷 036°，B 物标舷角为 Q_B315°，求 A、B 物标的真方位。

解：如图 2-2-4（a），A 物标在右舷 036°即 A 物标舷角 $Q_A=036°$

$TB_A=TC+Q_A=235°+036°=271°$

$TB_B=TC+Q_B=235°+315°=550°$即 190°

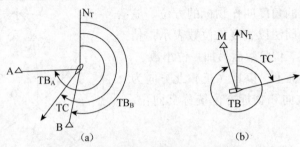

图 2-2-4　真航向、真方位和舷角的关系

【例 2-2-2】某船真航向 075°，求 M 物标左正横时的真方位。

解：如图 2-2-4（b），$TB=TC+Q_左=075°-090°=-015°$即 345°

三、罗经向位

航海上测定航向和方位的仪器是罗经（Compass）。目前船上配备的罗经有磁罗经（Magnetic Compass）和陀螺罗经（Gyrocompass）（俗称电罗经）两大类型。

磁罗经是由指南针演变发展而来的。它是根据水平平面内自由旋转的磁针，在受到地磁磁场力的作用后，有稳定指示地磁磁北方向的特性而制成的。陀螺罗经是根据高速旋转的陀螺仪，在受到一定的阻尼作用后，能迫使其旋转轴保持在子午圈平面内的原理而制成的。罗经均有与指向部分同步转动的刻度盘，可以通过刻度盘读取航向和观测物标方位。但出于指向原理、构造和外部条件等方面原因，不论是磁罗经还是陀螺罗经，罗经刻度盘 0°所指示的航向和方位都不是真航向和真方位。磁罗经刻度盘 0°所指示的方向叫作罗北（N_C）。陀螺罗经刻度盘 0°所指的方向叫作陀螺罗经北（简称陀螺北）（N_G）。以罗北为基准计量的航向称为罗航向（CC）；以陀螺北为基准计量的航向称为陀螺航向（GC）；以罗北为基准计量的方位称为罗方位（CB）；以陀螺北为基准计量的方位称为陀螺方位（GB）。罗航向和罗方位统称罗经向位。

四、向位换算

航海上用磁罗经或陀螺罗经测定的航向和方位是罗航向和罗方位或陀螺航向和陀螺方位。如果将它们绘画在海图上，则必须先将其换算成以真北为基准的真航向和真方位；反之，如果我们在海图上绘算出以真北为基准的真航向和真方位后，实际执行时，还必须先将真航向和真方位换算成罗航向和罗方位或陀螺航向和陀螺方位。这种不同方位之间或不同航向之间换算的方法和过程称为向位换算。换算时，必须修正两个基准方向线间的夹角即罗经差。

向位换算的公式如下：

$$TC=GC+\triangle G=CC+\triangle C=CC+Var+Dev$$

$$TB = GB + \triangle G = CB + \triangle C = CB + Var + Dev$$

从向位换算可知，罗经差等于真向位和罗经向位之差。

罗经差分为陀螺罗经差（$\triangle G$）与磁罗经差（$\triangle C$）。陀螺罗经差（$\triangle G$）简称陀罗差（电罗经差），是陀螺北（N_G）偏离真北（N_T）的角度。当陀螺北偏在真北的东面时叫作东陀螺差或陀螺差偏低（low），在它的度数后面用符号"E"或在度数之前用"+"号表示。例如$\triangle G = 2°5'E$或$\triangle G = +2°5'$。当陀螺北偏在真北的西面时叫作西陀螺差或陀螺差偏高（high），在它的度数后面用符号"W"或在度数之前用"-"号表示。例如，$\triangle G = 2°5'W$或$\triangle G = -2°5'$。陀螺差与航向无关。在陀螺罗经工作正常时，$\triangle G$是一个固定值，但在地理纬度变化时和航速改变时，$\triangle G$也会发生变化。

磁罗经差（$\triangle C$）简称罗经差，是船上磁罗经的指针在受到地磁和船磁合力的影响下指示的罗北（N_C）偏离真北（N_T）的角度，罗经差是磁差（Var）与自差（Dev）的代数和，即

$$\triangle C = Var + Dev$$

当罗北偏在真北的东面时叫作东罗经差，在它的度数后面用符号"E"或在度数之前用"+"号表示。例如，$\triangle C = 2°5'E$或$\triangle C = +2°5'$。当罗北偏在真北的西面时叫作西罗经差，在它的度数后面用符号"W"或在度数之前用"-"号表示。例如，$\triangle C = 2°5'W$或$\triangle C = -2°5'$。

磁差（Var）是磁北（N_M）（指放置在地球上的磁罗经仅受到地磁场作用时磁罗经刻度盘0°的方向在地面真地平平面上的投影）偏离真北（N_T）的角度。磁差不仅随着地区和时间的不同而变化，而且也受到地磁异常和磁暴的影响。

安装在船上的磁罗经，除受地磁作用外，还受到船磁的作用，致使罗北偏离磁北方向。磁北线与罗北线的夹角称为磁罗经自差，简称自差，用Dev表示。当船舶的航向改变时，使罗经周围的合磁场发生变化，致使自差随航向的改变而改变。

【例2-2-3】已知罗航向CC = 044°，物标M的罗方位CB = 095°及罗经差$\triangle C = 2°W$，求真航向和物标M的真方位。

解： 如图2-2-5。

$\triangle C = 2°W = -2°$

$TC = CC + \triangle C = 044° + (-2°) = 042°$

$TB = CB + \triangle C = 095° + (-2°) = 093°$

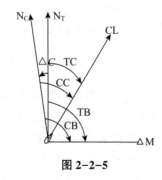

图2-2-5

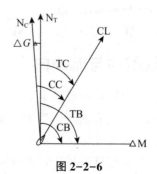

图2-2-6

【例 2-2-4】已知真航向 TC＝043°，物标 M 的真方位 TB＝094°及陀螺差△G＝0°7W，求陀螺航向及物标 M 的陀螺方位。

解：如图 2-2-6。

$\triangle G = 0°.7W = -0°.7$

$GC = TC - \triangle G = 043° - (-0°.7) = 043°.7$

$GB = TB - \triangle G = 094° - (-0°.7) = 094°.7$

【例 2-2-5】已知某船真航向 TC＝090°，物标 M 的罗方位 CB＝270°和磁差 Var＝12°E，自差 Dev＝2°W，求罗航向和物标 M 的真方位。

解：如图 2-2-7。

$\triangle C = Var + Dev = 12°E + 2°W = 10°E = 10°$

$CC = TC - \triangle C = 090° - 10° = 080°$

$TB = CB + \triangle C = 270° + 10° = 280°$

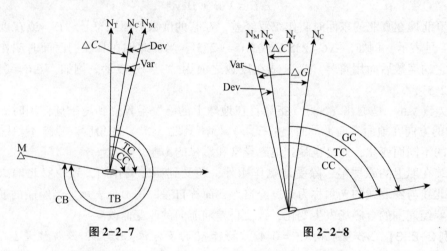

图 2-2-7　　　　　　　　　　图 2-2-8

【例 2-2-6】某船陀螺航向 GC＝080°，比对当时磁罗经航向 CC＝085°，已知陀螺差△G＝1°E，航行海区磁差 Var＝7°W，求该航向上的罗经自差。

解：如图 2-2-8。

$TC = GC + \triangle G = 080° + 1°E = 081°$

因为：$TC = GC + \triangle G = CC + \triangle C = CC + Var + Dev$

所以：$Dev = TC - CC - Var = 081° - 085° - (-7°) = 3°E$

五、计划航向与航迹向

在航行中，求取船位的最基本的方法是航迹推算，即根据船舶基本的航海仪器（罗经和计程仪）指示的航向和航程、船舶操纵要素和风流要素等，在不借助外界导航物标的条件下，从已知推算起点开始，推算出一定精度的航迹和某一时刻的船位。

船舶在航行前应拟订航行计划进行航线设计，要把航线绘画到海图上去，即在海图上将起始点、转向点和到达点用直线连接，连接的直线叫作计划航线，即船舶计划要走的计划航迹线。计划航迹线的前进方向叫作计划航迹向［简称计划航向（Course Of Advance）］，是由真北线按顺时针方向计量至计划航迹线的角度，用 CA 表示。船舶在航行时留下的轨迹称为航迹线即实际航迹线（Track），由真北按顺时针方向计量至航迹线的角度称为航迹向（Course Made Good），用 CG 表示。由于船舶在海上航行会受到风、流的影响，因此船舶沿着计划航向航行（将计划航向当作真航向）所留下的实际航迹线就不一定与计划航迹线相同，其差值称为风流（合）压差，用 γ 表示，则 CG＝CA＝TC+γ。航行中，是将真航向（TC）换算成罗航向（GC 或 CC）作为操舵的航向的。

六、航海上的距离单位

航海上度量距离的长度单位最常用的是海里（nautical mile，n mile）。地球椭圆子午线上纬度 1′所对应的弧长称为 1 n mile。计算公式为

$$1 \text{ n mile} = 1\,852.25 - 9.31 \cos 2\varphi \text{ （m）}$$

由公式可知，1 海里的长度不是固定的，而是随纬度的不同略有差异。在赤道上，长度最短，其值为 1 842.94 m，在两极长度最长，其值为 1 861.56 m，在纬度 45 度处，其值为 1 852.25 m。由于各国所采用的地球椭圆体参数不同，因此各国的 1 n mile 长度略有差异。但是，为航海使用方便起见，需要选用一个固定值作为统一使用的标准。目前，我国和世界大多数国家均采用 1929 年国际水文地理学会议推荐的 1 n mile＝1 852 m 作为统一的海里标准长度。这一长度恰好为纬度 44°14′处 1′纬度的弧长。采用 1 海里等于 1 852 m 后，对航海影响不大，其误差可忽略不计，航海上用于测量航速与航程的仪器是用此标准长度进行标定的。

航海上，海里习惯上可用"′"表示，例如 1 n mile 可记为 1′。

在航海工作中还能用到以下长度单位：

米（meter，m）：国际通用长度单位，航海上常用它作为计量高程和水深的单位。

链（cable，cab）：计量 1 n mile 以下短距离的一种长度单位，1 链等于 1/10 n mile，约为 185 m。

英尺（foot，ft）：1 ft＝0.3048 m。

码（yard，yd）：1 yd＝3 ft＝0.9144 m。

拓（fathom，fm）：1 fm＝6 ft＝1.8288 m。

七、航速与航程

（一）航速（Sailing Speed）

航速即船舶在海上的航行速度，单位为节（Knot，kn）。1 kn＝1 海里/小时。由于参照物不同，航速分为以下三种：

（1）船速（Ship Speed）：船舶在静水（无风无流）中的航行速度称为船速。

（2）对水航速（Speed Through Water）：船舶相对于水的航行速度。船舶在航行中使

用相对计程仪测定的速度就是对水速度，习惯上又称为计程仪航速 V_L。通常所说的航速是指船舶相对于水的速度。

（3）对地航速（Speed Over Ground）：船舶在风流和波浪等影响下相对于海底的航行速度，又称实际航速，用符号 V_G 表示。

从以上定义可知，船舶在有水流影响的海区航行时，其实际航速应等于船舶相对于水的速度与水流速度的矢量和，即

$$实际航速＝对水航速＋流速$$

（二）航程

船舶起航点至到达点航行的距离，以海里（n mile）为常用单位。航程分为以下两种：

（1）对水航程：船舶相对于水的航行距离。

（2）对地航程：船舶在风流影响下相对海底的航行距离，又称实际航程。

与航速一样，在有水流影响时，实际航程、对水航程与流程的关系是

$$实际航程＝对水航程＋流程$$

例如，某船船速为 15 kn，流速为 3 kn，当船舶顺流航行时，一小时船舶对海底的实际航程应该是 18 n mile；而在顶流航行时，一小时船舶对海底的实际航程应该是 12 n mile。但不论是顺流航行还是顶流航行，船舶一小时相对水的航程都是 15 n mile。

第三节　潮汐与潮流

潮汐与航海的关系非常重要，将直接影响船舶航行计划的实施和航海安全，无论船舶是在海上航行还是在港内系泊，都需要随时掌握当地潮汐与潮流的资料。

一、潮汐现象

海面在周期性外力作用下产生的周期性升降运动称为潮汐，白天的海面上升称为潮，晚上的海面上升称为汐。海面上升的过程称为涨潮，当海面到达最高点时，称为高潮；海面下降的过程称为落潮，当海面到达最低点时，称为低潮。伴随海面周期性的升降运动而产生的海水周期性的水平方向流动称为潮流，如图 2-3-1 所示。

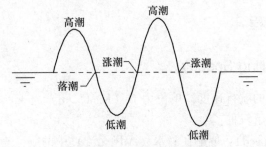

图 2-3-1　潮汐现象示意图

二、潮汐不等

因为月球和太阳在空间周期性地不断变化它们的相对位置，所以潮汐也发生了周期性的改变，由于月球赤纬不断变化和海洋被大陆、岛屿分割，限制了海水流动等，使潮汐变化更加复杂。

（一）潮汐的半月不等

潮汐受月球引潮力和太阳引潮力的影响，每当农历初一（新月）或十五（满月），月球引潮力和太阳引潮力方向一致，两个引潮力方向叠加，出现高潮最高，低潮最低的现象。这种潮汐称为大潮，如图2-3-2所示。

在每月的上弦（农历初七），下弦（农历二十三）时，月球引潮力和太阳引潮力的方向互相垂直，两个引潮力相互抵消，出现了高潮最低，低潮最高的现象。这种潮汐称为小潮，如图2-3-2所示。

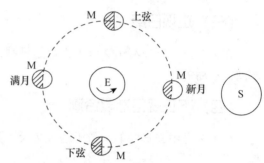

图2-3-2　太阳、地球、月亮空间位置图

综上所述，潮差的变化规律是，当大潮时，潮差最大、小潮时潮差最小。从新月到上弦，潮差逐渐变小，从上弦到满月，则潮差逐渐变大，当满月时潮差与新月一样又达到最大，这种现象称为潮汐半月不等。

大潮和小潮在一个太阴月中各出现两次。

（二）潮汐的周日不等

按潮汐成因理论，每天都有两次高潮、两次低潮，并且两个高潮和两个低潮潮高和时间均是相等的。实际并非如此。在一个太阴日中，即使是两个相邻的高潮高和两个相邻的低潮高往往也是不等的，而且相邻的高潮和低潮的时间间隔也不尽相同，这种现象称为潮汐的周日不等。

同一太阴日中两次高潮（低潮）的高度不等，其中较高的一次高潮叫高高潮，较低的一次高潮叫低高潮，而两次低潮中较高的一次叫高低潮，较低的一次叫低低潮。由于地球表面海水被大陆、岛屿分割成几大洋，限制了海水的自由流动，海岸曲折，海底不平，深度不等，海水在受引潮力作用时受阻，而且海水运动中的摩擦力和惯性使潮汐变化更加复杂。例如我国沿海大潮一般不发生在农历的初一或十五，而是推迟2～3天，发生在农历的初三或十八。由新（满）月到实际大潮发生的时间间隔称为潮龄。同样的原因，加上太阳、月球相对位置的不断变化，当月球上、下中天时，一般都不会出现高潮，而是月中天后一段时间才发生高潮，低潮也是这样，这种现象称为高（低）潮间隙。

三、潮汐类型

(一) 正规半日潮

在一个太阴日内发生两次高潮和两次低潮。两次高潮和两次低潮的高度都相差不大，涨落潮的时间也很接近。如青岛、巴拿马等。

(二) 不正规半日潮混合潮

基本上还具有半日潮的特性，但在一个太阴日内相邻的高潮或低潮的潮位相差很大，涨潮时和落潮时也不等。如亚丁港等。

(三) 正规日潮

在半个月中有连续 1/2 以上天数是日潮，而在其余日子则为半日潮。如我国南海的北部湾、红岛等。

(四) 不正规日潮混合潮

在半个月中，日潮的天数不超过 7 天，其余天数为不正规半日潮。如鄂霍次克海的马都加等。

四、潮汐术语

(一) 平均海面

一般来说，将某一测量站长期连续观测的水位资料，加以逐日逐时的平均，其平均值（由水尺零点算起）即为平均海面。实际上是每小时水位测量高度的算术平均值。我国统一取黄海（青岛）的平均海面作为高程的起算面。如山高就是从平均海面至山顶的高度。

(二) 海图深度基准面

计算海图水深的起算面。

(三) 潮高基准面

计算潮高的起算面，一般即为海图深度基准面。如两者不一致，则应进行订正，才能将潮高应用到海图上。

(四) 涨潮时间

从低潮时到高潮时的时间间隔。

(五) 落潮时间

从高潮时到低潮时的时间间隔。

（六）平潮与停潮

当高潮发生后，海面有一段时间呈现停止升降的现象，称为平潮。低潮发生后，海面也有一段时间呈现停止升降的现象，称为停潮。

（七）潮高

从潮高基准面到实际海面的高度。

（八）潮差

相邻高、低潮潮高之差，如图 2-3-3 所示。

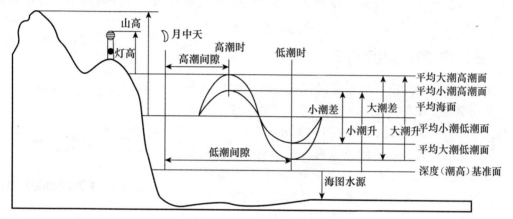

图 2-3-3 常用的潮汐术语

（九）早潮

从 0 点至 12 点之间发生的高潮（或低潮）。

（十）晚潮

从 12 点至 24 点之间发生的高潮（或低潮）。

五、潮流

（一）概述

由于引潮力的作用，海水水平方向的流动形成了潮流。潮流和潮汐的性质类似，有正规半日潮流、正规日潮流和混合潮流三种形式。按运动形式分类，潮流可分为往复流和回转流两种。往复流是由于地形的影响而产生的涨、落潮流向相反或接近相反的潮流，大多发生在海峡、江河、港湾和沿岸一带。回转流一般表现在一个潮汐周期内流向随时间顺时针（或逆时针）方向 360°变化，流速也随时间变化，而且无平流或憩流（流速为 0）现象。回转流主要发生在开阔海域，主要是地转偏向力作用于潮流所致，旋转方向视潮流的前进方向和海区的地形特点等因素确定，一般在北半球顺时针方向旋转，南半球逆时针方向旋转，流速在一个周期内出现两次最强、两次最弱。

（二）影响潮流大小的因素

潮流的大小除受引潮力大小影响外，还受地形和海水的深浅影响。潮流在大洋中，一般很小，但在近岸的浅海，则非常显著，尤其在海峡、湾口、狭水道中常有强大的潮流，其原因在于每半个周期内，必须有大量的海水流经这些通道。例如，英吉利海峡和多佛尔海峡潮流有时可超过 5~6 kn。在温哥华岛和大陆之间的西摩尔海峡北端潮流最强时达 10 kn。在挪威北部、英吉利海峡和多佛尔海峡之间的狭窄处，流速可达 8 kn。另外，深度变浅也会使潮流速度增大。我国著名的钱塘江潮，大潮时的潮流速度可达 8~10 kn。

（三）往复流的表示方法

往复流是指涨潮流和落潮流的流向在两个相反的方向上做周期性变化的潮流。大多发生在海峡、江河、港湾和沿岸一带，表示方法如图 2-3-4 所示。

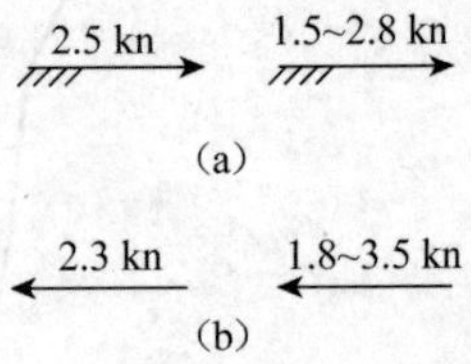

带羽尾的箭矢表示涨潮流流向，不带羽尾的箭矢表示落潮流流向，箭矢上的数字表示流速，单位是节（kn）。只注明一个数字的是指大潮日的最大流速，若注明两个数值，则分别表示小潮日和大潮日的最大流速。对于只给出大潮日最大流速的情况，小潮日最大流速为大潮日最大流速的一半。

2.5 kn →   1.5~2.8 kn →

(a)

← 2.3 kn   ← 1.8~3.5 kn

(b)

图 2-3-4　往复流的海图标注

（四）回转流表示方法

在航用海图上，回转流的资料用两种方式给出：回转潮流图和回转潮流表。图 2-3-5 是长江口某处的回转潮流图，中心地名表示主港港名，最外圈数字表示不同时间：0 表示主港高潮时，1、2、3……表示主港高潮前第 1、2、3 小时；Ⅰ、Ⅱ、Ⅲ……表示主港高潮后第 1、2、3 小时。其中箭矢所指方向即流向，其顶部的数字表示流速，较大数字是大潮日流速，较小数字是小潮日流速，其他天数的流速可采用往复流求其他天数的流速的方法求取。

潮流表的使用是为了海图的清晰，它一般印在不影响船舶航行的位置，仅在潮流发生处用符号◇◇表示潮流的位置。

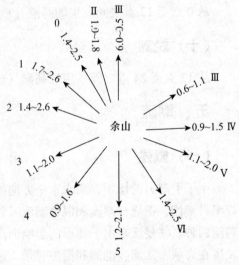

图 2-3-5　回转潮流图

第四节　风流对船舶操纵的影响

一、风对船舶操纵的影响

风是矢量，既有大小又有方向。风向是指风的来向，习惯用罗经点法或圆周法表示；风的大小一般用风级或风速来表示。空气相对于地面或海底的水平运动称为风（真风）。船舶航行时，即使无风，由于相对运动也会感觉到风的存在，这种由于船舶自身运动产生的风称为船风，船风的风向即风的来向与航迹方向一致，风速等于船速。因此船舶在航行时观测到的风不是真风，而是真风和船风的合成，称为视风。它们之间的关系可用风速三角形来求得，如图 2-4-1 所示。

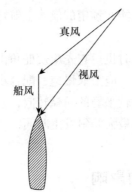

图 2-4-1　风速矢量三角形

风对船舶航行的影响与风舷角 Q_W 密切相关。风舷角是指风向和船首尾线之间的夹角。航海上，把风舷角小于 10° 的风称为顶风；风舷角大于 170° 的风称为顺风；风舷角在 80°～100° 之间的风称为横风；把风舷角在 10°～80° 之间的风称为偏逆风；风舷角在 100°～170° 之间的风称为偏顺风（图 2-4-2），其中横风使船舶压向下风，偏离计划航线最大，顶风和顺风对船舶船速影响较大。

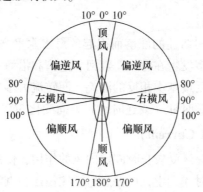

图 2-4-2　风与风舷角

船舶在风中航行时，风使船舶向下风漂移，但因受到水的阻力和复杂的船体外形的影响，所以漂移的速度远远小于风速，漂移的方向也不一定与风向平行，其漂移的速度取决于下列因素：

(1) 风舷角：风从正横附近吹来，漂移的速度最大。

(2) 风速：风速越大，漂移的速度也越大。

(3) 航速：航速越大，漂移的速度越小。

(4) 受风面积：受风面积越大漂移的速度越大。

为了保持船舶在计划航线上航行，使航迹线与计划航线一致，就必须使船舶的真航向预先向上风偏开计划航向一个角度，即真航向线与航迹线之间的夹角，称为风压差，用 α 表示。船舶在航行时如果有风还会出现偏转现象，船舶前进中，当风从正横前吹来，如果风力偏转力矩大于水阻力偏转力矩，顺风偏；如果风力偏转力矩小于水阻力偏转力矩，逆风偏。当风从正横后吹来，在风力矩和水阻力矩作用下，船首转向上风。当船发生迎风偏转或顺风偏转的力矩时，为了保证能在预定的航线上航行，必须使用风压差和压舵来对抗船的漂移和船首的偏转。

风浪比较大时，应掌握好转舵时机。首先应使舵角由小逐渐增大，使船舶的旋转在稳定中加快，避免开始时就使用满舵，应采取慢速，配合小舵角旋转。其次要注意观测大小波浪的周期，选择在大浪后海面比较平稳的间隙转向，一般在几个大浪后，有一个较平稳的间隙。最后应考虑到操舵引起的最大倾斜发生时间，在能够抵消横摇的那个时间开始操舵较为妥善。

二、水流对船舶操纵的影响

（一）水流的种类

1. 海流（Current）

又称洋流，它是由于相邻海区间，海水长期存在温度、密度或气压的不同，或长期受定向风的作用，使海水产生水平方向的流动。一般在一定时间内流向、流速基本不变，有时也称恒流。海图上用 0.5kn 表示，箭头方向为流向，上面注记的是平均流速。

2. 潮流（Tidal Stream）

它是由于潮汐形成海水周期性的涨落而引起的海水水平方向的运动。潮流包括两种：往复流和回转流。往复流大多发生在海峡、江河、港湾和沿海一带，它是由于受地形的影响而产生的涨、落潮流向相反或基本相反的潮流。回转流大多发生在开阔海区，在一个潮汐周期内，潮流流向随时间顺时针（或逆时针）方向变化360°，流速也随时间变化。

3. 风生流（Wind-Drift Current）

它是由于本海区或相邻海区受较长时间定向风的作用，使海水表面产生的水平方向的流动。风生流在风起后数小时才产生，风停息后，往往还会继续保持数小时才消失。五级风可能产生 1/3 kn 风生流，八级风可能产生 2/3 kn 风生流。流向约从下风向偏开45°，在北半球向右偏开，在南半球向左偏开。但风生流还与地形、海底地貌等有关，比较复杂，因此风生流对船舶航行影响定量分析只是近似的。

（二）水流对船舶的影响

一般来说，大洋中受海流影响较大，潮流影响较小；沿海主要受海流和潮流的影响，水域不同两者影响的大小不同；沿岸和岛、礁区、海峡等水域主要受潮流的影响。

水流是指水沿水平方向的流动，水流的流向指水流流去的方向，与风向恰好相反。漂流在水面上的一切物体都随水流而流动，流速大流动快，流速小流动慢。当船舶航行在有水流的水域，实际上存在两种运动，即以计程仪航速沿真航向航行的同时，还受水流的影响沿着水流流向做漂移运动，由矢量合成的原理可知，船舶实际是沿着合成矢量的方向运动的，其实际航速（对地航速）是计程仪航速和流速的合速度。船舶在水流中航行的真航向与实际航迹线间的夹角，称为流压差，用 β 表示。

船舶顺流航行，其实际航速等于计程仪航速与流速之和；顶流航行，其实际航速等于计程仪航速与流速之差。显然，在流速和计程仪航速不变的条件下，顺流航行时的实际航速比顶流航行时的实际航速大两倍的流速，顶流和顺流时舵力是一样的，但对地来说，顶流时能在较短的距离上使船首转过较大的角度，需要时也容易把定，因此顶流时的舵效比顺流时为好。在河道的弯曲地段，无论涨潮或落潮，水流都向凹岸一边推压，且流向和流速都不均匀。一般顶流过弯段时，应顺凹岸用慢速保持连续内转的惯性，尽量使船舶沿水流线航行，严防船首外偏，切忌把定，一旦出现船首外偏，应采取大舵角加快车纠正。顺流过弯段时，船首和船尾所遭遇的水流方向不同，有助于船舶顺弯转过，但须防止船尾被推向凹岸一边，应采取慢车，小舵角，保持船在航道中央顺外岸连续内转。目前，大多数船舶的航迹推算是按照无风、无流的情况进行的，同时不断地测定船位和风流压差，如发现船位确定已偏离了拟订的计划航线，而且还将会继续偏离计划航线时，值班驾驶员应在征得船长同意的情况下，根据需要预配一定的风流压差，使船舶逐渐回到计划航线上来，值班水手则根据驾驶员的指示进行操舵。

第五节　助航标志

在海上航行，正确辨认航标是正确利用航标引导船舶航行的前提，白天主要看标志的形状、颜色、顶标来区分，夜间主要依据船舶位置与航标的相对位置和灯光的光色、节奏及周期来区别不同的航标。航海人员必须熟记中国海区水上助航标志制度、国际海区水上助航标志制度。正确识别每一个具体的航标，确保航行安全。

一、航标的种类和作用

（一）航标的作用

（1）标示航道。在进港航道及岛岸明显处，设置引导标志或在水面上设立浮标，灯浮及灯船等航标，引导船舶沿航标所指定的航道航行。

（2）供船舶定位。利用设置在陆上的航标或无线电航标测定船位。

（3）标示危险物。标示航道附近的沉船、暗礁、浅滩及其他危险物、指引船舶避开这些危险物。

（4）供特殊需要。标示锚地，海上作业区、禁区、渔区以及供船舶测定运动性能和罗经差使用的水域等。

（二）航标的种类

（1）固定航标。固定航标是设置在岛屿、礁石、海岸等上面的航标。包括以下 3 种：

①灯塔。一般设置在显著的海岸、岬角、重要航道附近的陆地或岛屿上，以及港湾入口处。灯塔通常有专人看守，工作可靠，海图上位置准确，是陆标定位的良好标志，有的灯塔还附设音响信号、雾号和无线电信号等，如图 2-5-1 所示。

②灯桩。一般设置在航道附近的岛岸边，以及孤立的礁石上或港口附近的防波堤上。结构较为简单，灯火强度也较弱，一般无人看管，如图 2-5-2 所示。

图 2-5-1　灯塔　　　　　　　　图 2-5-2　灯桩

③立标。一般设置在浅水区及水中礁石上，也有的设在岸上作为叠标或导标，用以引导船舶进出港口或测定船舶运动性能和罗经差，如图 2-5-3 所示。

图 2-5-3　立标

（2）水上航标。用锚或沉锤加锚链系留在预定海床上的浮标。包括以下 2 种：

①灯船。一般设置在周围无显著陆标又不便建造灯塔的重要航道附近，以引导船舶进出港口、避险等。灯光射程较远，可靠性较好，有的还有人看管，如图 2-5-4 所示。

②浮标。一般设置在海港和沿海航道以及水下危险物附近，一般不能用浮标来定位。装有发光器的浮标称为灯浮标，如图 2-5-5 所示。

图 2-5-4　灯船　　　　　　　　　　　　　　　图 2-5-5　浮标

二、中国水上助航标志

《中国海区水上助航标志》国家标准（GB 4696—1999）已于 2000 年 4 月 11 日付诸实施。该标准适用于中国海区及其港口、通海河口的所有浮标和水中固定标志（不包括灯塔、扇形光灯标、导标、灯船和大型助航浮标）。中国海区水上助航标志包括侧面标志、方位标志、孤立危险物标志、安全水域标志和专用标志 5 类。表示标志特征的方法为：白天以标志的颜色和形状或顶标来表示；夜间以标志的灯质，即光色、灯光节奏和周期来表示。该标准规定的基本浮标形状有罐形、锥形、球形、柱形和杆形 5 种。而顶标形状只有罐形、锥形、球形和"X"形 4 种。

（一）侧面标志

侧面标志根据航道走向配布，用以标示航道两侧界限或标示推荐航道、特定航道。确定航道走向的原则是：船舶由海向里，即从海上驶近或进入港口、河口、港湾或其他水道的方向；在外海、海峡或岛屿之间的水道，原则上按环绕大陆顺时针航行的方向；在复杂的环境里，航道走向由航标管理机关规定，并在海图上用洋红色的"➤"表示；当船舶顺航道走向航行时，其左舷一侧为航道的左侧，右舷一侧为航道的右侧。

侧面标志包括左侧标、右侧标、推荐航道左侧标和推荐航道右侧标。左（右）侧标设在航道的左（右）侧，标示航道左、右侧界限，顺航道走向行驶的船舶应将该标志置于本船同名舷通过，如图 2-5-6 所示。

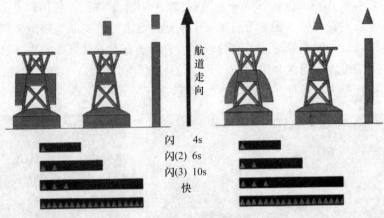

图 2-5-6 侧面标志

航道左侧标和右侧标的特征如表 2-5-1 所列。

表 2-5-1 航道左侧标、右侧标

特征	航道左侧标	航道右侧标
颜色	红色	绿色
形状	罐形，或装有顶标的柱形或杆形	锥形，或装有顶标的柱形或杆形
顶标	单个红色罐形	单个绿色锥形，锥顶向上
灯质	红光，单闪，周期 4 s	绿光，单闪，周期 4 s
	红光，连闪 2 次，周期 6 s	绿光，连闪 2 次，周期 6 s
	红光，连闪 3 次，周期 10 s	绿光，连闪 3 次，周期 10 s
	红光，连续快闪	绿光，连续快闪

分岔处，也可设置在特定航道，船舶沿航道航行时，推荐航道左侧标标示推荐航道或特定航道在其右侧；推荐航道右侧标标示推荐航道或特定航道在其左侧，如图 2-5-7 所示。

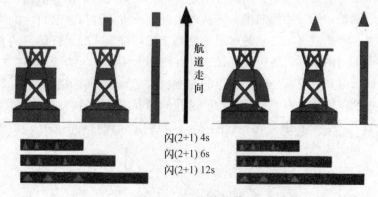

图 2-5-7 推荐航道

推荐航道左侧标和右侧标的特征如表 2-5-2 所列。

表 2-5-2　推荐航道左侧标、推荐航道右侧标

特性	推荐航道左侧标	推荐航道右侧标
颜色	红色，中间一条红色宽横带	绿色，中间一条绿色宽横带
形状	罐形，或装有顶标的柱形或杆形	锥形，或装有顶标的柱形或杆形
顶标	单个红色罐形	单个绿色锥形，锥顶向上
灯质	红光，混合连闪 2 次加 1 次，周期 6 s	绿光，混合连闪 2 次加 1 次，周期 6 s
	红光，混合连闪 2 次加 1 次，周期 9 s	绿光，混合连闪 2 次加 1 次，周期 9 s
	红光，混合连闪 2 次加 1 次，周期 12 s	绿光，混合连闪 2 次加 1 次，周期 12 s

（二）方位标志

方位标志设在以危险物或危险区为中心的北、东、南、西四个象限内，即真方位西北—东北，东北—东南，东南—西南，西南—西北，并将对应所在象限命名为北方位标、东方位标、南方位标、西方位标，分别标示在该标志的同名一侧为可航行水域。方位标志也可设在航道的转弯、分支汇合处或浅滩的终端。

北方位标设在危险物或危险区的北方，船舶应在本标的北方通过；东方位标设在危险物或危险区的东方，船舶应在本标的东方通过；南方位标设在危险物或危险区的南方，船舶应在本标的南方通过；西方位标设在危险物或危险区的西方，船舶应在本标的西方通过。方位标志如图 2-5-8 所示。

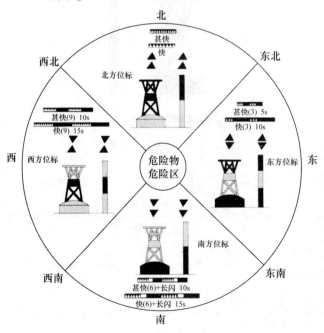

图 2-5-8　方位标志

方位标志的特征如表2-5-3所列。

表 2-5-3　方位标志

特性	北方位标	东方位标	南方位标	西方位标
颜色	上黑下黄	黑色，中间一条黄色宽横带	上黄下黑	黄色，中间一条黑色宽横带
形状	装有顶标的柱形或杆形			
顶标	上下垂直设置的两个锥体			
	锥顶均向上	锥底相对	锥顶均向下	锥顶相对
灯质	白光，连续甚快闪	白光，连甚快闪3次，周期5 s	白光，连甚快闪6次加一长闪，周期10 s	白光，连甚快闪9次，周期10 s
	白光，连续快闪	白光，连快闪3次，周期10 s	白光，连快闪6次加一长闪，周期15 s	白光，连快闪9次，周期15 s

（三）孤立危险物标志

孤立危险物标志设置或系泊在孤立危险物之上，或尽量靠近危险物的地方，标示孤立危险物所在。船舶应参照航海资料，避开本标航行。孤立危险物标志如图2-5-9所示。

图 2-5-9　孤立危险物标志

孤立危险物标志的特征如表2-5-4所列。

表 2-5-4　孤立危险物标志

特性	孤立危险物标志
颜色	黑色，中间有一条或数条红色宽横带
形状	装有顶标的柱形或杆形
顶标	上下垂直的两个黑色球形
灯质	白光，连闪2次，周期5 s

（四）安全水域标志

安全水域标志设在航道中央或航道的中线上，标示其周围均为可航行水域；也可代替方位标志或侧面标志指示接近陆地，安全水域标志如图 2-5-10 所示。安全水域标志的特征如表 2-5-5 所列。

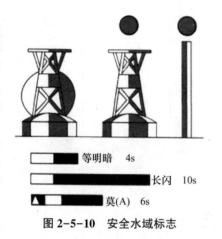

图 2-5-10 安全水域标志

表 2-5-5 安全水域标志

特性	安全水域标志
颜色	红白相间竖条
形状	球形，或装有顶标的柱形或杆形
顶标	单个红色球形
灯质	白光，等明暗，周期 4 s
	白光，长闪，周期 10 s
	白光，莫尔斯信号"A"，周期 6 s

（五）专用标志

专用标志主要不是为助航目的而设置的，它用于指示某一特定水域或水域特征，如图 2-5-11 所示。专用标志的特征如表 2-5-6 所列，灯质如表 2-5-7 所列。

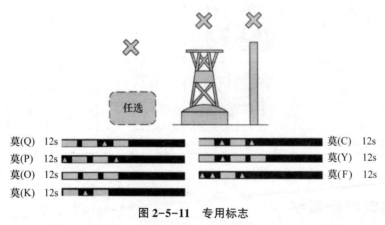

图 2-5-11 专用标志

表 2-5-6 专用标志

特性	专用标志
颜色	黄色
形状	不与浮标和水中固定标志相抵触的任何形状
顶标	黄色，单个"×"形
灯质	符合表 2-5-7 的规定

表 2-5-7　专用标志灯质的规定

用途种类	标记		灯质		
	颜色	图形标志	光色	闪光节奏	周期（s）※
锚地	黑	⚓	黄色	Q ——·—	12
禁航区	黑	✕		P ·—·—	
海上作业区	红/白	◢		O ———	
分道通航区	黑	⇄		K —·—	
水中构筑物	黑	△		C —·—	
娱乐区	红.白	⛱		Y —·—·	
水产作业区	黑	🐟		F ·—·—	

注：※可以 15 s 为备用周期。

三、国际浮标系统

国际航标协会海上浮标系统是国际航标协会和各国航标管理部门经过长期、反复协调而逐步形成的。国际浮标系统分为"A 区域"和"B 区域"。"A 区域"和"B 区域"的区别就在于其侧面标志的颜色（标身、顶标和光色）不同，"A 区域"是"左红右绿"，"B 区域"是"左绿右红"。实行"A 区域"的国家有欧洲、非洲、大洋洲和亚洲一些国家；实行"B 区域"的国家有美洲和亚洲的日本、韩国、菲律宾等。我国采用的是"A 区域"浮标系统，表 2-5-8 是我国和国际浮标系统的区别。

表 2-5-8　我国和国际浮标系统的区别

浮标种类	系统种类	
	国际	中国
侧面标志灯光节奏	除 Fl（2+1）以外	闪 4 s 或闪（2）6 s 或闪（3）10 s 或快闪
推荐航道侧面标发光周期		6 s 或 9 s 或 12 s
编号方法		可按浮标习惯走向编号，也可"左双右单"编号
安全水域标志	Iso、Oc、LFl 或 Mo（A）	不用"明暗光"
孤立危险物标志灯光节奏	闪（2）	闪（2）5 s

四、正确辨认助航标志

当一个区域内设置较多的水上标志时，为便于识别和管理，对浮标应进行编号，浮标编号一般应遵循航道走向按顺序连续编排，或按左双右单编排，编号一律用阿拉伯数字。正确辨认航标是正确利用航标引导船舶航行的前提，夜间主要依据船舶位置与航标的相对位置和灯光的光色、节奏及周期来区别不同的航标。

（1）航标的灯光及航标的设置可能改变，航行前应认真核对，无人看守或临时性浮标，容易漂离原位或灯光熄灭，可靠性较差。

（2）为了切实分清灯光节奏和周期相近而位置又比较接近的两航标，可用秒表准确测定其周期。

（3）夜间航行，往往是根据航标与船舶的相对位置来发现和识别航标的。但应注意，在差不多相同舷角上的两个航标，有时距离较远而光度强的可能先发现，距离近但光度弱的航标反而后发现。

（4）互闪光或互光航标，通常白光射程远，有色光射程近，在距离较远时，往往只能观测到白光，容易认为它是仅发白光的航标。

（5）由于大气状况的影响，有时会发生灯色混淆的现象。有的航标，为了指明在它附近暗礁、沉船之类的危险区域，在某一定范围内，常用红色或绿色光弧表示，而在其他范围内为白色光弧。当船舶航行在有危险物的光弧内时，应更加谨慎驾驶，尤其是船舶须向有危险物的一侧转向时，一般应越过该光弧的范围之后才开始转向，在不同光色光弧的分界线处，光色往往模糊不清。

（6）在船舶周围的能见度良好但航标附近有云雾时，特别是高度较高的灯塔等航标有时被云雾遮住，其灯光射程就会明显减小。

第三章 水手值班

第一节 水手职责和交接班制度

船舶的安全、高效营运必须通过船长和船员来完成。营运的安全状况和经济效益，与船员的职业素质和工作效率密切相关。船长和船员只有充分了解自己在船上应承担的责任和应尽的义务，明确各部门和各自的岗位职责，才能有序高效地发挥船员的积极性和创造性，使海上人命财产安全、海洋环境保护和船舶营运效率得到保障。

船长是船舶的最高领导人，在船公司的领导下全面负责船舶的安全生产、营运管理、航行工作、行政管理、技术培训、应变指挥以及船舶安全管理体系的运行和监控。全船人员必须服从船长的统一指挥。

在船舶停泊与航行过程中，甲板部除了要安排驾驶员进行值班外，还要安排水手值班，安排值班必须是昼夜不断的。水手值班可以分为系泊值班和航行值班两类。系泊值班是指船舶在码头靠泊和系浮筒时的值班；航行值班可以分成航行班和锚泊班两种。航行班是指在海上航行时的水手值班；锚泊班特指船舶在锚地锚泊时的水手值班。

一、系泊或装卸货时值班水手职责

（1）坚守舷梯岗位，戴安全帽，佩戴值班标志，舷梯是船岸间的唯一交通要道，及时调整舷梯及安全网，保持舷梯安全稳妥，整洁照明，注意上下船人员安全，不准无关人员登船，严格按照船舶保安计划的规定，做好人员和行李的控制。对登船人员应问明情况，识别身份，检查其随身行李，并做好登记。夜间无装卸作业又无人上下船时，可将舷梯吊高。在油轮上应严格执行油轮登船规定，保证梯口 24 小时不离人，因工作确实需要离开时，及时通知船舶保安员进行替班。

（2）经常巡视检查船头和船尾，防止偷窃和偷渡事件的发生。

（3）按时升降国旗，按规定开关甲板照明灯，收放货舱照明灯，随时整理甲板索具，保持通道安全。根据值班驾驶员的指示，正确悬挂号灯及号型。

（4）注意潮水涨落和船舶装卸货时吃水变化情况，及时调整系泊缆绳、挡鼠板及碰垫等。

调整缆绳时注意：

①不要一次松太多，可分多次放松，以防一下刹不住。

②松前应察看缆绳有无障碍及对舷梯有无影响。

③短缆先松，长缆后松。调整到各系缆受力均匀。

④系浮筒先松下游缆。如缆被他船缆绳压死或其他障碍，应及时报告。

⑤系浮筒装卸货时，回头缆应当比其他缆多松一些。

⑥风流较大时，应同时松缆，必须报告值班驾驶员到现场指挥松缆，安排多名水手同时进行操作。

（5）经常注意本船四周情况，尤其是船首推进器和舵，制止与本船作业无关的船舶傍靠。

（6）凡有船舶靠（离）船旁时，负责系（解）缆、放好（收起）碰垫、绳梯、照明灯等；在加淡水、燃油或打排压舱水时，应予协助照顾。

（7）注意过往船舶，尤其在本船首（尾）有船靠离时，应在首（尾）守望并采取准备靠把等防范措施。

（8）认真进行防火等安全巡回检查，尤其在夜间更应多加注意，若发生火警或其他意外危险情况时，应立即采取正确有效的灭火措施并迅速报告值班驾驶员。

（9）协助看管、点收甲板物料，保存送来邮件。

（10）系浮筒时，应在舷梯旁备妥配有救生索的救生圈一个。

（11）配合装卸货，及时、安全地开关舱，尤其在多雨的港口，值班水手必须时刻注意天气变化情况，尽量在雨前盖好舱盖。

（12）根据装卸货的要求调整好吊杆，固定好稳索，大梁和舱盖板应放置稳妥。

（13）开装（卸）前和停装（卸）后及时开关舱，挂妥舱盖保险钩，调整好装卸设备。

（14）经常查看吊货索具及起货设备是否正常，发现问题或当货物及索具受损坏时，应立即报告值班驾驶员，并严格制止工人违章操作。

（15）下班前30 min叫醒接班水手，交接工作应在现场进行。

（16）认真执行大副和值班驾驶员布置的其他工作。

二、系泊或装卸货时值班水手交接事项

根据事故统计，在交接班时发生海难事故的频率最高，这说明交接班工作是非常重要的，应该以认真、严肃的态度对待交接班，按照规定交好班、接好班。

交接班必须在工作岗位上进行，接班人员没有到，交班人员不能走开，只有交接清楚后才能离去。如果接班的人员没有按时接班，应向本部门领导或船长报告，区别情况，严

肃处理。

交接班水手都应在交接前巡视检查全船和周围，认真做好交接工作。

交班水手应告知接班水手下列事项：

（1）涨落潮、舷梯、安全网、系缆，防鼠挡及上下船人员（包括来访客人和本船船员）等情况。

（2）锚和锚链，涨落水掉头或系泊缆绳及属具情况。

（3）锚灯、号灯、甲板和货舱照明灯等情况。

（4）装卸设备、属具和索具的技术状态，以及开工舱口情况。

（5）安全防火及保安有关要求。

（6）悬挂的旗号、信号及船舶周围的状况。

（7）专用设备及绑扎器材的使用情况。

（8）本班发生的问题及需要提醒下一班注意的事项。

（9）值班驾驶员和水手长交代的工作。

在环抱式港内停泊时，留船值班人员不得少于全船船员的1/3；在开敞式港内，则不得少于2/3。遇有特殊情况，船长有权临时规定留船值班人员。

一般情况下，船长和大副、轮机长和大管轮、水手长和木匠不能同时离船，配有两名以上无线电人员的船，必须留一名值班。

三、航行中值班水手主要职责

在船舶航行中，一般情况下，一水随驾驶员值驾驶台班，主要承担操舵工作和协助驾驶员进行瞭望；二水则听从水手长的安排值白班，主要进行船舶保养工作。

在大型商船上，一般每班安排两名一水跟随驾驶员值驾驶台班。值班水手在驾驶台及附近协助驾驶员进行工作。两名一水一名称主班水手（操舵），另一名称副班水手（瞭望）。目前，随着航海技术的发展及设备的自动化，在大洋航行的水手越来越少，现代船上往往只有三名一水，每班安排一名水手随驾驶员值班。在大洋航行或水域开阔、船舶稀少且保证安全的前提下，白天当班一水往往参加白班的船舶保养工作。

水手在驾驶台的值班时间与船舶驾驶员是一致的，每天值班8 h，分两班进行，具体时间如下：

大副：0400～0800，1600～2000。

二副：0000～0400，1200～1600。

三副：0800～1200，2000～2400。

值班时，值班人员不得擅自离开工作岗位，不得做与值班无关的事；驾驶台值班应严肃认真，不得坐着。值班人员如因故不能值班时，必须得到本部门领导的同意，并指定适当的人代替。

在航行中，值班水手的主要职责如下：

（1）在驾驶台值航行班的水手，必须听从驾驶员的指挥，执行驾驶员发布的任何指令，执行驾驶员命令的同时，应响亮、清楚地回令。

（2）以十分认真的态度进行操舵，操舵时应集中注意力，按给定的航向或口令进行操舵，保持航向准确，不得擅自离开操舵装置。

（3）发现舵效不好，应及时报告驾驶员。

（4）操舵时必须复诵船长、驾驶员或引航员所下达的舵令，达到操舵效果后必须响亮、清楚地回令，如没听清舵令或有怀疑时，应立即询问清楚，然后执行。船长和驾驶员或引航员同时在驾驶台时，以船长舵令为准。

（5）使用自动舵航行时，要密切注意自动舵是否工作正常，发现异常，应立刻改用手操舵并报告驾驶员。

（6）在通航密度大、狭水道、渔区航行或进行避让操作时，应使用手操舵，以利安全。

（7）在夜间、能见度不良、进出港、狭水道等情况下航行时，当班水手要协助瞭望、监舵、监车，未经驾驶员同意，不得擅离驾驶台。当班水手应该协助驾驶员对海面情况进行不间断的瞭望，尤其驾驶员在进行海图作业时，必须加倍警惕，发现问题及时报告。

（8）当班水手必须熟知航行灯和信号灯的电源及转换开关所在，正确开闭航行灯，航行灯在日落时开启，日出时关闭；在能见度不良时也必须按照驾驶员的命令开启航行灯。在航行期间，当班水手应经常检查航行灯和其他信号显示是否正常，并且注意驾驶台附近不应有其他灯光外露。

（9）夜间航行按要求认真进行巡回检查并将检查情况报告值班驾驶员。

（10）进出港时，除瞭望外，还应协助驾驶员注意车、舵命令执行是否正确。按船长或值班驾驶员的指示，迅速准确地开关信号灯，悬挂各种信号。

（11）当班水手必须做好驾驶台内外的清洁工作。每天0400～0800班负责对驾驶台及附近进行全面的清洁，冲洗驾驶台两侧甲板和驾驶台前部的挡风玻璃。其他班也应保持驾驶台的清洁，并遵照驾驶员的布置，做些驾驶台的保养工作。整理好驾驶台的物件，使驾驶台经常保持清洁、整齐状态。

（12）下雨时，应注意关闭门窗，检查罗经甲板上的标准罗经，及时采取防雨措施，盖好罩子。

（13）熟悉驾驶台上各种设备及用途，尤其是旗号及救生、消防设备的存放地点，在需要使用这些设施时能迅速找到。

（14）在大风浪天航行时，必须检查驾驶台的物品是否固定稳妥，及时固定好移动物品，查看船舶水密门是否关闭，甲板上是否有移动物体，发现问题及时报告，由值班驾驶员通知有关人员负责解决。

（15）如发现和遇到海军舰艇，根据规定及时回旗或下旗致敬。

（16）抵达目的港引航锚地时，必须检查船首尾吃水并报告值班驾驶员。

（17）应在交班前30 min 叫醒接班驾驶员和接班水手。交舵水手应在航向把定后交接，如正在避让或转向，必须等到避让清楚或转向完毕后，方可交舵。

四、航行中值班水手交接班事项

（1）正在进行避让、转向或舵未把定时，不应进行交接班。

（2）在交接班前 30 min，值班水手负责叫醒接班人员，接班水手至少应提前 15 min 到达驾驶台进行交接。交班的副班水手应会同接班的副班水手于交班前巡视甲板舱口、风斗、水密门、航行灯等设备。

（3）交班水手应告知接班水手下列事项：

①操舵陀螺罗经航向和标准罗经航向度数，将交班时的航向报告值班驾驶员。

②舵性、舵效以及舵传动系统的工作技术状态。

③已显示的航行灯、信号灯及其他号灯、号型、旗号等技术状态。

④在航的船舶和周围水域情况。

⑤瞭头姓名、岗位和联系方法。

⑥货舱通风情况，甲板货及防火等的安全检查情况。

⑦保养检修工作及其执行情况。

⑧进出港前的各项准备工作情况，如引航员梯、旗号、号灯号型、照明等设备和装置。

⑨值班驾驶员和水手长交代的工作。

（4）交接班完后，双方都应把航向报告值班驾驶员或船长。

五、锚泊中值班水手主要职责

值锚泊班的水手，必须有高度的责任心，对船舶出现的任何异常情况都必须进行准确的判断和处理，对出现的各种对船舶安全有影响的情况应及时向值班驾驶员报告。

锚泊中值班水手职责如下：

（1）注意过往船只和周围锚泊船的信号和动态；如果发现有锚泊过近的船舶，应立刻向值班驾驶员报告。

（2）如果在锚地等候引航员，则在引航船靠近时放下梯子，并检查是否绑扎牢固，梯子的摆放应按照规范进行并清除梯子附近的杂物，放好安全网，系好安全绳，备好救生圈，在夜间还必须安装照明灯。

（3）按时或按驾驶员命令及时悬挂各种旗号、号型，开关号灯和灯光等，并经常检查是否处于正常状态。

（4）经常巡视甲板，查看锚链松紧情况，锚机和锚装置等是否正常，如不正常或发现走锚应当立即向值班驾驶员报告；锚泊在急流区或遇大风浪天气，至少每小时巡视一次。

（5）按规定进行安全防火巡视。

（6）出现各种危险局面时，按值班驾驶员的指令，迅速、正确地采取各种防范措施。

（7）能见度不良时，按规定开亮甲板和上层建筑外部的所有灯光，并按值班驾驶员指示去船首敲钟和船尾敲锣（尾机型小船可在罗经甲板敲锣），注意周围的声、影。

（8）装卸作业时，有关工作参照系泊值班职责并应注意本船舷梯的安全，与傍靠船、驳间的系泊、碰垫、绳梯以及其他各种安全设施是否牢固、良好，警惕发生各种意外事故。

（9）注意周围水域有无污染情况。

（10）执行值班驾驶员和水手长指派的有关工作。

（11）按船舶保安计划的规定做好通道控制、人员及行李控制等相关保安工作。

（12）严禁做与值班无关的事，交接班在驾驶台进行。

六、锚泊中值班水手交接事项

（1）锚链及甲板情况，涨落潮和转头时间。

（2）周围船（包括傍靠船、驳）的情况及舷梯和绳梯使用情况。

（3）锚球及各种旗号、号灯和号型的显示情况。

（4）有关装卸方面的情况参照系泊值班的相应交接内容。

（5）安全、防火和船舶保安有关情况。

（6）值班驾驶员和水手长交代的有关工作。

七、开航前值班水手应做的工作

船舶开航前，值班水手应在值班驾驶员的安排下，做好开航前的各项准备工作，保持船舶能安全地进入航行状态。

（一）驾驶台的准备工作

开航前 2 h，值班的副班一水应到驾驶台做以下准备工作：

（1）打扫驾驶台内外，擦净驾驶台玻璃。

（2）解除罗经罩盖及信号灯罩。

（3）准备好国旗、信号旗及其他信号，如船名旗、引航旗以及港口规定的有关信号旗或掉头信号等，并按驾驶员指示悬挂。

（4）遵照值班驾驶员的命令试验舵机，进行对舵，要在得到驾驶员的通知后方可操纵舵轮，要注意舵角指示器和舵轮方向是否一致，左右满舵要操纵舵轮到位。

（5）试验船舶汽笛是否正常。

（6）协助值班驾驶员对时、对车钟。

（7）协助值班驾驶员试车。在主机冲车前，要注意检查螺旋桨附近有无其他船只，应到船尾查看周围是否清爽，通知船尾附近艇筏远离，要调整好前后缆绳及舷梯。

（8）驾驶员交代的其他工作。

（二）甲板上的整理工作

甲板上的整理工作包括以下各项：

（1）在装卸完货物后，及时关闭货舱盖，并进行舱口密封，对有些货舱，根据舱内货物品种的不同，还应在舱盖板上加盖帆布，紧好压紧器或压条，并用楔子固定。

（2）舱口道门也必须关闭并密封。

（3）对吊杆和其他装卸设备进行固定，及时将吊杆放下，将吊货钩头固定，收紧吊货钢丝和其他吊杆调整钢丝，保证装卸设备在航行中不发生移动。

（4）对装有甲板货的船舶，在装完甲板货后，应在水手长的带领下，及时进行甲板货的固定绑扎工作。绑扎过程应按要求进行，保证甲板货物在风浪中稳定。这项工作非常重要，直接关系到船舶航行安全，必须严肃认真地完成。在绑扎工作结束之后，大副或值班驾驶员应和水手长一起进行认真检查，发现问题及时处理。

（5）做好甲板上设备的防水工作，对装卸设备、救生设备等加盖帆布。

（6）收好甲板上的各种工具、物料，整理和清洁甲板，保证甲板上无杂物。

（7）关闭甲板上的贮藏舱室（如油漆间、物料间等）的舱门。

（8）查看船首尾吃水并报告值班驾驶员。

（9）通知甲板部人员准备开船，收进舷外挡水板、安全网、绳梯，在已无人员上下的情况下收进舷梯并固定好。

（10）准备好接送引航员用的梯子、安全绳、照明灯及救生圈等引航员登、离船使用的设备和装置。

（11）及时做好离泊准备工作。

（12）做好拖船的带缆和解缆准备工作，准备好拖缆。

（13）做好驾驶员交代的其他工作。

八、抵港时值班水手应做的工作

船舶抵达装卸货港口，值班水手应该在值班驾驶员或水手长的领导下，及时做好靠泊准备和装卸货准备等工作：

（1）打扫驾驶台内外，擦净驾驶台玻璃。

（2）解除罗经罩盖及信号灯罩。

（3）准备好国旗、信号旗及其他信号，如船名旗、申请引航旗以及到达港口规定的有关信号旗或掉头信号等，并按驾驶员指示悬挂。

（4）查看船首尾吃水并报告值班驾驶员。

（5）准备好引航员用的梯子、安全绳、照明灯及救生圈等引航员登、离船使用的设备和装置，做好引航员上船准备。

（6）解开舷梯的固定装置，准备好安全网。

（7）解开缆绳的固定绳索，活络绞缆机械。

（8）打开货舱的密封楔子，整理货舱盖上的防雨帆布，保证到港后能迅速开舱。

（9）打开甲板上的各种设备的防雨帆布，以利于靠泊后立刻能进入装卸货状态。

九、驾驶台值班须知

（1）驾驶台是船舶航行的指挥中心，其范围包括两翼甲板及标准罗经甲板。航行中，除船舶领导和值班人员外，其他人员非工作需要不得随意进入。

（2）驾驶台值班人员必须严肃认真，集中精力工作；不做与值班无关的事；不得嬉笑闲谈、高声喧哗或收听广播以致妨碍指挥操作；除船长和引航员外，任何人不得坐着值班，也不得在驾驶台用餐和睡眠。

（3）驾驶台值班人员应穿着整洁，不得穿背心、内裤、拖鞋，进出国外港口时，应仪容端正。

（4）驾驶台必须经常保持内外整洁，窗要明亮，桌、柜、四壁、地板要干净；航行中每天0400～0800班水手负责驾驶台内外清洁，抵港前尤应彻底清洁。

（5）航行中，操舵室的门窗任何时候不可全部关闭，尤其在能见度不良时，瞭望人员应在两翼甲板值守。

（6）驾驶台各种仪器、仪表设备、航海文件、通告、图表、资料等，无关人员不得擅自翻动，未经船长许可，不得任意销毁或携出驾驶台。

（7）操舵室和标准罗经附近不可放置铁质或磁性物件，必要的航行用具和物品，应在限定地点放置整齐。

（8）夜间航行时，严禁有碍正常航行、瞭望的灯光外露。

（9）在港停泊期间，驾驶台无人值守时，驾驶台所有门窗均应闭锁，未经船长批准不准外人参观。倘有外人检修，必须派有关人员陪同并配合。

（10）值班驾驶员有责任维持驾驶台秩序，保持驾驶台的清洁，严格执行驾驶台规则。

十、船舶部门分工

（一）甲板部（驾驶部）

（1）负责船舶营运、船舶驾驶和船舶操纵。

（2）负责货物运输，包括积载，装卸准备，货物的分隔、衬垫、绑扎、通风、途中保管，以及装卸的协助和监督。

（3）负责船体保养。

（4）主管货舱系统和在机舱外的淡水、压载水、污水系统的使用和保养。

（5）主管舵设备、锚设备、系缆设备、装卸设备、开关舱设备、舷梯及其属具的使用和机械部分的一般性保养。

（6）主管驾驶设备和助航仪器、信号、旗帜、海图及航海图书资料的管、用、养、修和添、换。

（7）主管救生、消防、堵漏工作及其设备器材的管理和维护。

（8）负责船舶通信、对外联络。

（9）负责系泊和锚泊安全，人员上下船安全。

（10）负责甲板部人员的管理、培训和考核。

（11）负责全船医务和其他有关事项。

（二）轮机部

（1）负责主机、辅机、锅炉，包括发电机在内的各种辅助机械及其管系的管、用、养、修。

（2）负责全船电力系统及用电设备的管理和维护。

（3）负责全船的明火作业、舱面机械转动部分的保养、修理，舱面管系的修换。

（4）负责轮机部人员的管理、培训和考核。

（5）负责燃油的补给、移驳和其他有关事项。

（三）事务部

负责全船人员的伙食，卧具，公共场所卫生，来客招待，主管船舶财务。不设事务部的船舶，其人员和事务归属于甲板部。

十一、个人职责（甲板部普通船员）

（一）水手长

水手长在大副的领导下，熟悉和执行公司的安全和环境保护方针，组织带领木匠和水手进行船体、甲板所属设备的维护保养和其他日常工作，并指定为甲板部安全监督员。

1. 维修保养工作

（1）按照"船舶检修、养护责任分工"，负责船体及甲板设备的检查和维护保养工作，保证其处于良好的工作状态。

（2）按照维修保养计划和大副指示，安排水手工作。开工前布置任务并落实安全防范措施，加强现场检查，对高空、舷外、进入封闭场所和其他特殊作业，必须提前报告大副/船长，并在现场督促和指导。

（3）修船时，按照大副指示做好自修、监修和验收工作。

2. 抵离港工作

（1）抵港前，按照大副指示，带领水手做好首尾系缆、系锚链和装卸等各项准备工作。

（2）进出港口、靠离移泊时，按大副指示，带领水手收放引航员软梯、舷梯和安全网，并在船尾协助二副参加系解缆等工作。

（3）装货前，根据大副指示保持货舱处于适货状态，升起吊杆、打开舱盖，保持作业场所安全警示标志清晰可见。

（4）装卸完毕，及时检查货物及易移动物件的绑扎情况，必要时予以加固；整理甲板属具，落妥吊杆。

（5）开航前，检查木匠、水手是否全部到船。

（6）出港后，及时整理固定系缆，必要时存入仓库。

3. 其他工作

（1）负责编制水手航行、停泊及瞭头轮流值班表，经大副批准后执行。必要时，根据大副的指示，参加瞭望和操舵。

（2）担任安全监督员，督促木匠和水手遵守劳动纪律、规章制度及安全操作规程，落实作业现场的安全防范措施。

（3）做好系缆、装卸等甲板机械设备的养护维修，使其经常处于良好状态。

（4）负责整理、检查和保管甲板部使用的各种可移动灯具，做好这些灯具和甲板上的电源插座的防水防潮工作。

（5）指导水手熟悉和掌握除锈油漆、帆缆、高空、舷外、起重、操舵等各种船艺。

（6）负责填写并保管甲板部《劳动安全记录簿》和《工前会记录簿》。

（7）负责向甲板见习生、实习生传授工作技能、劳动安全知识和注意事项。

（8）负责水手长所管物料、绑扎器材和劳保用品的管理，做好申领、验收、发放、清点、登记入册等工作。保证物料合理使用，避免浪费，并保持物料间整洁。

（9）妥善管理和养护堵漏器材。

（10）保持甲板整洁，做好甲板垃圾的收集、保管和处理。

（11）做好甲板部防火、防爆、防工伤及其他季节性安全预防工作。

（12）发生海事时，在船长、大副指挥下，带领水手积极抢救。

（13）执行船长、大副交办的其他工作。

4. 船舶应急

在应急情况下，执行应急程序所规定的职责。

（二）木匠

木匠在大副和水手长的领导下，熟悉和执行公司的安全和环境保护方针，负责木工及其他有关工作。水手长不在船或因故不能工作时临时履行水手长的职责。

1. 维修保养工作

（1）负责锚机及其外部的清洁保养和活络部分的加油工作，保持锚链标志清晰，定期检查锚链和锚装置的技术状况。

（2）负责淡水舱、压载水舱的测量管、空气管、注入管、人孔盖和污水井测量管的检查维修，保持标志或标识清晰。

（3）负责对舱盖板密封橡皮和压紧装置进行定期检查和维护保养。

（4）负责对舷窗、水密门、货舱导门等水密装置进行定期检查和维护保养。

（5）负责定期对导缆滚轮和救生艇转动部件进行加油活络。

（6）在大副的指导下，负责绘制甲板各设备活络部分的牛油嘴分布示意图，避免加牛油保养工作中的疏漏。

（7）保持各层甲板泄排水管及货舱污水井的清洁和畅通。

（8）负责舱室通风设施和防火门的维护保养。

（9）负责修配门窗、玻璃、锁具、钥匙、桌椅等木工工作。

（10）修船期间，根据大副指示做好修理项目的监修和验收。

2. 其他工作

（1）每天至少两次测量污水井、淡水舱、压载水舱水位，做好记录。发现异常，应立即报告并查明原因。

（2）抵离港及抛起锚前，应检查并试验锚机。在进出港口、靠离移泊、抛起锚、雾中航行和其他必要情况下，按大副指示在锚机旁值守或瞭望，并执行备锚、抛锚、起锚、系固锚、封启锚链筒口等操作。

（3）根据大副指示，负责压载水的压入、排出及加装淡水的操作，并做好记录。

（4）加装燃油前，负责堵塞甲板泄水孔。

（5）装卸作业前按大副指示，同甲板部人员一起及时开启舱盖，装卸完毕及时封妥舱盖。

（6）负责木工工具物料的申领、保管、清点工作，并登记入册。保持木工工作间整洁，妥善保管堵漏器材。

（7）在水手长领导下，参加甲板部维修保养工作。

（8）执行大副、水手长交办的其他工作。

3. 船舶应急

在应急情况下，执行应急程序所规定的职责。

十二、白班水手的主要工作

白班水手在水手长的安排和带领下，根据大副的指示，进行船舶保养工作。

（1）对船舶进行除锈保养。对船舶有锈的地方进行敲锈，敲锈必须彻底。

（2）油漆工作。对除锈后的船体，按照规定涂刷防锈漆、甲板漆等。

（3）对船舶装卸设备进行保养。对各种滑轮进行加油或更换，对各种吊杆钢丝抹油或更换。

（4）整理甲板上的各种物品，使其摆放整齐到位。

（5）整理和保养各种缆绳及索具。

（6）在三副的指导下，对救生、消防设备进行保养。

（7）做好船舶的清洁工作。

（8）在风浪天航行时，各层甲板上的物品进行加固的绑扎。

十三、锚泊时值锚更班发现走锚的方法

锚泊时船舶的最大危险是船舶走锚，也就是船舶拖着锚相对海底移动。走锚对锚泊船威胁极大，如不及时发现并采取有效措施，必将发生搁浅、碰撞等事故，尤其在锚地抛锚，走锚常常造成船舶间的碰撞。

引起走锚的原因除偏荡外，还有锚链长度不足、抛锚方法不当、锚爪抓底不好、底质太差、大风浪来袭等，使船身所受外力大于锚和锚链的系留力而造成走锚。

（1）锚位正常时，锚链是有规律地一张一弛的，而走锚时，锚链筒外面的锚链会出现紧后突松的现象，用手按摸锚链筒附近的锚链，会感觉到有间歇性的抖动。当班水手应经常到船首观察锚链的受力情况。

（2）用耳伏在起锚机的锚链上探听，如有咯咯声说明已走锚。但在黏土底质的锚地，不易听到这种声响。

（3）强风中应重点观察本船首尾附近物标串视线的方位变化，强流中应重点观察正横附近的物标串视线方位的变化，或者利用 GPS 或雷达来判断。也可利用陆标校对锚位是否正常。

（4）在船中部舷旁，垂直放一测深铅锤，如走锚，测深铅锤绳会向前斜伸。

（5）发现本船锚泊的周期性偏荡运动消失，并且船舶改为单舷受风，锚链处于上风舷，则可判定本船已走锚。

第二节　瞭望

每一船舶应经常用视觉、听觉以及适合当时环境和情况下一切有效的手段保持正规的瞭望，以便对局面和碰撞危险做出充分的估计。海上避碰事故统计结果表明，无人瞭望或未能保持正规的瞭望，是导致碰撞事故的重要原因。可见，在预防海难事故发生，确保船舶安全航行上，有无保持正规瞭望已成为一个重要因素。

"瞭望"一词，通常意指"对船舶所处水域的一切情况进行观察，并对所发生的一切情况做出充分的估计与分析"。

一、保持正规瞭望

瞭望人员应具备必要的航海知识与技能以及视觉、听觉等身体素质。瞭望人员应由具备合格的业务素质和健康的身体素质的航海人员担任。瞭望人员应该从避碰的角度履行瞭望的职责，尽快地报告他所看到的与本船构成碰撞危险或以任何方式影响本船航行的任何船舶或物体；然而也不必报告所发现的一切灯光或物标，尤其是在狭水道或通航密度较大的区域，否则，将可能使驾驶员或船长惊慌失措，顾此失彼。

保持正规瞭望可认为是船员在瞭望的适用范围内，保持对船舶周围环境和各种情况进行正规的观察和鉴别，并使这一行为处于连续、不间断的状态，以便对局面和碰撞危险做出充分估计。

保持正规瞭望的主要内容包括以下 3 个方面：

（1）利用视觉、听觉及所有其他可用的方法对当时环境和情况保持连续戒备的状态，并及早发现或察觉到它的变化。

（2）充分估计到碰撞、搁浅和其他危害航行安全的局面和危险。

（3）寻找遇难的船舶和飞机、船舶遇难人员、沉船残骸和其他危害航行安全的物体。

二、瞭望人员职责

（1）应使用一切可以利用的手段，包括但不限于视觉、听力和仪器（如雷达、ARPA、AIS、VHF）等，以保持正规有效的瞭望。

（2）瞭望人员应与当值驾驶员保持有效的信息沟通，应确认信息传递的畅通和闭环。及时以舷角或罗经点报告来船灯光、声号及其他物体的方位。遇险信号要立即报告给值班驾驶员或船长。当驾驶员进入海图室做海图作业时，如果发现来船要及时报告驾驶员。如有任何疑问应立即报告驾驶员。

（3）瞭望人员在瞭望期间应考虑到灯光、能见度条件的改变、通航密度、来自岸上背景亮光对瞭望和判断的影响等。

（4）瞭望人员不得承担可能妨碍其瞭望的其他任务。

三、瞭望的手段

（一）视觉瞭望

视觉瞭望是最基本的瞭望手段。它用人的眼睛直接去观察周围存在的一切可见物，具有直接性、快速性等优点，海上避碰规则将其列为在任何情况下均应保持的瞭望手段。通常利用视觉由近及远，从前至后，由右舷到左舷，对本船周围的水域认真地搜索，仔细观察，如发现来船或其他物标，应立即报告值班驾驶员。尽速判明该船的类别、动态、与本船构成的局面、是否存在碰撞危险，并应注意它可能发出的视觉信号。

在使用视觉瞭望时，应注意：

（1）应特别注意因遮蔽物而产生的视觉盲角和狭水道内或渔区等复杂水域中的那些不点灯的小船及灯光被遮蔽的帆船。

（2）积极地应用望远镜协助进行视觉瞭望。

（3）视觉瞭望时一般先整体后局部，而后对可能构成危险的目标进行仔细认真的观察。

（4）晴朗的白天瞭望，要防止麻痹思想。有强烈的阳光影响视力时可戴滤光镜。

（5）夜间瞭望时要保持"夜眼"，防止眼睛从灯光处移到暗处时出现眼花或不适应的现象。

（6）应注意不要站在妨碍驾驶员、引航员或船长工作的位置。

（7）在夜间航行应至少保持一名水手协助驾驶员值班。

（二）听觉瞭望

《国际海上避碰规则》亦将其列为在任何情况下均应保持的瞭望手段。听觉瞭望主要用以监听海面声响。互见中避让时，应注意守听他船发出的操纵和警告信号，能见度不良时，打开驾驶台门窗，在驾驶台两翼甲板进行瞭望，以守听他船的雾号。

应注意的是，在雾中听到他船的雾号，而没有看到他船时，雾号仅表明附近有他船存在，绝不能将雾号传来的方向作为转向避让的依据。因为，声波在雾中传播受不同密度或不同高度的雾层影响会产生折射，故其方向不很可靠。此外，即使没有听到雾号，并不表明附近没有其他船舶，因为雾层会使声波衰减，逆风时也会使雾号传播距离变小，对此应予充分的注意。

（三）雷达瞭望

在雷达已十分普及的今天，雷达瞭望已成为能见度不良时的主要手段。但这种瞭望手段在互见中也应予以使用，特别是"在适当的时候和遇到或料到视程受到限制时，以及在拥挤的全部时间里"。

在使用雷达进行瞭望时，除应了解雷达设备的特性、效率和局限性，以及海况、天气和其他干扰对雷达探测的影响外，还应予以正确使用，诸如进行远、近距离扫描，以及对探测到的物标进行雷达标绘或与之相当的系统观察，以便对局面和碰撞危险做出充分的估计。

（四）VHF 无线电话

VHF 无线电话在避碰中的应用已越来越受到重视。利用这种方法，与他船或岸基雷达监控站及船舶交通管理中心进行通信联系，了解周围船舶的动态、协调两船间的避让行动，已成为保持正规瞭望的一种新型而有效的手段。如不能予以正确运用，也将被认为是对瞭望的一种疏忽。

（五）其他瞭望手段

除上述主要手段外，还应使用望远镜、嗅觉、ARPA、VTS、AIS 等手段。还应考虑适合当时环境和情况下，便于他船瞭望的行动。

以上方法均是保持正规瞭望的有效手段。能否达到瞭望的目的，取决于能否根据当时的环境和情况及各种瞭望手段的不同特点，予以合理使用，并将其有机地结合起来。

另外，舵工在操舵时不应视为瞭望人员，除非某些小船操舵位置周围不影响瞭望。

四、瞭望时瞭望人员交接的主要内容

（1）所有看到并已报告的物标。
（2）看到还没有报告的物标。
（3）过去和现在的天气情况。
（4）瞭望时应注意的问题。
（5）航行灯的状态。

五、值班瞭头制度

在能见度不良的情况下，或船舶航行在通航密度大的狭水道、运河及在港内航行时，或船长认为必要时，为了航行安全，都应有人在船头加强守听、瞭望，简称为派瞭头。

瞭头由水手长、木匠、水手轮流担任，名单由水手长编排，经大副同意后实行。能见度不良时的瞭头一般由二水轮流担任，每2小时为一更，一更1人。

瞭头的主要任务是，注视船头方向及左右两舷的海面情况（灯光、声音、回声、陆地、漂浮物及其他航行障碍物等），或者用耳辨听四周情况，若听到其他音响、回声应即报告驾驶台；瞭头时还应兼顾本船航行灯是否正常。夜间瞭望时，瞭头应备有手提探照灯，以便适时探扫海面，了解情况，供驾驶台及时采取正确的避让措施。

瞭头开始值班前，驾驶台应将当时航区情况及注意事项交代清楚。

瞭头应在船头坚守岗位，全神贯注进行观察，发现情况及时正确地用电话或无线电对讲机向驾驶台报告，也可以用敲钟方法引起驾驶台注意，情况在右前方敲一下，在左前方敲两下，在正前方敲三下，此时驾驶台用口哨或手电闪光回答，表示已经听到。

瞭头如发现情况，应用有效的手段及时报告驾驶台；值班驾驶员通过助航仪器观察的目标，也应通知瞭头注意。

未经船长或值班驾驶员同意，瞭头不得擅离岗位。

瞭头的交接班应在船头进行，交班者必须向接班者讲清当时海面情况及驾驶员交代事项，交代完毕后应向驾驶台报告，得到同意后方可离去。

第三节　船舶海上避碰常识

《国际海上避碰规则》（*International Regulation for the Preventing Collision at Sea*）是为确保船舶航行安全，预防和减少船舶碰撞，规定除在港口、河流实施地方性的规则外，在公海和连接于公海的一切通航水域、船舶及水上飞机共同遵守的海上交通规则。

一、号灯（Light）

从日没到日出或白天能见度不良时或认为有必要时，海船应显示规则规定的号灯。

（一）种类、灯质、频率、范围

（1）桅灯（Masthead Light）：是指安置在船的首尾中心线上方的白灯，在225°的水平弧内显示不间断的灯光，其装置要使灯光从船的正前方到每一舷正横后22.5°内显示。

（2）舷灯（Side Light）：是指右舷的绿灯和左舷的红灯，各在112.5°的水平弧内显示不间断的灯光，其装置要使灯光从船的正前方到各自一舷的正横后22.5°内分别显示。长度小于20米的船舶，其舷灯可以合并成一盏，装设于船的首尾中心线上。

（3）尾灯（Stern Light）：是指安置在尽可能接近船尾的白灯，在135°的水平弧内显示不间断的灯光，其装置要使灯光从船的正后方到每一舷67.5°内显示。

（4）拖带灯（Towing Light）：灯质为黄色，不间断灯光。范围：其位置尽可能接近船尾，在135°的水平弧内显示不间断的灯光，其装置要使灯光从船的正后方到每一舷67.5°内显示。

（5）环照灯（All Round Light）：灯质有白、红、绿、黄等，根据用途而定；不间断灯光。范围：是指在360°的水平弧内显示不间断灯光的号灯。

（6）闪光灯（Flashing Light）：是指每隔一定时间以每分钟频率120闪次或120以上闪次的闪光的号灯。

航行灯显示如图3-3-1所示。

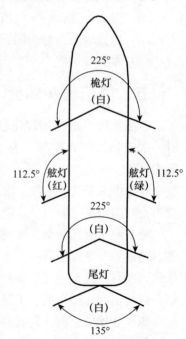

图3-3-1　航行灯显示

（二）号灯的能见距离

1. L≥50m 的船

（1）桅灯：6 n mile；
（2）舷灯：3 n mile；
（3）尾灯：3 n mile；
（4）拖带灯：3 n mile；
（5）环照灯：3 n mile。

2. 12m≤L<50m 的船

（1）桅灯：5 n mile；
（2）舷灯：2 n mile；
（3）尾灯：2 n mile；
（4）拖带灯：2 n mile；
（5）环照灯：2 n mile。

3. L<12m 的船舶

（1）桅灯：2 n mile；
（2）舷灯：1 n mile；
（3）尾灯：2 n mile；
（4）拖带灯：2 n mile；
（5）环照灯：2 n mile。

4. 不易察觉的，部分淹没的被拖船舶或物体

白色环照灯：3 n mile。

二、号型（Shape）

任何白天，海船应显示规则规定的号型。其颜色为黑色，形状有四种。其尺寸如下。
（1）球体（Ball Shape）：直径应不小于 0.6 m。
（2）圆锥体（Conical Shape）：底部直径应不小于 0.6 m，高度应与直径相等。
（3）圆柱体（Cylinder Shape）：直径应不小于 0.6 m，高度等于直径 2 倍。
（4）菱形体（Daimond Shape）：由两个底部直径应不小于 0.6 m 的圆锥体以底相合而成。号型间的垂直距离不得小于 1.5 m。

三、船舶号灯、号型的显示

根据《1972 年国际海上避碰规则》的要求，不同船舶在各种状态下的号灯、号型的显示如表 3-3-1、表 3-3-2 所列。

表 3-3-1　船舶号灯、号型 (1)

信号类别			号灯			号型	
船舶种类			在航		锚泊	在航	锚泊
			在水中移动	不在水中移动			
机动船		长度>100 m	前后桅灯各1盏，舷灯、尾灯		前后锚灯各1盏		●
		长度≥50 m	前后桅灯各1盏，舷灯、尾灯		前后锚灯各1盏		
		长度<50 m	桅灯、舷灯、尾灯		锚灯1盏		
		长度<20 m	桅灯、舷灯（1盏）、尾灯		锚灯1盏		
		长度<7 m且速度<7 Kn	环照白灯（如可行还应显示舷灯）		锚灯1盏		
	气垫船		按同等长度机动船（在非排水状态操作时，另一环照黄色闪光灯）		锚灯1盏		●
	机帆船		按同等长度机动船		锚灯	▼	●
拖船	吊拖	拖带长度>200 m	垂直桅灯3盏，舷灯、尾灯、拖带灯，拖轮长度>50 m，另后桅灯			◆	●
		拖带长度≤200 m	垂直桅灯2盏，舷灯、尾灯、拖带灯，拖轮长度>50 m，另后桅灯				●
	顶推或旁拖		垂直桅灯2盏，舷灯、尾灯，拖轮长度>50 m，另后桅灯		锚灯		●
	联合单体		按同等长度机动船		锚灯		●
被拖船或物件	被吊拖	拖带长度>200 m	舷灯、尾灯（若不能按规定显示，至少应点灯或表明其存在）			◆	
		拖带长度≤200 m					
	被旁拖		舷灯（船的前端）、尾灯		锚灯		●
	被顶推		舷灯（船的前端）		锚灯		●
帆船		长度≥12 m	舷灯、尾灯，还可垂直上红下绿环照灯		锚灯		●
		长度<12 m	同上（舷灯和尾灯可合并成1盏，但不应与上红下绿环照灯联合显示）		锚灯		●
		长度<7 m	同上，或在手边备妥一手电筒或点亮着的白光灯		锚灯		●
	划桨船		按同等长度帆船，或在手边备妥一手电筒或点亮着的白光灯		锚灯		●
	引航船		垂直上白下红环照灯、舷灯、尾灯		垂直上白下红		●

续表

信号类别		号灯			号型	
船舶种类		在航		锚泊	在航	锚泊
		在水中移动	不在水中移动			
从事捕鱼的船	拖网	上绿下白环照灯，舷灯、船尾灯（船长≥50 m另后桅灯）			▼▲ 船长<20 m可用篮子代替	
	非拖网 外伸渔具≤150 m	垂直上红下白环照灯、舷灯、尾灯	关闭舷灯、尾灯	分别与不在水中移动相同		分别与在航相同
	非拖网 外伸渔具>150 m	同上，另渔具方向一环照白灯			同上，另渔具方向 ▲	

备注：凡长度小于20 m的任何船舶，不论从事何种工作，红、绿舷灯均可合并成1盏。

表3-3-2　船舶号灯、号型（2）

信号类别		号灯			号型	
船舶种类		在航		锚泊	在航	锚泊
		在水中移动	不在水中移动			
失去控制船		垂直环照红灯2盏，舷灯、尾灯	关闭舷灯，余同左	按同等长度机动船	● ●	不适用
操纵能力受到限制的机动船	从事安放、维修或起捞航行标志、海底电缆或管道的船	除按同等长度机动船外，另垂直红、白、红环照灯	关闭桅灯、舷灯、尾灯，余同左	垂直红、白、红环照锚灯	● ♦ ●	● ● 和♦
	从事补给或转运人员食品或货物的在航船	除按同等长度机动船外，另垂直红、白、红环照灯	关闭桅灯、舷灯、尾灯，余同左		● ♦ ●	
	从事疏浚、水下作业或潜水工作的船	除同上外，有阻碍一舷，垂直环照红灯2盏；可通航一舷，垂直环照绿灯2盏	关闭桅灯、舷灯、尾灯，余同左	有障碍一舷，垂直环照红灯2盏；可通航一舷，垂直环照绿灯2盏	同上外 碍航舷 ● ● 通航舷 ♦ ♦	同左，潜水工作船若不能显示，可改用一国际简语A旗的硬质复制品
	从事扫雷工作船	除按同等长度机动船外，另3盏环照绿灯（在或接近前桅顶及前桅横桁两端各1盏）			● ● ●	

信号类别	号灯			号型	
船舶种类	在航		锚泊	在航	锚泊
	在水中移动	不在水中移动			
从事拖带而不能偏离航向的船	除按一般吊拖拖船外，另垂直红、白、红环照灯			●>200 m ◆+◆●	
限于吃水的机动船	除按同等长度机动船，还可垂直环照红灯 3 盏		锚灯	圆柱体	●
搁浅船			垂直环照红灯 2 盏，锚灯		● ● ●

备注：凡长度小于 20 m 的任何船舶，不论从事何种工作，红、绿舷灯均可合并成 1 盏。

四、操纵和警告信号

（一）船舶互见中的操纵和警告信号

在互见中，声响和灯光信号表明一艘船舶正在采取行动或企图采取的行动或者对另一船的行动表示怀疑或者对他船发出警告。

表 3-3-3 为船舶互见中的操纵和警告信号。

表 3-3-3　船舶互见中的操纵和警告信号

信号	信号的意义	发号器具
· ·· ···	在航机动船 我正在向右转向 我正在向左转向 我正在向后推进	号笛（并可用灯号补充） 一闪：表示"我船正在向右转向" 二闪：表示"我船正在向左转向" 三闪：表示"我船正在向后推进"
——· ——··	在航机动船在狭水道或航道 我船企图从你船的右舷追越 我船企图从你船的左舷追越	号笛
—·—·	同意追越	号笛
·····	对你船的意图或行动无法了解或有怀疑	号笛，该声号可以用至少五次短而急的闪光来补充
—	船舶在驶近可能被居间障碍物遮蔽的他船的水道或航道的弯头或地段时，应鸣放的警告信号	号笛

（二）能见度不良时使用的声号

声响信号在能见度不良时，可用来表明船舶种类、动态，并作为避让动作的一种有效依据。尤其是在没有装置雷达或者有雷达但不能使用的船上，利用声号表明本船的存在及动态，并辨别他船，显得特别重要。在能见度不良的水域中或其附近时，不论白天还是夜间，使用的声号如表 3-3-4 所示。

表 3-3-4　能见度不良时船舶使用的声号

船舶状态	声号	说明	器具
机动船在航且对水移动	—	应以每次不超过 2 min 的间隔鸣放一长声	号笛
机动船在航但已停车，并且不对水移动时	——	应以每次不超过 2 min 的间隔鸣放两长声，两长声间的间隔约 2 s	号笛
失去控制的船 操纵能力受到限制的船舶 限于吃水的船舶 帆船 从事捕鱼的船舶 从事拖带或顶推他船的船舶	—··	应以每次不超过 2 min 的间隔鸣放三声，即一长声继二短声	号笛
从事捕鱼的船舶锚泊时 操纵能力受到限制的船舶在锚泊中执行任务时	—··	应以每次不超过 2 min 的间隔鸣放三声，即一长声继二短声	号笛
一艘被拖船或者多艘被拖船的最后一艘，如配有船员	—···	应以每次不超过 2 min 的间隔鸣放四声，即一长声继三短声。当可行时，这种声号应在拖船鸣放声号之后立即鸣放	号笛
当一顶推船和一被顶推船牢固地连接为一个组合体时，应作为一艘机动船	—或 ——	在航对水移动 在航已停车，且不对水移动	号笛
锚泊中的船舶	·—·	应以每次不超过 1 min 的间隔急敲号钟约 5 s，长度为 100 m 或 100 m 以上的船舶，应在船前部敲打号钟，并在紧接钟声之后，在船尾部急敲号锣 5 s	号笛
搁浅的船舶	·—·或 ··—	同上，如有要求，应加发锣号。此外，还应在紧接急敲号钟之前和之后，各分隔而清楚地敲打号钟三下。搁浅的船还可以鸣放合适的笛号	号笛
长度小于 12 m 的船舶	发出有效的声响声信号	不要求鸣放上述信号，但如不鸣放上述信号，则应以每次不超过 2 min 的间隔鸣放他种有效的信号	发声器具
引航船执行任务时	同机动船另加····	除上述 1、2 或 7 所规定的声号外，还可以鸣放由四短声组成的识别信号	号笛

五、碰撞危险的判断

每一船舶应用适合当时环境和情况的一切有效手段断定是否存在碰撞危险，如有任何怀疑，则应认为存在这种危险。如果来船的罗经方位没有明显的变化，则应认为存在这种危险；即使有明显的方位变化，有时也可能存在这种危险，特别是在驶近一艘很大的船舶或拖带船组时，或是在近距离驶近他船时。

如装有雷达设备并可使用的话，则应正确地予以使用，包括远距离扫描，以便获得碰撞危险的早期警报，并对探测到的物标进行雷达标绘或与其相当的系统观察。

六、狭水道航行

狭水道通常是指可航水域宽度狭窄、船舶操纵受到一定限制的通航水域。

沿狭水道或航道行驶的船舶，只要安全可行，应尽量靠近其右舷的狭水道或航道的外缘行驶。任何船舶，如当时环境许可，都应避免在狭水道内锚泊。

七、分道通航制

分道通航制是指用分隔线、通航分隔带或分道或用其他方法，把相反或接近相反方向行驶的航行船舶分隔开的一种通航制度，使用分道通航制区域的船舶应：在相应的通航分道内顺着该分道的船舶总流向行驶；尽可能让开通航分隔线或分隔带；通常在通航分道的端部驶进或驶出，但从分道的任何一侧驶进或驶出时，应与分道的船舶总流向形成尽可能小的角度。

八、船舶在互见中的行动规则

由于"互见"的定义仅以视觉能否看到他船为依据，而不考虑当时的能见度情况如何，因而，"互见"既存在于能见度良好的情况下，也存在于能见度不良之中。

（一）追越

一船正从他船正横后大于 22.5° 的某一方向赶上他船时，即该船对其所追越的船所处位置，在夜间只能看见被追越船的尾灯而不能看见它的任一舷灯时，应认为是在追越中。且任何船舶在追越任何他船时，均应给被追越船让路，如图 3-3-2 所示。

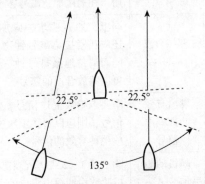

图 3-3-2　追越局面

（二）对遇

当两艘机动船在相反的或接近相反的航向上相遇致有构成碰撞危险时，各应向右转向，从而各从他船的左舷驶过。当一船看见他船在正前方与接近正前方：在夜间，能看见他船的前后桅灯呈一直线，或接近一直线和（或）两盏舷灯，在白天，看到他船的上述相应形态时，则应认为存在这样的局面，如图 3-3-3 所示。

（三）交叉相遇局面

当两艘机动船交叉相遇致有构成碰撞危险时，有他船在本船右舷的船舶应给他船让路，如当时环境许可，还应避免横越他船的前方，如图 3-3-4 所示。

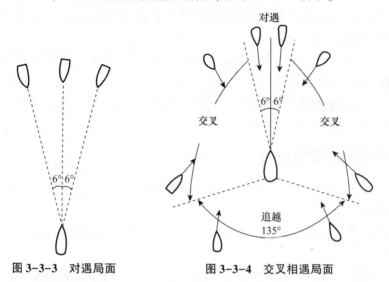

图 3-3-3 对遇局面   图 3-3-4 交叉相遇局面

交叉相遇局面中两船的责任如下：

（1）有他船位于本船右舷的船舶，本船应给他船让路，本船是让路船，他船是直航船；

（2）有他船位于本船左舷的船舶，他船应给本船让路，本船是直航船，他船是让路船。

在夜间，当两船交叉相遇时，让路船只可能看到直航船的红色舷灯，看不到其绿色舷灯；直航船只可能看到让路船的绿色舷灯，看不到其红色舷灯。因此，船员通常称之为"让红不让绿"，即显示（确切的含义应该是被他船看到）绿舷灯的船为让路船，显示红舷灯的船为直航船。

九、让路船的行动

须给他船让路的船舶，应尽可能及早地采取大幅度的行动，宽裕地让清他船。归纳起来就是"早、大、宽、清"四个字。

1. "早"是对采取避让行动的时机提出的要求；

2. "大"是对采取避让行动的幅度提出的要求；

3. "宽"是对采取避让行动所应达到的安全距离的要求；

4. "清"是对最后避让结果的要求。

十、直航船的行动

保持航向和航速是《国际海上避碰规则》对直航船提出的一项基本要求。目的在于使让路船准确地掌握其运动状态，正确判断会遇局面，果断采取避让行动并最大限度地防止不协调行动。保持航向和航速通常是指保持初始的罗经航向和主机转速，在某些情况下，保向保速，也应理解为保持一船在当时从事航海操作所遵循的，并为他船所理解的航向和航速。直航船应该或可以终止保向保速的时间要求如下：

1. 当直航船发觉规定的让路船显然没有遵照《国际海上避碰规则》各条采取适当行动时；

2. 当直航船发觉不论出于何种原因逼近到单凭让路船的行动已不能避免碰撞时；

3. 让路船已经驶过让清时。

直航船独自采取行动的时机为直航船一经发觉规定的让路船显然没有遵照《国际海上避碰规则》第八条和第十六条的规定采取适当的让路行动之时。直航船采取最有助于避碰行动的时机是"两船接近到单凭一船的行动已不能避免碰撞时"，通常是指两船间的紧迫局面已经存在，紧迫危险即将形成时。

十一、船舶之间的责任

机动船在航时应给下述船舶让路：失去控制的船舶、操纵能力受到限制的船舶、从事捕鱼的船舶和帆船。

帆船在航时应给下述船舶让路：失去控制的船舶、操纵能力受到限制的船舶和从事捕鱼的船舶。

从事捕鱼的船舶在航时，应尽可能给下述船舶让路：失去控制的船舶、操纵能力受到限制的船舶。

第四节　船舶通信常识

船舶通信主要通过视觉、声响和无线电等通信器材，发送各种不同的形体、旗号、闪光、动作、声响和电波等，以表达所规定的具有一定意义的符号，并按规定的通信程序进行通信。

船舶通信方法有以下3个方面：

1. 视觉信号通信：灯光通信、旗号通信、手旗或手臂通信。

2. 声响信号通信：声响通信和强力扬声器喊话。

3. 无线电通信：无线电报通信、无线电话通信、无线电传通信、传真通信及电子邮件等。

一、船舶灯光信号

船舶灯光信号指用闪光信号灯或其他闪光器为通信工具，利用莫尔斯符号（Morse symbols）组成的字母、数字和规定的程序信号等，于夜间或白天在视距范围内进行的通信。

莫尔斯符号和发送方法：

莫尔斯符号是用"点"（dot）和"划"（dash）单独或组合代表英文字母和数字。其中点为一个单位，划为三个单位，同个字符内两闪之间间隔为一个单位，字符间的间隔为三个单位，字与字、组与组之间的间隔为7个单位。

字母和数字符号如表3-4-1所列。

表3-4-1 莫尔斯符号

字母	符号	字母	符号	字母	符号	字母	符号
A	· −	K	− · −	U	· · −	1	· − − − −
B	− · · ·	L	· − · ·	V	· · · −	2	· · − − −
C	− · − ·	M	− −	W	· − −	3	· · · − −
D	− · ·	N	− ·	X	− · · −	4	· · · · −
E	·	O	− − −	Y	− · − −	5	· · · · ·
F	· · − ·	P	· − − ·	Z	− − · ·	6	− · · · ·
G	− − ·	Q	− − · −			7	− − · · ·
H	· · · ·	R	· − ·			8	− − − · ·
I	· ·	S	· · ·			9	− − − − ·
J	· − − −	T	−			0	− − − − −

二、船舶声响信号

（一）船上主要声响设备

1. 号笛（Whistle）。
2. 号钟（Bell）或号锣（Gong）。

表3-4-2为不同长度船舶的号笛、号钟配备。

表3-4-2 不同长度船舶的号笛、号钟配备

船舶长度（m）	可听距离（n mile）	数量（只）
200或200以上	2	号笛、号钟、号锣各一
75或75以上	1.5	号笛、号钟、号锣各一
20或20以上	1	号笛、号钟
小于20		有效声号

（二）船舶互见中的操纵和警告信号

参见本章第三节

（三）能见度不良时使用的声号

参见本章第三节

三、常见航海国家国旗

从事国际航线航行的船舶，除了配备本国国旗之外，还配备船舶经常到达国家的国旗。到达目的港时，必须悬挂所在港口国家的国旗。到达港口国家的国旗一般悬挂在主桅或前桅桅顶或横桁的最右端；船籍港国旗亦称船旗国国旗应悬挂在船尾的小旗杆上。常见航海国家国旗见本书第六章第一节项目三。

四、国际信号旗

旗号通信是值班水手必须掌握的内容，也是在值班过程中经常要做的工作之一，因此必须达到熟练掌握的程度。它是利用国际信号旗组成信号码语或其他各种信号，在白天视距范围内进行通信。通信的方法必须遵守《国际信号规则》 （*International Code of Signals*）的要求进行。

（一）国际信号旗的组成

表 3-4-3 单字母信号的意义

A	我下面有潜水员，请慢速远离我	I have a diver down, keep well clear at slow speed
★B	我正在装、卸或载运危险货物	I am taking in, or discharging, or carrying dangerous goods
★C	是（肯定或"前组信号的意义应理解为肯定的"）	Yes（affirmative or "The significance of the previous group should be read in the affirmative"）
D	请让开我，我操纵困难	Keep clear of me; I am manoeuvring with difficulty
E	我正在向右转向	I am altering my course to starborad
F	我操纵失灵；请与我通信	I am disabled; Communicate with me
G	我需要引航员。在渔场有临近一起作业的渔船使用时，它的意思是"我正在收网"	I require a pilot when made by fishing vessels operating in close proximity on the fishing grounds it means "I am hauling nets"
★H	我船上有引航员	I have a pilot on board
★I	我正在向左转向	I am altering my course to port
J	我船失火，船上有危险货物，或我船有危险货物漏出，请远离我	Keep well clear of me. I am on fire and have dangerous cargo on board, or I am leaking dangerous cargo on board
K	我希望与你通信	I wish to communicate with you

L	你应立即停船	You should stop your vessel instantly
M	我船已停住，并已没有对水速度	My vessel is stopped and making no way through the water
N	不（否定或"前组信号的意义应理解为否定的"），这个信号仅可以用视觉或者响信号发出。在用语音或无线电发出这个信号时，应该用 NO 字	No（negative or "The significance of the previous Group should be read in the negative"）, this signal may be given only visually or by sound. For voice or radio transmission the signal should be "NO"
O	有人落水	Man overboard
P	在港内，本船将要出海，所有人员应立即回船；在海上，利用信号发送表示"我要引航员"，在海上，当由渔船使用时，"意为我的网缠在障碍物上"	In harbour, all persons should report on board as vessel is about to sea. At sea, it may also be used as a sound signal to mean：I require a pilot. At sea, it may be used by fishing vessels to mean：My nets have come fast upon an obstruction
Q	我船没有染疫，请发给进口检疫证	My vessel is "healthy" and I request free pratique
★S	我正操纵推进器向后退	I am operatating astern propulsion
★T	请让开我；我正在对拖作业	Keep clear of me. I am engaged in pair rawling
U	你正在进入危险中	You are running into danger
V	我需要援助	I require assistance
W	我需要医疗援助	I require medical assistance
X	终止实施你的意图，并注意我发送的信号	Stop carrying out your ententions and watch for my signals
Y	我正在走锚	I am dragging my anchor
Z	我需要一艘拖船。在渔场由临近一起作业的渔船使用时，它的意思是"我正在放网"	I require a tug. When made by fishing vessles, operating in close proximity on the fishing grounds, it means：I am shooting nets
备注	（1）有 ★ 符号的字母信号，仅在遵照《1972 年国际海上避碰规则》的规定的情况下，才可以用信号发送；	（1）Signals of letter marked ★ when made by sound may only be made in compliance with the requirements of *The International Regulations for Preventing Collisions at Sea*, 1972
	（2）信号 "K" 和 "S" 如果作为对乘小艇的遇险船员的登陆信号时，则另有专门的含义（《1974 年国际海上人命安全公约》第五章第 16 条的规定）	（2）Signals "K" and "S" have special meanings as landing signals for small boats with crews or persons in distress (*The International Convention for the Safety of Life at Sea*, 1974, Chapter V Regulation 16)

　　国际信号旗（International flag and pendants）是用红、黄、蓝、白、黑 5 种颜色的旗纱制成。每套共 40 面，其中字母旗（Alphabetical flag）26 面、数字旗（Numeral pendant）10 面、代旗（Substitutes）3 面和回答旗（Answering pendant）1 面，见本书第六章第一节项目四。

　　每一信号旗的上、下端应配有合适长度的旗绳和系挂钩。

（二）国际信号旗的用法

1. 单字母旗的含义

单字母信号旗是由单个英文字母组成。在 26 个字母中，除 "R" 没有意义外，其他 25 个字母都有完整的意义，如表 3-4-3 所列。

单字母信号用于最紧急、最重要或最常用的内容，并适合于任何通信方法。

2. 字母旗的用法

在 26 面字母旗中，除 "R" 字母外，其他 25 面字母旗都有其独立的信号意义。但也可与其他字母旗或数字旗组成各种信号码组、拼字信号等不同的信号（实际使用中可查找《国际信号规则》）。

3. 数字旗的用法

数字旗共 10 面，在通信中，除表明数字外，也可与字母旗联合组成各种信号。

4. 回答旗的用法

（1）在数字码组中，当作小数点。

（2）在旗号通信中，表示回答通信和通信结束。

（3）当军舰与商船通信时悬挂，表示正与商船用国际信号通信中。

5. 代旗的用法

代旗是用来代替同一组中的同类信号旗。在同一组信号旗中，任何一面代旗只能用一次。

"代一"是代替同组中同类（字母、数字）的第一面旗，如当悬挂 "B 代一 GC" 时，代表的是 "BBGC"。

"代二"是代替同组中同类（字母、数字）的第二面旗，如当悬挂 "MG 代二 C" 时，代表的是 "MGGC"。

"代三"是代替同组中同类（字母、数字）的第三面旗，如当悬挂 "QNC 代三" 时，代表的是 "QNCC"。

注意：在同一组信号旗中，若既有字母旗又有数字旗，代旗仅代替本组同类的信号旗，即紧接在字母旗下面者应为代替字母旗，紧接在数字旗下面者则代替数字旗。

例如，悬挂 "M2 代二代三" 时，则表示 "M222"；

悬挂 "W62 代二回答代三" 时，则表示 "W622.2"。

五、船舶挂旗常识

（一）旗帜分类

（1）供区别国籍的：国旗、军旗。

（2）供区别人物或所有权的：公司旗或官职旗。

（3）供通信用：通信旗、手旗等。通信旗采用的是国际信号旗。

（二）挂旗位置

（1）国旗：悬挂在船尾旗杆上，亦可悬挂在后桅斜杆上。

（2）到达港国旗：在船到达国外港口时，应在前桅顶或前桅横杆上悬挂该国国旗，离港后降下。

（3）船公司旗：悬挂在船首旗杆或后桅顶，航行时不挂。

（4）国际信号旗：悬挂于桅杆横桁或斜拉旗绳上。

（三）各旗升降时间

（1）不论在航行或停泊中，应悬挂的各类旗帜通常在日出时升起，日落时降下。国旗，不论在航行时还是停泊时，必须在日出时升起，日落时降下。在大洋中航行可不悬挂。

（2）在升旗时，应首先升起国旗，随后升起其他各旗；降旗时，应先降其他各旗，最后降下国旗。

（3）在极地航行时，冬天应能在看得见的情况下悬升有关旗帜。

（4）船舶在进出港或其他必要显示国籍的情况下，国旗及各旗的升降时间视需要提早或延迟。

（四）升、降旗的正确操作方法

（1）国旗代表一个国家的尊严。保护国旗是所有船员的光荣职责，应时刻注意国旗的悬挂状况。升降国旗时，应注意缓缓升起（降下），并应升到顶后系牢旗绳，防止松弛而滑下。严禁国旗倒挂。

（2）国旗应保持飘扬，不应卷叠，收下后平整叠好，放在旗箱内。如有破损应及时缝补或换新。

（3）船舶间致敬。航行中在较近距离与本国及友好国家的海军舰艇和商船相遇时，都应用国旗敬礼，以示敬意。在进出港口时遇到军舰也应降旗致敬。

敬礼的方法：在驶近对方船的正横方向前，将国旗降到距离旗杆顶1/3旗杆高度处，对方船也应同样将国旗降至距离旗杆顶1/3旗杆高度处，随即再升到顶表示回礼，我船也同时将国旗升到顶。敬礼的全过程结束。在下半旗期间敬礼时，应先将国旗升到顶后再降到距离旗杆顶1/3旗杆高度处，敬礼毕后还应将国旗升到顶后再降到半旗位置。

（4）国旗志哀。凡遇哀悼日，应按国务院规定下半旗志哀。

在挂半旗时，应先将国旗升到顶，随后再降到距离旗杆顶1/3旗杆高度处。在日落后降旗时，仍应将国旗先升到顶后再降下。在国外港口是否需要降半旗，应取得我国驻外使领馆的正式通知后执行。

（5）升挂满旗。船舶在停泊中，遇到我国国庆、重大节日，应挂满旗致庆（日落后根据指示可悬挂满灯）。船舶在国外港口，遇到该国国庆等重大节日，是否悬挂满旗致庆，应请示我国驻在国使馆、领事馆。

主要的方式：在主桅顶上升挂国旗，从船首尾到前后桅以及桅间用绳索以滑车固定穿引，将国际信号旗连接并绕缠于张索上，然后升起装饰全船。但应注意以下各点：

①将全部国际信号旗从形状（一般为两方一尖旗搭配）、色泽上做好搭配。

②升降索以及主旗绳应采用白棕绳或专用腊旗绳，信号旗应与主旗绳牢固连接。

③航行中不挂满旗，但中、前、后桅顶分别悬挂国旗、船首公司旗、船尾国旗等。

④悬挂满旗时不能使用国旗、军旗、商船旗以及与各国国旗有相同图案的通信旗，如字母旗 C、E、H、J、T，以及数字旗 1、3、4。

（6）进出港挂旗。

船舶进出港时，除应悬挂国旗、公司旗外，还应视需要悬挂以下几种旗：

①船舶呼号旗。

②需要引航员时先挂出"G"旗（我船需要引航员）；当引航员登船后应降下"G"旗，升上"H"旗（我船上有引航员）。当引航员离船后应立即降下"H"旗。

③船抵达国外港口或返航抵达国内第一港时，应到检疫锚地锚泊，悬挂出"Q"旗（我船没有染疫，请发给进口检疫证）。待检疫结束，领到进口检疫证后，可降下"Q"旗。

④船舶在预计开航前 2 h，应在明显位置悬挂"P"旗（我船即将开航，所有人员应立即回船）。当引航员抵达，船舶呼号旗、引航旗升起，解掉第一根缆绳时，即可降下"P"旗。

（7）信号旗的正确悬挂方法。取出所需的信号旗，到挂旗处，解开桅上旗绳，把旗绳一头与信号旗旗头的环用双索花结连接，旗绳另一头打一单套结（或用双索花结连接），再用信号旗旗尾的小绳以单套结与它连接（或用双索花结连接），如有旗绳 8 形钩，直接套接即可。然后先将连接旗头一端的绳子拉到顶，把连接旗尾一端的旗绳用力向下一拉，使打在信号旗上的活扣脱开，使信号旗扬开。最后把旗绳（两股）在羊角或其他生根点上固定。

（8）国旗、信号旗的正确折叠与保管。先将旗头、旗尾对折两道，注意：旗头旁的代号应一直保持露在外面，然后横折两道，向头尾处卷紧，呈一筒状，在卷好的旗头处，用旗尾的绳子绕两道打一活扣，绕的这两道绳子不应压在代号上，如代号没有或不清应及时写上。

在驾驶台有专门存放信号旗的箱子，箱子隔有 40 格，每个端面或接近端面处应标有代号，信号旗按代号次序放入箱格内，叠好的信号旗代号端朝外，这样，下次使用时，取旗方便、准确。

受潮的旗帜必须晾干后方可收藏，平时应防止霉变和虫蛀。发现破损应及时修补。

（9）升挂旗帜注意事项。

①无论在何种天气情况下升挂信号旗，应先将旗帜连接好后拉到顶，再将旗帜扬开。最后把旗绳（两股）在羊角或其他生根点上固定牢靠。

②信号旗应悬挂在对方最易见的位置，升挂的旗帜应保持飘扬，不要被烟囱、上层建筑物等阻碍，或被其他旗帜遮盖起来。

③若同时挂几挂信号旗，需要的话应按收、挂次序挂出。

④一组挂两面以上信号旗组时，旗与旗之间的连接应是每面旗的旗头与另一面旗的旗尾，同组内两旗连续间距不应太大，在 0.5 米左右为宜。

（五）船舶旗号的保养

1. 旗绳（Flag Halyard）

旗绳在平时或张挂中应当放松，防止因雨、雾使绳受潮缩短以至拉断。靠近烟囱的旗绳要注意保持清洁，一般情况下旗绳应每年换新一次。

2. 旗帜（Flag）

平时应正确叠好，并使旗号顶端识别字母显示在外，分别放置在专用旗号柜内。使用过受潮的旗帜，必须晾干后再卷叠存放，防止霉烂。发现破损应及时缝补。

对专用的船舶呼号旗，一般固定连接卷叠存放。

对经常用的旗帜，过早破损者，应经常检查，必要时做单旗更新。

六、遇险信号

（1）下列信号，不论是一起使用或分别使用或显示，均表示遇险需要救助：

①每隔约 1 min 鸣炮或燃放其他爆炸信号一次；

②以任何雾号器具连续发声；

③以短的间隔，每次放一个抛射红星的火箭或信号弹；

④无线电报或任何其他通信方法发出莫尔斯码组···—···（SOS）信号；

⑤无线电话发出"梅代"（MAYDAY）语言的信号；

⑥《国际简语规则》中表示遇险的信号 N. C. ；

⑦由一面方旗放在一个球体或任何类似球形物体的上方或下方所组成的信号；

⑧船上的火焰（如从燃着的油桶等发出的火焰）；

⑨火箭降落伞或手持式的红光火焰信号；

⑩放出橙色烟雾的烟雾信号；

⑪两臂侧伸，缓慢而重复地上下摆动；

⑫无线电报报警信号；

⑬无线电话报警信号；

⑭由无线电应急示位标发出的信号；

⑮由无线电通信系统发送的经认可的信号。

（2）除为表示遇险需要救助外，禁止使用或显示上述任何信号以及可能与上述任何信号相混淆的其他信号。

（3）应注意《国际信号规则》的有关部分，《商船搜寻和救生手册》内容以及下述的信号：

①一张橙色帆布上带有一个黑色正方形和圆圈或其他合适的符号（供空中识别）；

②海水染色标志。

七、《船舶升挂国旗管理办法》

为了规范中国籍民用船舶以及进入我国内水、港口、锚地的外国籍船舶升挂我国国旗的行为，交通部根据《中华人民共和国国旗法》制定了《船舶升挂国旗管理办法》。本办法自 1991 年 11 月 1 日起施行。

（一）适用范围

本办法适用于中国籍民用船舶（简称中国籍船舶）以及进入中华人民共和国内水、港口、锚地的外国籍船舶（简称外国籍船舶）。依照我国有关船舶登记法规办理船舶登记，取得了我国国籍的船舶，方可将中国国旗作为船旗国国旗悬挂。

（二）主管机关

交通部授权港务（港航）监督机构对船舶升挂和使用中华人民共和国国旗（以下简称"中国国旗"）实施监督管理。

（三）处罚

对违反《中华人民共和国国旗法》和本规定的船舶和船员，港务监督机构应令其立即纠正，并可根据情节，按照《中华人民共和国国旗法》和我国其他有关规定予以处罚。

外国籍船舶拒绝按港务监督机构的要求纠正的，港务监督机构可令其驶离我国内水、港口、锚地。

（四）悬挂时间

船舶悬挂中国国旗应当早晨升起，傍晚降下。但遇有恶劣天气时，可以不升挂中国国旗。

（五）应每日悬挂中国国旗的船舶

1. 中国籍船舶

（1）50 总吨及以上的船舶；
（2）航行在中国领水以外水域和香港、澳门特别行政区的船舶；
（3）公务船舶。

2. 外国籍船舶

进入中华人民共和国内水、港口、锚地的外国籍船舶。

（六）国旗要求

船舶应按其长度悬挂下列尺度的中国国旗：
（1）150 m 及以上的船舶应悬挂甲种或乙种或丙种中国国旗；
（2）50 m 及以上不足 150 m 的船舶应悬挂丙种或丁种中国国旗；
（3）20 m 及以上不足 50 m 的船舶应悬挂丁种或戊种中国国旗；
（4）不足 20 m 的船舶应悬挂戊种中国国旗。
外国籍船舶悬挂的中国国旗尺度，一般不应小于其悬挂的船旗国国旗尺度。

船舶悬挂的中国国旗应当整洁，不得破损、污损、褪色或者不合规格，不得倒挂。

（七）悬挂位置

中国籍船舶应将中国国旗悬挂于船尾旗杆上。船尾没有旗杆的，应悬挂于驾驶室信号杆顶部或右横桁。

外国籍船舶悬挂中国国旗，应悬挂于前桅或驾驶室信号杆顶部或右横桁。

中国国旗与其他旗帜同时悬挂于驾驶室信号杆横桁时，中国国旗应悬挂于最外侧。

（八）仪式

中国籍船舶在航行中与军舰相遇，需要时可以使用中国国旗表示礼仪。

船舶取得中华人民共和国国籍后，第一次升挂中国国旗时，可以举行升旗仪式。

中国籍船舶改变国籍，在最后一次降中国国旗时，可以举行降旗仪式。降旗仪式可参照升旗仪式进行。降旗仪式后，船长或船舶其他负责人应将中国国旗妥善保管，送交船舶所有人。

船舶非经批准不得将中国国旗下半旗。外国籍船舶根据船旗国的规定须将船旗国国旗下半旗的，应向港务监督机构报告。

船舶遇难必须弃船时，船长或船舶其他负责人应指定专人降下中国国旗，并携带离船，送交船舶所有人。

第五节　应急设备与应急程序

船舶的应急设备有消防设备、救生设备、堵漏设备等；除此之外，还应包括各种烟火信号、船内通信和报警系统、卫星应急系统和搜救应答器等。

一、船内通信和报警系统

（一）船内通信

可用于船内应急通信的设备有电话、有线对讲机、无线对讲机和话管。有线广播、报警系统用于单向传递应急信息。驾驶台还可以用车钟摇两次完成信号的方式通知机舱人员撤离。

最有效的船内应急通信系统，是船内有线电话和有线对讲机。在主电源停止供电的情况下，船上的应急电源会向所有船内通信设备持续供电 18 小时，只要船舶纵倾不超过 10°和横倾不超过 22.5°。

在全船失电或有线通信损坏的情况下，可用话管保持驾驶台与机舱和舵机间的通信。驾驶人员和轮机人员应清楚本船话管系统和使用方法。

无线对讲机便于在船内任何地点的通信，但电池供电时间相对较短。

进行船内应急通信，通话应简明扼要，关键语言应当重复，受话人员如有不清楚之处，应立即询问清楚，以免延误应急时机或误操作。

所有的船内通信语言，必须使用工作语言。如果全体船员为中国籍而有多种方言，则应使用普通话通信。如果船员来自不同国家，则应使用船上工作语言，一般是英语。

船长和高级船员，应通过应急演习考核船员的船内应急通信能力，并进行必要的应急用语培训和考核。

（二）报警系统

船上应急警报系统有全船性警报系统和局部性警报系统。全船性警报系统上通常挂接火灾自动警报系统、烟火探测自动警报系统、手动火警按钮和驾驶台警报器等。局部性警报系统主要有：主机、舵机、供电、锅炉等的故障自动警报系统，用于通知机舱值班人员照料和修理；机舱施放二氧化碳前的自动警报系统，用于通知机舱人员立即撤离。

感温式或感烟式火灾自动警报系统的探头遍布全船的人员生活和工作场所，通常装在舱室天花板上，切勿故意损坏或悬挂衣物，以免本室失火时不能自动报警而危及人命，妨碍全船的及时施救。

手动火警按钮用途广泛，除主要用作火灾报警外，当人员在遇到任何需要向全船报警的紧急情况时，能方便地使用就近的火警按钮及时发出警报。手动火警按钮遍布于起居处所、工作场所和控制站，每一通道出口都装有手动火警按钮，每一层甲板的走廊内的手动火警按钮的距离最多为20米。手动火警按钮均封闭在墙壁上的有机玻璃盒罩内，紧邻布置有小型太平斧等敲击器具。需要时，应不拘方式果断击碎玻璃面罩，用手揿动火警按钮。

驾驶台警报器，用以按约定的警报信号召集船员。

除上述的声光警报系统外，船上还使用汽笛和有线广播报警。必要时，船钟、雾锣、口哨等均可用于报警。船员应熟悉各种形式的警报，以免延误宝贵的应急时机。

二、船舶应急职责和报警信号

（一）应变演习和应变信号

每个船员都应参加船上的集合演习。演习以救生和消防演习为主，并应尽可能按照实际的应变情况来进行。定期演习可使每个船员熟悉本人的任务和所应到达的岗位，掌握操作技能，发现设备缺陷，及时维修保养，在发生紧急情况时不至于惊慌失措。

1. 演习制度

（1）货船每月至少进行一次弃船演习和消防演习。若有25%以上的船员未参加上个月的演习，则应在离港后24 h内举行以上两项演习。

（2）客船每周应举行一次弃船演习和消防演习。

（3）非短程国际航行的客船，应在旅客上船后24 h内举行旅客的集合演习。如果只有少数旅客在港口上船，则应请这些旅客注意应变须知，不必进行另外的演习。

（4）短程国际航行的客船，如在离港后不举行旅客的集合演习，则应请旅客注意应变须知。

2. 集合地点（Muster station）

消防及弃船救生演习的集合地点应紧靠在登乘地点。集合与登乘地点均没有在起居和工作处所能容易到达的地方，一般在艇甲板上。通往集合与登乘地点的通道、梯口和出口应有能用应急电源供电的照明灯。

各船应有旅客容易到达登乘和集合的地点，并且是一个能集结和指挥旅客用的宽敞场地。消防演习在火场或警报信号指定的地点集合。

3. 演习信号

综合应变——警铃和汽笛一长声，连放 30 s。

消防——警铃和汽笛短声，连放 1 min。为了指明火警部位，在消防警报信号之后，鸣一声表示前部，二声中部，三声后部，四声机舱，五声上层甲板。

堵漏——警铃和汽笛二长声继以一短声，连放 1 min。

人落水——警铃和汽笛三长声，连放 1 min。在人落水警报信号之后一短声表示右舷落水，二短声表示左舷落水。

弃船——警铃和汽笛七短声继以一长声，连放 1 min。

解除警报——警铃和汽笛长声，持续 6 s 或以口令宣布。

《国际海上人命安全公约》还规定，7 个或 7 个以上的短声继以一长声为通用紧急报警信号。

4. 演习与操练内容

听到弃船警报信号后，全体船员应在 2 min 内穿好救生衣，到达集合地点，进行弃船演习和操练。

（1）艇长检查人数，检查各艇员是否携带规定应携带的物品，检查每人的穿着和救生衣是否合适，并加以督促、指导，然后向船长汇报。

（2）船长宣布演习及操练内容。

（3）船员按分工各就各位，做好降落救生艇的一切准备工作。

（4）启动及运转救生艇发动机。

（5）运转降落救生艇所用的吊筏架。

（6）试验集合与弃船所用的应急照明系统。

（7）至少降下一艘救生艇。该艇应在船长发出放艇命令后 5 min 内，将艇放至水面。每只救生艇都应该每 3 个月进行一次降落演习，并且在水中进行操纵，除兼作救助艇的救生艇外，救生艇应在合理和可行的范围内，每个月载乘指定船员降落下水并在水上进行操纵；如果不可能，至少也应 3 个月进行一次。救生艇和救助艇如在船舶航行中演习时，应在有遮蔽水域中，船舶尽量减速并在有演习经验的驾驶员监督下进行。

（8）演习结束，船长发出解除信号，收回救生艇，清理好索具，由艇长进行讲评，然后解散艇员，向船长汇报。

5. 记录

弃船和消防演习的起止时间、演习及操练内容、优缺点和存在问题等详细情况由大副记录在航海日志中。其他演习和海上操练也应记录在航海日志中；如未按规定时间演习也应在航海日志中记录原因。

（二）弃船时的行动

弃船是万不得已而做出的决定。当船舶发生事故，经积极抢救无效，事态恶化，确已无法保全船舶，并即将危及船员和旅客的生命安全时，船长才能发出弃船警报，下令弃船；如情况允许，船长还应先电告公司。

1. 全体船员在奔赴集合地点前的行动

（1）尽量多穿保暖性能好的衣服。

（2）尽可能多带淡水和食物。

（3）携带部署表中所规定的应携带的物品。

（4）固定值班人员应严守岗位。

2. 到达集合地点时的行动

（1）全体船员，除固定值班者外，应在 2 min 内穿好救生衣到达集合地点。

（2）艇长立即清点人数，检查每人所应携带的物品。

（3）迅速做好放艇准备工作。

（4）按船长发出的命令行动。

三、烟火遇险求救信号

船舶烟火遇险求救信号是指化学混合物用物理或化学方法使其引燃发生反应，出现声响、光亮、烟雾等现象，作为船舶发生紧急事故时，要求救助和识别、联络等用途的设备。

（一）救生视觉信号

1. 火箭降落伞火焰信号（Rocket Parachute Flare）

当垂直发射火箭降落伞火焰信号时，火箭应达到不少于 300 m 的高度。在其弹道顶点处，或在接近其弹道顶点处，火箭射出降落伞火焰，该火焰应：

（1）发出明亮红光；

（2）燃烧均匀，平均光强不小于 30000 cd；

（3）燃烧时间不小于 40 s；

（4）降落速度不大于 5 m/s；

（5）在燃烧时不烧损降落伞或附件。

2. 手持火焰信号（Hand Flare）

手持火焰信号应：

（1）发出明亮红光；

（2）燃烧均匀，平均光强不小于 15000 cd；

（3）具有不少于 1 min 的燃烧时间；

（4）在浸入 100 mm 深的水中历时 10 s 后，仍能继续燃烧。

3. 漂浮烟雾信号 (Buoyant smoke signal)

漂浮烟雾信号应：

（1）在平静水面漂浮时，匀速地喷出鲜明易见颜色的烟雾，持续时间不少于 3 min；

（2）在整个喷出烟雾期间，不喷出任何火焰；

（3）在海浪中，不致被淹没；

（4）在浸入 100 mm 深的水中历时 10 s 后，仍能继续喷出烟雾。

（二）救生圈自亮灯和自发烟雾信号

当船舶发现有人落水时，可以使用救生圈抛向落水者方向，以便落水者游近救生圈，然后用它拯救自己的生命。但为了在白天或黑夜更容易发现救生圈的位置，必须在救生圈上附带自亮灯和自发烟雾信号。

1. 救生圈用自亮灯

平时附在救生圈上，倒悬在驾驶台两边。随同救生圈一起抛投入水后，即垂直漂浮在海面上，同时接电源，发出 2 cd 的白光，每分钟不少于 50 闪也不多于 70 闪的速率闪光（放出闪光）；可以工作至少 2 h。

2. 救生圈用自发烟雾信号

其使用方法、步骤与自亮灯相同。能在平静水面漂浮时，匀速喷出鲜明易见颜色的烟雾不少于 15 min；在喷出烟雾信号的整个期间，不会爆燃或喷出任何火焰；在海浪中，不致被盖过；当完全浸没在水中至少 10 s 后，能继续喷出烟雾。

（三）船用海水染色信号

在紧急使用时拉开令环，抛入海水中，即导致海水染成绿色或橙黄色的信号，维持的时间为 90 min，可见距离至少为 3 n mile。

（四）烟火信号使用的时机

烟火信号是一般在船舶遇险后求救、呼叫、通信联系等使用。首先应该注意，如果要施放各种求救烟火信号，必须明确，在发现对方的目标为过往船舶、飞机、陆地单位等以后，才可以施放各种信号，因船上所备信号有限，故须防止漫无目标地施放信号，造成不必要的浪费。在各种场合，施放者可以分别应用各种信号来引起注意。

1. 在遇难船上

白天可以拉汽笛、哨笛、日光信号镜或燃点柴油、布片等物质以引起过往船只注意。烟火信号中红色火焰、红色降落伞火箭、音响榴弹（音响火箭）、烟雾信号都可以用来引起注意。晚上，遇险船除可用船上配备的音响设备和灯光设备，如汽笛、哨笛、铜锣、警铃以及探照灯、莫氏信号灯等求救信号，也可以用烟火信号中音响榴弹、音响火箭、降落伞火箭红光火焰甚至手电筒等来引起过往船舶注意。

2. 在救生艇、筏中

白天可以用哨笛、日光信号镜、黄色烟雾信号。红光火焰及红色降落伞火箭也能应用，尤其后者，虽在阳光下，其可观察距离也较远。在晚上，可以用哨笛、莫氏手电筒、红光火焰或红色降落伞火箭等信号。

3. 在救生站或岸上海事救助单位

可以用红星火箭、白星火箭或绿星火箭，也可用火焰做信号，在晚上指引运送遇难船员或小艇登陆的方向。在白天，可以用白旗、红色火焰以及各色星光火箭指示安全行动的方向。

（五）常用烟火信号的施放方法

1. 火箭降落伞火焰信号

在其外壳上印有使用须知和简明发射方法图解，应按说明及图解进行操作。一般步骤：

（1）撕掉塑料袋，揭开盖子，注意外壳上的箭头朝上。

（2）放下底部触发器铰链式压杆，一手握住火箭，垂直高举过头，一手手掌托在压杆上，做引发准备。

（3）将压杆上推，并迅速双手紧握火箭，有风时可略偏上风，火箭很快发射，也有的火箭是使用拉环或其他方式触发发射的。

2. 手持火焰信号

按外壳的说明及图解进行。一般步骤：

（1）撕开塑料封袋，揭去底盖。

（2）抽出内筒，并拧它底部的擦火塞，将内筒外筒的螺柱、螺母拧接牢固。

（3）一手握住外筒，注意外壳上的箭头要朝上，一手用擦火塞在内筒顶端擦划到发出吱吱声。

（4）将信号伸出下风舷外，并向下风倾斜，注意手要握低些，以免被火焰烤伤。有的火焰信号不分内外筒，下筒是空的，以便手握。

3. 漂浮烟雾信号

按罐外说明及图解进行。一般步骤：

（1）撕去塑料密封袋，揭去盖子，露出拉环。

（2）拉掉拉环，开始引燃发烟。

（3）将信号罐放进下风舷外水中，让其发烟漂浮。

四、应急无线示位标和搜救应答器

（一）应急无线电示位标

卫星紧急无线电示位标英文全称为 Satellite-Emergency Position Indicating Radio Beacon，简称 EPIRB，是紧急无线电示位标的一种特殊类型。其无线电信号是靠卫星中继，在紧急情况下，可自动或人工启动示位标发出报警信号，经过卫星转发到地面接收站，最后送到救助协调中心（RCC），由 RCC 组织搜救工作。

目前，在 GMDSS 系统中有三种示位标，即 406 MHz EPIRB、1.6 GHz EPIRB 和 VHF 频段 CH70 EPIRB。406 MHz EPIRB 是 COSPAS-SARSAT 系统的船上终端设备；1.6 GHz

EPIRB 是 INMARSAT 系统的船上终端设备；VHF 频段 CH70 EPIRB 可作为仅航行在 A1 海区船舶配备的示位标设备。

GMDSS 中的 EPIRB 具有遇险报警、定位、识别和寻位功能。在船舶遇险时，人工或自动启动 EPIRB 发出含有示位标志别码的报警信息。COSPAS-SARSAT 系统能自动确定遇险报警示位标的位置。INMARSAT 系统示位标的位置是在发射报警信号之前，人工注入或者由导航仪注入船位。另外，一些示位标中装有第二发射机，发射 121.5 MHz 信号（121.5 MHz 是国际航空紧急频率）作为救助飞机或救助船舶的寻位信号。

1. COSPAS-SARSAT 系统的概述

COSPAS-SARSAT 系统是由加拿大、法国、美国和苏联联合开发的全球性卫星搜救系统。它是国际海事卫星组织推行的全球海上遇险与安全系统的重要组成部分。该系统使用低高度卫星为全球包括极区在内的海上、陆上和空中提供遇险报警及定位服务，以使遇险者得到及时有效的救助。COSPAS-SARSAT 全球卫星搜救系统由遇险示位标、极轨道卫星和地面分系统三大部分构成。《国际海上人命安全公约》中明确规定：所有 300 总吨及以上的船舶必须按照要求装备遇险定位与搜救设备。目前，我国大多数远洋船舶配备的是 COSPAS-SARSAT 系统的 EPIRB。

2. 406 MHz EPIRB 的介绍

《SOLAS 公约》所有船要求配备自浮式 406 MHz EPIRB。如果仅航行在 A1、A2、A3 海区的船舶，可以用 INMARSAT 系统 L 波段的 EPIRB 替代。

船用 EPIRB 一般内装两个发射机：406 MHz 发射机和 121.5 MHz 发射机（121.5 MHz EPIRB 不是强制的），用于发射遇险报警信号。同时，121.5 MHz 发射机发射的信号还可作为搜救飞机和搜救船舶的寻位信号。

在船上的 406 MHz EPIRB 要求安装在自浮式支架上，并能人工启动和自动启动。EPIRB 示位标启动后，每 50 s 发射一次 0.5 s、功率为 5 W 的射频脉冲。EPIRB 的电池使用年限一般为 4 年，电池容量为 48 h。自浮式支架上的静水压力释放器使用年限为 2 年。

3. 几种型号的 EPIRB 在船上配备与使用的介绍

（1）TRON-30S 和 40S 406 MHz EPIRB（挪威 JOTRON 公司产品）。

设备实物图片如图 3-5-1 和图 3-5-2 所示。

图 3-5-1　TRON-30S　　　　图 3-5-2　TRON-40S

设备存放与工作程序如下：

①平时放置：示位标平时放置在自浮式支架上，机体上有一个箭头"↑"表示平时放置的方向，箭头指向示位标尾部，倒置放置，水银开关因倒置而断开；应急开关在"OFF"位。

②自动启动：船舶遇险时，EPIRB 在水下 2～4 m，静水压力释放器动作，自动释放自浮式支架上的示位标，示位标正立浮出水面，这时水银开关和海水开关都接通，示位标的电池电压提供到 EPIRB 发射机，发射机开始发射报警信号。如果是夜间，光电控制电路接通，夜间指示灯亮；如果是白天，光电控制电路断开，夜间指示灯不亮。

③人工启动：船舶遇险时，可人工启动 EPIRB。方法：从自浮式支架上拿下示位标，将示位标正立，水银开关接通；拔出应急开关插销，应急开关自动到"EMERGENCY"位。示位标的电池电压经水银开关和应急开关提供到 EPIRB 发射机，发射机开始发射报警信号。如果是夜间，光电控制电路接通，夜间指示灯亮；如果是白天，光电控制电路断开，夜间指示灯不亮。

④试验：从自浮式支架上拿下示位标，将示位标正立，水银开关接通；应急开关到"TEST"位。示位标的电池电压经水银开关和应急开关提供到 EPIRB 发射机，发射机开始自测。指示灯约 1 s 闪烁 1 次，然后持续亮 10 s，表明工作正常。如果试验在暗处，示位标上的夜间指示灯也会亮。

（2）JQE-3A 406 MHz EPIRB（日本 JRC 公司产品）。

设备实物图片如图 3-5-3 所示。设备存放与工作程序如下：

①平时放置：示位标平时放置在自浮式支架上，机体上的黑色箭头和示位标自浮式支架上黑色箭头应对齐；应急开关在"AUTO"位。

②自动启动：船舶遇险时，EPIRB 在水下 2～4 m，静水压力释放器动作，自动释放自浮式支架上的示位标，示位标正立浮出水面，这时磁开关吸合。示位标的电池电压提供到 EPIRB 发射机，发射机开始发射报警信号。

图 3-5-3　JRC 公司的 JQE-3A EPIRB

③人工启动：船舶遇险时，可人工启动 EPIRB。方法：工作方式开关放置到"MANUAL"位。示位标的电池电压提供到发射机，发射机开始发射报警信号。

④试验：将工作方式开关旋到"TEST"位，绿色指示灯亮，表示示位标工作正常。

（3）KANNAD 406 MHz EPIRB（法国产品）。

设备实物图片如图 3-5-4 所示。设备存放与工作程序如下：

①平时放置：示位标平时放置在自浮式机箱内，标有"This Side Up"的面朝上，应急开关在"ON"位。

图 3-5-4 法国公司的 KANNAD EPIRB

②自动启动：船舶遇险时，EPIRB 在水下 2～4 m，静水压力释放器动作，自动释放机箱内的示位标，示位标正立浮出水面，这时磁开关吸合，电池电压提供到发射机，开始发射报警信号。

③人工启动：船舶遇险时，可人工启动 EPIRB。方法：打开机箱取出示位标，这时应急开关和磁开关都接通，电池电压提供到发射机，发射机开始发射报警信号。

④试验：打开机箱取出示位标，这时应急开关和磁开关都接通，电池电压提供到发射机，发射机开始发射报警信号，发射指示灯闪亮，表明发射机工作正常。但此试验不能超过 30 s，否则将产生有效报警。

（4）Mcmurdo E3 406 MHz EPIRB（英国产品）。

Mcmurdo E3 406 MHz EPIRB 如图 3-5-5 所示，是第三代的船用紧急无线电示位标，是 COSPAS-SARSAT 国际搜救卫星系统的一部分。该系统信标传送 406 MHz 频率给 5 km（3n mile）内的搜救部门。一旦搜救部门在发射范围内，还可以发出一个 121.5 MHz 的信号以及配合高强度的闪动的 Xenon 光来帮助定位遇难目标，即使在可见度极低的情况下也可以应付自如。

图 3-5-5 Mcmurdo E3

E3 配备一个完全密封的自浮的外罩，在不打开外罩的情况下也可以自测。对于非 GMDSS 系统，E3 可以提供一个快速释放的防水安装支架，或者是一个非自动型号的全封闭的外罩。一旦从外罩中取出，浸入水中 E3 会自动激活，也可以人工按其后面的按钮打开，附加的自检按钮会对其进行自测，并指示 E3 正在待用。

（二）搜救应答器

搜救雷达应答器（SART）是 GMDSS 中的寻位装置，用于在船舶遇险时寻找遇难船舶、救生艇或幸存者，以及幸存者手持 SART 时，可以使他们得知是否有救助船舶或飞机在靠近他们。

每艘客船和 500 总吨及其以上的每艘货船，每舷至少应配备 9 GHz 搜救雷达应答器，300 总吨到 500 总吨的每艘货船至少应配备一台雷达应答器，如图 3-5-6 所示。

图 3-5-6　SART

搜救雷达应答器的搜寻与救助功能体现在下述两点：

（1）在搜救船舶或直升机上的导航雷达（X 波段）探测脉冲作用下，SART 发射的信号能使搜救船舶或直升机上的导航雷达荧光屏显示出 SART 的确切位置。

（2）能使手持 SART 的幸存者或配备 SART 救生艇上的人，确信有搜救船舶或直升机在靠近他们。

1. 搜救雷达应答器工作原理及特点

当船舶遇险时，SART 应人工启动，以准备响应任一 9 GHz 雷达发射的探测脉冲，此时 SART 处于只收不发状态。当有搜救船舶或直升机到达遇难船舶附近的海面时，由于搜救船舶或直升机上的 9 GHz 导航雷达不断地发射脉冲，SART 对 9 GHz 的探测脉冲进行响应，在每一次 9 GHz 探测脉冲作用之后，立即发射由 12 个频率变化范围在 9200～9500 MHz 的微波信号，这 12 个频率为线性变化的信号被搜救船舶或直升机的导航雷达收到后，在其雷达的荧光屏上显示出沿半径方向总共约 8 n mile 2 个长划，其荧光屏中心表示搜救船或直升机所在位置，第一个亮点信号到中心的距离为搜救船舶或直升机与遇险船舶上 SART 或手持 SART 的幸存者之间的距离，其方位按船首线逆时针计算。

这样，搜救船舶或直升机可以凭借其导航雷达上的显示，搜寻遇难船舶或手持 SART 的幸存者；同时手持 SART 的幸存者可以按 SART 的声音或灯光变化判断是否有救助船或直升机在靠近他们。

SART 经试验，证明有如下优点：

（1）寻位效果好。即使在浓雾、黑夜情况下，在几海里外可收到 SART 的应答信号。

（2）投资少。搜索船舶或直升机上的导航雷达无须改造，也无须添置任何部件，即可与 SART 组成寻位系统。

2. SART 的操作使用与维护保养

雷达应答器的形式有多种，外形也各不相同。SART 的外壳结构应是水密的。它由天线、接收机、发射机、漂浮容器及电池组成。

雷达应答器的操作：在紧急情况下，从支架上取下雷达应答器，拔出启动销，将底部的卡圈转到"ON"的位置，确认绿灯已亮，然后将雷达应答器固定（在遇险船上使用，将 SART 固定在驾驶台外侧的舷墙或罗经甲板的栏杆上。在救生艇上使用，把 SART 固定在艇顶板砂锅圆孔中，并全部放进去。在救生筏上使用，用绳索绑牢在阀门上）。当它被 9 GHz 船载或机载雷达发射的探测脉冲触发时，SART 会发出灯光音响指示，遇难人员得知很快能获救。

SART 的电池容量在预备状态下能工作 96 h，即底部卡圈转到"ON"位置时。在被连续触发发射状态下 SART 可工作 8 h。

为了保证 SART 处于正常工作状态，对 SART 须定期检查。检查前，应检查 SART 外壳状况良好，上有标注的操作简介，所配电池应在有效日期内。可以将 SART 放在救生艇上，开启导航雷达及应答器电源，观察雷达屏幕上是否有 SART 的应答信号，同时观察 SART 的音响与灯光有否变化。试验时只能在很短的时间内进行，以免造成误会。

3. 典型雷达应答器简介

（1）JQX-10A 雷达应答器。

JQX-10A 雷达应答器（SART）是日本 JRC·公司的产品，天线高度在 1 m 以上，外壳呈橘黄色，有利于海上搜寻。

JQX-10A SART 由本机和其容器组成。如果遇险可按如图 3-5-7 所示的方式把 SART 固定在遇险船上。弃船则可把 SART 带到救生筏或救生艇上，将其固定在救生筏或将其固定在救生艇上。

如果固定 SART 有困难，可人工手持 SART。

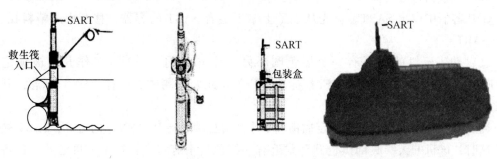

图 3-5-7　SART 安装示意图（船边、救生筏、救生艇）

（2）SF4251 雷达应答器。

SF4251 SART 是 SAIT 公司产品，由英国的 MCMNRDO 工厂生产，如图 3-5-8 所示。操作如下：

①在船舶遇险的情况下，将启动开关（在机身中部的圆空内）打到 "ON"，使 SF4251 SART 处于等待响应状态。

②然后用力向外拉支杆部分。

③从拉杆取下塑料顶帽。

④伸展拉杆，并旋紧锁定。

⑤将拉杆插入 SART 的基座孔内。

（3）RESCUER 搜救雷达应答器。

RESCUER 搜救雷达应答器是法国的 SERPE-I. E. S. M 公司产品。该产品外壳呈橘黄色，重量 940 g。它的外形和存放的容器如图 3-5-9 所示。

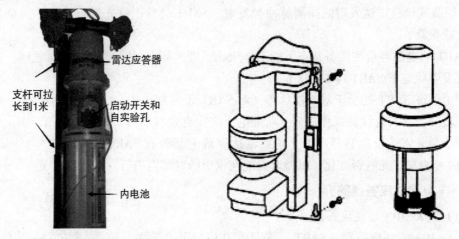

图 3-5-8　SF4251 雷达应答器　　　　图 3-5-9　RESCUER 搜救雷达应答器

该机电池容量：在 "STAND-BY" 状态下，工作 100 h 后，还能在发射状态下连续工作 8 h，每 4 年更换一次电池。

平常，将该机盛在容器中，放置在驾驶台两侧的墙壁上。在船舶遇险时，按下述方法启动和放置该雷达应答器：

①从容器中取出 SART。首先从墙壁上拿下盛有 SART 的容器，移开中间塑料托板，取出 SART。

②启动。该机的底部有一个黑色圆环做工作开关用。平时，工作开关被锁定在 "OFF" 位，不工作（标有 "TEST" 标志，开关在此处为测试；标有 "ON" 标志，开关在此处为工作位置）。

遇险时，拔出工作开关的锁定插锁，工作开关自动旋转至 "ON" 的位置，SART 被启动。这时，该机的天线底部黑色圆环附近有一红色指示灯将亮，指示本机已处于预备状态，准备响应航海雷达信号。

五、避免误遇险报警

为加强设备的管理，防止发生误报警，使 EPIRB 设备发挥应有的作用，我国规定：

（1）EPIRB 设备安装前，各船舶所属公司的通信导航管理部门应认真核对和试验所装设备与船舶相关的数据是否一致；做好电池失效期、释放器更换期等有关数据的记录工作；将有关数据资料，报部无委办备案，并抄报部安全监督局。

（2）EPIRB 设备的电池、静水压力释放器的更换，由船舶所属公司的通信导航管理部门负责监督、执行，更新日期应填入 EPIRB 设备管理记录登记表，一式两份，一份存通信导航管理部门，一份存船方。

（3）EPIRB 放置设备应安装在靠近驾驶室并易于操作的位置，并张贴明显标志。设备周围和上方应避免有碍设备取出和自浮释放的物体。

（4）EPIRB 设备安装后，船长应组织全体船员学习有关使用规定和注意事项。船长、驾驶员必须了解和熟练掌握该设备的性能结构、操作规程及试验方法。

（5）EPIRB 设备属救生无线电报警设备。当船舶处于危急状况，严重危及船舶和人命安全时，在船长指示下或机关操作人员主动请示船长批准后方可启动。严禁无关人员随意触动设备及其附属设施。任何违反操作规程造成的误报警发射，要及时上报有关部门，并按《海上交通监督管理处罚规定》处理。

（6）EPIRB 设备在应急状态下的操作使用及设备在船上的日常维护工作由二副负责。按照《船舶安全开航技术要求》（GB6551—89），远洋船舶（往返航期为三个月左右），每次国内开航前由二副对设备进行一次试验；短航线船舶（往返期不足两个月），每季度第一次开航前由二副对设备进行一次试验。试验时，应按产品说明书自测试程序进行，防止由于操作不当造成的误报警发射，并将试验情况填入电台日志。该项试验方法应作为交接班的一项内容。

（7）当各地港监或验船师登轮检查时，二副应在场，并给予必要的协助。

卫星应急示位标（EPIRB）是通过发射射频信号表示自己存在的状态及位置，作为它遇险报警的手段。卫星 EPIRB 的使用方法具有一定的特殊性，不熟悉的人很容易引发报警。KANNAD406 MHz EPIRB，把它从固定盒中取出超过 30 s 就足以产生有效报警；或者把它取出后再放回去时，开关面放错了也足以引起有效报警。TRON-30S 406 MHz EPIRB，打开其信标顶部开关上的封条，拉出锁脚，开关就自动开到应急位置，EPIRB 就开始发射。那些不了解其性能的人员往往还没看清楚结构，遇险报警信号就发射出去了。另外，当信标以正向向上放入水中，发射便立即开始，而与顶上的开关状态无关。EPIRB 大都装有海水接触开关，船员冲洗船舶时未予注意，无意识触发 EPIRB 报警系统；有些船员违反设备使用管理规定，随意开启 EPIRB 导致误报警。

六、偶然触发警报时应采取的行动

一旦误发报警信号，应立即切断报警（如关机等），并迅速通知船长，并通过其他的 GMDSS 通信设备，如 INMARSAT—C、B 或 F 站告知本洋区 RCC，解除误报警。

第六节　水手操舵

操舵是值班水手的主要职责之一。其直接影响着船舶航行的安全。值班水手应熟悉开航前试舵的主要内容和程序，了解自动舵及自动操舵的局限性。掌握手动操舵的方法及自动舵、手动舵、应急操舵之间的转换方法，听懂舵令，按舵令要求，保持航行或改变航向。

一、开航前试舵

开航前试舵又称对舵，是为检查操舵系统的可靠性所进行的试验。开航前 1 小时，值班驾驶员应会同值班轮机员核对船钟、车钟、试舵等，对主操舵装置、辅助操舵装置和应急操舵装置等进行全面的检查。其中包括舵的运动、动力供给、操舵方式的转换、故障报警、舵的实际位置和舵角指示器的一致性，以及驾驶室与舵机室通信联络手段的工作情况等。试舵前，值班驾驶员应派人查看舵叶周围有无障碍物，接通控制系统电源，核对主罗经与分罗经误差及舵轮与舵角指示器的一致性。

值班驾驶员用电话或无线电对讲机与舵机室的轮机员取得联系。让操舵人员在驾驶室操舵，先将舵角指示器的指针指向"0"刻度，观察舵机室的实际舵角是否在正舵位置。然后再慢慢将舵轮往左（右）转到满舵，检查舵轮座上的舵角指示器与船尾舵杆上的指示刻度是否一致。接着用同样的方法向右（左）满舵进行一次，再快速活舵一次，然后操舵人员听令，分别连续地做左（右）5°、15°、25°、满舵操舵和回舵。最后进行从一舷满舵到另一舷满舵、回舵的试验，以判断遥控机构、追随机构、工作系统和舵角指示器的可靠性、准确性、运转速度及平稳性。

舵角指示器在最大舵角时的指示误差，机械的应不超过±2°，电动的应不超过±1°，正舵位置应无误差。再用同样方法试对第二部舵机。

二、《SOLAS 公约》对操舵装置的试验要求

按照的规定，"操舵装置试验"要求如下：

（1）船舶开航前 12 h 之内，应由船员对操舵装置进行校核和试验。试验程序（如适用时）应包括下述操作：

①主操舵装置；

②辅助操舵装置；

③操舵装置遥控系统；

④驾驶室内的操舵位置；

⑤应急动力供应；

⑥相对于舵实际位置的舵角指示器；

⑦操舵装置遥控系统动力故障报警器；

⑧操舵装置动力设备故障报警器；

⑨自动隔断装置及其他自动设备。

（2）校核和试验应包括：

①按照所要求的操舵装置能力进行操满舵试验；

②操舵装置及其联动部件的外观检查；

③驾驶室与舵机室之间通信手段的工作试验。

（3）具体进行试验时，应该进行如下：

①两部舵机（伺服马达）分别操满舵—正舵—反向满舵试验，并核对各舵角指示器；

②通信联络试验；

③舵机失电试验。

三、操舵方式

目前船上的操舵系统一般都是集成式的，即一套操舵设备包含了几种操作方式，它们之间由开关进行转换。

（一）随动操舵方式（Handpilot）

随动操舵方式是一种人工手动操舵方式。在海上，我们一般所说的手动操舵方式就是指这种操舵方式，它的控制系统装有舵角反馈装置，操舵时，由人工转动舵轮，随之舵机转出相应舵角，舵轮停止转动，舵角也随之固定。也就是说，舵轮转动的角度与舵机转出的角度是一致的。在采用随动操舵方式时，应该同时注意舵轮指示器和舵角指示器，通过舵角指示器所反馈的实际舵角和值班驾驶员的舵令进行比较，必须保证转出的舵角和舵令完全一致。

1. 舵角指示器（Rudder Angle Indicator）

目前船舶的舵角指示器一般是电动式的，通过两个构造相同的同步器（自整角机），将舵机转出的实际舵角，复示到驾驶台前部上方的舵角指示器上。舵机转出的舵角和舵角指示器的读数必须严格保持一致。

实际舵角和舵角指示器的同步是由每次开航前的对舵过程校准的，电动舵角指示器一般误差很小，不必调整，只要记下误差即可，值班水手不必进行调整。舵角指示器的亮度控制一般由操舵水手自行调节。

2. 标准罗经（Standard Compass）

船上的标准罗经（磁罗经）一般安装在驾驶台的罗经甲板上，它的读数由光学反射装置反射到操舵水手的上方，供操舵水手读取。

操舵水手必须对标准罗经的使用采取下列操作：

反射镜角度调整：通过调整反射镜的反射角度，使反射下来的罗经盘面保持在操舵水手的视野中。

亮度调整：通过磁罗经亮度调整旋钮将反射下来的罗经盘面调整至合适的亮度。

3. 舵角与航向关系

（1）舵角。船舶前进时，操正舵，舵面两边压力相等，不计其他因素，船基本保持直行。若舵转向右边，即右舵时，船尾舵右边压力大，左边压力小，船尾向左偏转，同时船首向右偏转。船舶后退时，操正舵，不计其他因素，船基本保持直退，而右舵或左舵时，则与前进时船首的偏转方向相反，即右舵时，船首向左偏转，左舵时，船首向右偏转。

船舶偏转的快慢与船舶的速度、舵角大小、吃水等因素有关。在速度、吃水等因素相同的情况下，舵角大偏转快，舵角小偏转慢，35°左右偏转最快。

（2）航向。就是船头（船首尾线）所指的方向，即船舶前进的方向。在航行中，可以通过转动不同的舵角来改变或保持航向。

（二）自动操舵方式（Autopilot）

自动操舵方式又称自动舵。它是根据罗经的航向信号来控制舵机自动地使船舶保持在给定航向上的操舵控制装置、自动舵由装设在驾驶台上的自动操舵仪来实现自动操舵。

自动舵可以减轻舵工的劳动强度，减少舵工配备人数，它保持航向的精度比人工操舵高，在船舶通航密度不大的海域或大洋航行时，往往采用这种操舵方式。自动舵还可以和其他导航设备相结合，组成自动导航和自动避碰系统。

1. 自动舵操舵仪的正确调节

为完善自动舵的工作性能，在使用中还要通过自动操舵仪面板上的调节旋钮对自动操舵系统进行调节，以得到最佳使用效果，各旋钮使用调节及特点如下：

（1）转入自动开关。从随动舵转换为自动舵时，应注意先把压舵旋钮和自动改向调节旋钮归零位，同时把船舶稳定在指定的航向上。当船舶处于正航位置时，将选择开关从随动转至自动位置上，船舶即进入自动操舵状态，然后再根据载重情况和海况调节主操舵台面板上的有关旋钮。

（2）灵敏度旋钮（Sensitivity Control）。又称天气调节或航摆角调节。它是调节自动舵系统开始投入工作的最小偏航角。在天气好、海况良好的情况下，为了使船舶走得更直一些，即当出现较小偏航角时，就能使舵机工作，产生舵角纠正编航，可将灵敏度调高一些；而当天气转坏、海况恶劣时，航向偏摆频繁，为防止舵机频繁启动工作而造成舵机受损，应将灵敏度调低一些。

（3）比例旋钮（Rudder Angle Control）。也称舵角调节旋钮。调节的是自动舵的偏舵角与偏航角的比例。比例系数一般为0.5~4。万吨船在实际使用中比例系数以2~3为宜。刻度的档次越高，比例系数越大，偏舵角越大，调节时应根据海况、船舶装载情况和舵叶浸水面积等不同情况而定。海况恶劣、空载、舵叶浸水面积小，应选用高档；风平浪静、船舶操纵性能好时选用低档。

（4）微分旋钮（Counter Rudder Control）。又称反舵角调节旋钮或速率调节。根据船舶偏航惯性的大小来调节该旋钮的大小。大船、重载、旋回惯性大时应将微分旋钮调大，反之则应调小，海况恶劣时微分旋钮要调小或调至零。

（5）压舵旋钮（Checking the Helm Control）。用以调节压舵的舵角大小，当船舶受到风流等恒值外力干扰而向单侧偏航时，可用此旋钮向相反方向压一舵角，以抵消单侧偏航的作用。压舵的舵角大小可根据船舶偏转情况来选定。

（6）自动改向旋钮（Course Control）。使用该旋钮改向时，应把比例旋钮放在最小位置，而且每次只能进行小度数改向，若需大角度改向，则应分几次进行，一般每次不超过10°。操作方法通常为，先按下旋钮，然后转动指针至改向的度数，使船舶转到给定航向时指针自动回零，不必人工复位。

（7）零位修正旋钮（Zero Set Control）。用来修正自动舵中航向指示刻度盘与陀螺经的同步误差。自动舵的指令来自航向信号，船舶航向以陀螺罗经为准。自动舵上的航向指示器（分罗经）如与主罗经不同步，将产生误差。调节时，应先取下螺帽，用专门钥匙插入，旋转刻度盘，使它的读数与主罗经一致，然后将调节旋钮的指针拨回零位。

2. 自动舵使用的局限性

（1）权限：船长应根据航道、海面、气象等条件决定是否使用自动舵，船长不在驾驶台时，由值班驾驶员决定使用自动舵的时机。

（2）禁用：进出港口、航经狭水道、分道通航区、交通繁忙区、锚地、渔区、危险航段，能见度小于 5 海里的区域，避让、改变航向、追越时不得使用自动舵。

（3）机动操纵：加强瞭望，需要机动操纵时，应距他船 5 海里外即改为手操舵。手操舵时间较长时，应由 2 名舵工轮流操舵，并应监督舵工操舵的正确性。

（4）转换：手操舵与自动舵的相互转换由值班驾驶员负责。转换时，应亲自操舵或监督舵工的转换操作，保证操舵系统运转正常和所驶航向的正确性、稳定性。

（5）核试：值班驾驶员应每小时检查自动舵的运动情况，并核对陀螺、磁罗经航向是否正确，督促舵工经常核查。每班至少试验手操舵一次。值班驾驶员有权决定是否允许水手或实习生练习手操舵。

（三）手柄操舵（Emergency Steering Gear）

1. 应急操舵方式

手柄操舵方式又称应急操舵方式，它同样也是一种手动操舵方式，其控制系统是由手柄直接控制继电器使舵机转动的装置。使用时先将舵的转换开关拨到"应急操作"位，然后即可进行操舵。应急操舵方式有两种：一种是扳动手柄操舵，另一种是按动左右按钮操舵。它没有舵角反馈装置，操舵手柄相当于继电器开关，分成左、中、右三档，中间位置是零位，操舵时，手柄向左，舵叶向左转动，手柄向右，舵叶向右转动，手柄位于中间，舵机不工作。按钮操舵的操作方法是：手按舵转，手放舵停；左舵按左，回舵按右；右舵按右，回舵按左。

利用手柄操舵，常常是因为随动操舵装置工作不正常，将手柄操舵作为应急方法，必须在发现随动操舵装置工作失常时，立刻通过切换开关将操舵力方式改成手柄力方式，以免造成船舶失控。在进行手柄操舵时，必须根据驾驶台前部上方的舵角指示器来确定舵机实际转出的舵角，利用舵角指示器的读数和罗经反射器的读数控制船舶的航向。

2. 应急操舵须知

（1）手操舵失灵时，值班驾驶员应立即（命令）改为应急操舵，使用磁罗经航向操舵；并迅速通知电机员、大管轮并报告船长。

（2）驾驶台应急操舵装置失灵时，值班驾驶员应做到以下几点：

①派舵工迅速到舵机房进行应急操舵；

②在交通繁忙区立即停车；

③通知大管轮、电机员立即到舵机房协助舵工；

④唤请船长上驾驶台指挥；

⑤用有线电话或手持对讲机或话筒指挥舵工操舵；

⑥请船长增派一名舵工协助操舵；

⑦应急操舵生效后，立即用车舵控制航向和船位。

3. 舵机房应急操舵

①将控制箱选择按钮由"驾驶台"切换到"舵机房"，即可用手柄进行应急操舵。

②用对讲机或电话与驾驶台联系，听从驾驶台指挥。

③用舵工应急操舵手柄处的舵角指示器和航向分罗经协助操舵。

④若操舵装置全部失灵，应迅速倒车停船，就地抛锚；若为深水区，应显示失控信号，并警告附近船只。

四、操舵方法与要领

（一）舵令（Steering Order）

舵令是由船长、值班驾驶员、引航员对舵工发出的有关舵角或航向的口令。口令中有一部分是比较机械的，操舵水手只要按口令来转动舵轮就行了。另一部分是比较灵活的，操舵水手必须凭自己的经验来转动舵轮，控制船首航向，以达到口令所表明的目的。作为发口令的人，要根据操舵水手的技术水平以及当时的实际情况，发出恰当的口令。因此驾驶人员对舵令应当非常熟悉，下达口令时要正确清楚以防听错。操舵水手听到舵令后，要复诵一遍，当舵或航向转到指定舵角或航向时，还要报告一次。

（二）罗经基线与船首向

罗经基线所指示的刻度盘上度数就是航向。当罗经基线偏离在原定航向刻度的左边时，这表示船首已偏到原航向的左边，应操相反方向的小舵角（右舵3°～5°即可），使船首（罗经基线）返回原航向。

（三）操舵方法

船舶在航行中，驾驶人员根据航行的需要，对舵工下达舵令，由舵工根据口令进行操舵，以控制船舶的航行方向。驾驶人员在下达口令时，应考虑船舶在各种不同情况下的应舵性能和舵工的操舵水平。所下达的口令应确切、明了和清楚。舵工在操舵时应有高度的责任感、思想集中、动作准确。当听到驾驶人员下达舵令后，应立即复诵并执行以防听错。如遇舵工复诵口令错误或操作不当，驾驶人员应立即加以纠正。舵工在未听清口令或不理解驾驶人员下达的口令时，可要求重复一遍。

1. 按舵角操舵

舵工在听到驾驶人员下达舵角口令后，应立即复诵并迅速、准确地把舵轮转到所需舵角位置，注意查看舵角指示器所指示的舵叶实际偏转情况和角度，当舵叶转到所要求的角度时，应及时报告。在驾驶人员下达新的舵令前，不得随意改动舵的位置。

船舶在进出港和靠离泊时通常采用按舵角操舵。

2. 按罗经操舵

船舶在海上航行时，大都按罗经操舵，使其保持在所需的航向上。

当船舶需要改变航向时，驾驶人员可直接下达新航向的口令，舵工复诵后将新航向与原航向做比较，马上得出转向角的大小。根据转向角的大小和方向，舵工可确定舵角的大小，一般情况下，如转向角超过30°，可用10°～15°舵角；如转向角小于30°，则宜用5°～10°舵角。用舵后船舶开始转向，此时可根据罗经基线和刻度盘的相对转向情况，掌握船舶回转时的角速度。当船舶逐渐接近新航向时，应根据船舶惯性和回转角速度的大小，按经验提前回舵并可向反方向压一舵角以防船舶回转过头，这样船舶就能较快地进入并稳定在新航向上。

在船舶按预定航向航行时，由于受到各种因素的影响，经常会发生偏离预定航向的现象。为此，舵工应注视罗经刻度盘的动向，发现偏离或有偏离倾向时，应及时采用小舵角（一般为3°～5°）进行纠偏，以维持舵向。纠偏时要求舵工反应快、用舵快、回舵也快。

船舶由于受单侧风浪、潮流、积载不当或推进器不对称等恒值干扰力矩的影响而始终向固定一侧偏转时，应采用一适当的反向舵角来消除这种偏转，习惯称之为压舵。压舵角的大小可通过实践来确定，通常先操正舵，查看船首向哪一舷偏转，然后操一反向舵角，如所用舵角太小，船首仍将偏向原来一舷；舵角太大，则反之。反复调试压舵角，直至能将船首较稳定地保持在预定航向上。

3. 按导标操舵

在近岸航行时，特别是在狭水道或进出港时，经常利用船首对准前方的某个导标航行。舵工根据驾驶人员所指定的导标，操舵使船首对准该导标，并记下航向度数，报告给驾驶人员。如发现偏离，立即进行纠正，并检查航向有无变化。如有变化，舵工应及时提醒驾驶人员是否存在风流压。

（四）操舵要领

（1）要清楚地知道罗经基线与船首航向的关系，当罗经基线偏离原航向时，说明船首已偏离了原航向，应采用相反方向小舵角（3°～5°即可）来修正，以保持原航向。不宜用大舵角，以免旋转惯性影响使船难以稳定而呈"S"形航行。

（2）注意船首偏动有一定的惯性，不要等在罗经上看到基线偏离原航向才用舵，应在感觉船首有偏转的趋势时，立即用相反的小舵角纠正之。

（3）在有风浪的天气或流速大的航区航行时，船首易向一边旋转，此时操舵应根据风浪及流水的影响，采取适当的舵角来抵消这种偏转。舵角需要压多少，可先将舵放在正中位置，再看罗经基线偏向哪一边，然后再向相反的方向用舵，使采用的舵角能保持航向稳定。

（4）在窄水道操航向"把定"时，操舵水手不仅要看罗经基线是否对准航向，而且还要看船首前方较明显的目标。因为从驾驶室经船首旗杆串视船首前方目标，观察航向有否"把定"的反应速度要比看罗经快而且准。

（5）不用急舵。平时应尽量不用或少用急舵，以防止引起舵设备的损坏或出故障。

（五）操舵的常规要求及注意事项

（1）舵工操舵时应直立，两脚分开与肩同宽，双手扶舵轮。操舵时思想集中，随时准确、迅速地执行驾驶员的每一个口令。复诵和回答口令要响亮、正确、清晰。

（2）长时间手操舵时，应由2名舵工轮流操舵；空舵水手负责监督操舵的正确性，并协助瞭望，如果只有一名舵工，值班驾驶员有责任监舵。

（3）舵工应随时注意操舵仪舵角指示器与驾驶台主舵角指示器的舵角是否一致，注意操舵仪工作是否正常，如发现舵效或操舵仪异常，应立即报告船长或驾驶员。

（4）操舵时，若航向未把定或正在避碰，不应更换舵工。

（5）船舶进出港口前或进入复杂航段前，应试验应急操舵装置。

（6）操舵时要有高度的工作责任感，注意力要集中，时刻注视罗经航向，始终保持船舶驶于指定航向。

（7）严格遵照舵令操舵，未得到舵令不能任意改变航向。驾驶人员与操舵人员要密切配合，如有疑问要互相及时提醒，以防发错或听错舵令乃至操错舵角，还必须及时复诵和报告执行情况。

（8）努力掌握本船的舵性，如左舵与右舵、空载与满载、强风与急流、浅水与波浪、顶流与顺流、快车与慢车等情况下舵来得快与慢，偏转惯性大与小。

（9）熟悉本船操舵装置的转换开关，能迅速转换各种操舵方式。

（10）注意随动舵与应急舵的不同，前者有舵角反馈，而后者则没有，操舵方法亦有所不同。

（11）舵工应经常核对手动操舵或自动舵是否按船舶正确的航向行驶。

五、操舵方式转换

自动操舵仪与两种手动操舵方式的转换由开关迅速转换。

1. 自动操舵模式转换为手动操舵模式程序

（1）复诵舵令。

（2）将操舵模式由自动操舵转换为手动操舵。

（3）测试新的操舵模式是否正常。

（4）报告驾驶员现在是手动操舵。

2. 手动操舵模式转换为自动操舵模式程序

（1）复诵舵令。

（2）查看操作台分罗经航向刻度与主罗经的航向一致后，再"把定"指定航向。

（3）舵处于正舵位置时，旋转自动操舵仪上的"航向校正"旋钮，把航向校正刻度调到零位，按指定航向航行。

（4）转换开关扳到"自动"位置。

（5）如发现船舶不对称偏航，可向左或右旋转"航向校正"旋钮少许，以拨正航向。

（6）核实自动操舵是否正确响应。

（7）报告驾驶员现在是自动操舵，航向是"×××"。

在紧迫局面时，更应注意操舵装置的转换是否有效。

六、舵工交接注意事项

（1）接班舵工应提前上驾驶台，了解交班舵工的工作情况。

（2）转向或其他有风险的操作时，不应交接班。

（3）交班舵工应告知：操舵陀螺罗经航向、磁罗经航向、操舵方式、舵角、舵性、舵效及传动系统的工作技术状态、舵机工作情况。

（4）接班舵工应复诵告知的内容。

（5）值班驾驶员应监督交接过程。

七、大风浪中操舵

由于船舶在大风浪天气下左右前后颠簸剧烈，左右摇摆和前后俯仰很大，航向很难稳定，因此，应指派经验丰富的舵工操舵，并细心观察风流影响的综合结果，掌握它的规律，提前回舵或压舵。例如知道了船首将要向右偏转时，应先用左舵来抵制。当这种偏转影响将要消失时，应及时将舵渐渐回到正舵位置，使舵产生的作用恰好抵消偏转。否则等船首已经开始偏转时再用舵，就迟了一步。

八、舵令

中、英舵令如表3-6-1所列。

表3-6-1　标准舵令（Standing Wheel Orders）

口令 Order	复述 Reply	报告 Report	说明
左（右）舵五 Port（or starboard） five	左（右）舵五 Port（or starboard） five	5度左（右） Wheel（is on）port （starboard）five	数字系指舵角度数，舵工听到口令后操舵角到口令所需舵角
左（右）舵十 Port（or starboard） ten	左（右）舵十 Port（or starboard） ten	10度左（右） Wheel（is on）port （starboard）ten	
左（右）满舵 Hard a port （or a starboard）	左（右）满舵 Hard a port （or a starboard）	满舵左（右） Wheel hard a port （or a starboard）	舵工听到口令后操舵角到左（右）满舵
正舵 Midship	正舵 Midship	舵正 Wheel is a midship	操舵使舵角迅速回到0

口令 Order	复述 Reply	报告 Report	说明
回舵 Ease helm (or ease the wheel)	回舵 Ease helm (or ease the wheel)	舵正 Wheel is midship	操舵使舵角逐渐回到0
回到× Ease to × (degrees)	回到× Ease to × (degrees)	×度左（右） × of port (or starboard) on	操舵使舵角逐渐回到指定度数
把定 Steady	把定 Steady	航向××× Course ×××	发令后，舵工操舵将船稳定在发令时的航向（或物标）上
航向××× Course ×××	航向××× Course ×××	航向×××到 Course on ×××	舵工自行调节航向到指定度数
向左（右）××度 ×× degrees to port (or starboard)	向左（右）××度 ×× degrees to port (or starboard)	航向×××到 Course on ×××	在小舵角修正航向时，指罗经度数，不是指舵角
不要偏左（右） Nothing to port (or starboard)	不要偏左（右） Nothing to port (or starboard)		操舵时注意不要偏到航向的左（右）去
航向复原 Course again	航向复原 Course again	航向×××到 Course on ×××	命令回到原来航向
完舵 Finish with wheel	完舵 Finish with wheel		用舵完闭，舵不用了
什么舵? What is your rudder?		×度左（右） × port (or starboard)	询问当时舵角度数
稳舵 Mind your rudder	稳舵 Yes sir		要舵工注意力集中，不要偏离航向
舵灵吗? How does she answer?		正常 Very good 很慢 Very slow 不灵 No answer 反转 Answer back	询问当时舵效情况
航向多少? What course?		航向 Course ×××	舵工应报告当时罗经航向

第七节　系泊设备

船舶停靠码头、系留浮筒、旁靠他船或顶推作业时用于带缆、绞缆的设备统称系泊设备。系泊设备由系船缆、导缆装置、绞缆机械、卷缆车及属具组成。

一、系船缆

系船缆简称系缆（Mooring Line），靠泊时用于绑牢船身，拖带时用于传递拉力。理想的系缆应具有强度大、弹性适中、耐腐蚀、耐摩擦、比重小、质地柔软、使用方便等特点。常用的有钢丝缆和化纤缆两种。

（一）系船缆名称

船舶系靠码头、船坞或他船时，根据各缆绳的位置、出缆方向和作用不同，有如下几种名称，如图 3-7-1 所示。

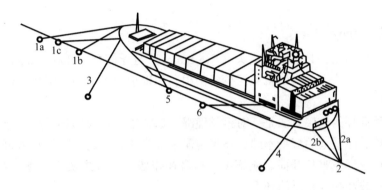

1a—外挡头缆；1b—包头缆；1c—里挡头缆；2a、2b—尾缆；3、4—前、后横缆；5—前倒缆；6—后倒缆

图 3-7-1　系缆名称

（1）头缆（Head Line）：又称首缆，其中从外舷出缆者也可称为外挡头缆。如果它绕过船头而与码头岸线交角很大，则俗称包头缆。从里舷外出缆者也可称为里挡头缆，俗称拎水缆。头缆主要承受船首方向风流的外力作用，防止船身后退和船首外移。

（2）尾缆（Stern Line）：也有里挡尾缆和外挡尾缆之分，主要承受船尾方向风流的外力作用，防止船身前冲和船尾外移。

（3）前倒缆（Fore Spring Line）：主要承受来自船尾方向的作用力，防止船位前移。

（4）后倒缆（After Spring Line）：俗称坐缆，主要作用是防止船身后退。

（5）前（后）横缆［Fore Breast（After Breast）Line］：主要承受吹开风的作用力，防止船头（尾）外张。系泊时，缆绳的具体使用要根据码头的情况、船舶长度、缆绳强度、停泊时间长短及天气、潮汐情况来决定。通常万吨级船舶靠码头时带头缆、尾缆各三根，前后倒缆各一根。5 万吨以上船舶除首、尾缆及前后倒缆有所增加外，因船长较大，往往在船中附近还要增带几根缆，可以根据本船情况而定。

（二）浮筒系缆名称

船舶在某些港口停泊时，需要带浮筒。带浮筒的方式主要有两种：一种是在船首带一个浮筒，另一种是首尾均带浮筒。若按所带缆绳的形式分有单头缆和回头缆两种，如图 3-7-2 所示。

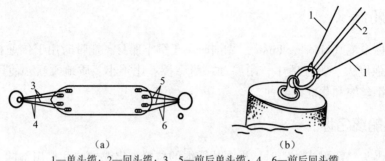

（a）　　　　　　　　　　　　　（b）

1—单头缆；2—回头缆；3、5—前后单头缆；4、6—前后回头缆

图 3-7-2　浮筒系缆名称

1. 单头缆（Buoy Line）

从船头或船尾送出，其前端琵琶头（Eye Splice）与浮筒环（Buoy Ring）连接的系缆称为单头缆，俗称单头。单头缆首尾至少各两根，用以承受系泊力。强风强流时，还应增加其数量。

单头缆与浮筒环的连接方法是，对钢丝缆绳，通常用一只大卸扣系接在浮筒环上，也可用一根两端均有琵琶头的短钢丝绳，在系缆琵琶头与浮筒环之间围绕几道再用小卸扣连接，只要有一点变形就难打开而影响解缆。后者操作费时而解缆操作可靠。对化纤缆绳，则均通过司令扣或卸扣连在浮筒环上。

2. 回头缆（Slip Line）

在船头或船尾，由一舷送出，穿过浮筒环后再从另一舷拉回船上系牢。这种缆称为回头缆。回头缆首尾各一根，平时不承受系泊力（处于松弛状态），只在离浮筒时使用，作为最后解出的系缆，由船员自行解脱。

（三）系缆的配备

系缆的配备是根据船舶舾装数 N，在《钢质海船入级与建造规范》的所列表中，可查得应配置的系缆和拖缆的长度、规格、数量和破断力。

一般船舶至少应配备拖缆 1 根（兼作保险缆用）、系缆（首、尾缆、倒缆及横缆等）6～12 根和备用缆 2 根。

钢丝缆一般采用 6×24+7 的软钢丝绳，直径大于 56 mm 时应采用 6×37+1 的钢丝绳。做带缆用的钢丝绳一般直径在 20～36 mm，直径在 36 mm 以上钢丝绳用作拖缆与保险缆。

化纤缆直径一般在 20～65 mm，直径大于 65 mm 的作为保险缆，直径小于 20 mm 的纤维缆不允许做系缆用。缆绳破断力大于 736 kN 时，应采用专门设计的缆车来进行操作。万吨级船舶一般备有首、尾缆各 3～4 根，前后倒缆左、右舷各 1 根，备用缆前后各 1～2根，保险缆（兼作拖缆）前后各 1 根。

二、系缆装置

系缆装置是指导缆装置、系缆桩、绞缆机械和缆绳卷车等。其布置如图 3-7-3 所示。

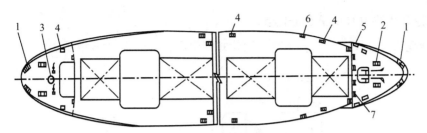

1—滚轮导缆钳；2、4—系缆桩；3—系缆纹盘；5—导缆钳；6—导缆孔；7—钢索卷车

图 3-7-3　系缆装置的布置

（一）导缆装置

导缆装置（Fairlead）是供船舶系泊时导引系船缆从舷内通向舷外，改变方向、限制其导出位置及减少缆绳磨损的装置。常见的有以下 5 种。

1. 导缆孔（Closed Chock）

导缆孔又称巴拿马孔（Panama Lead；Panama Towing pipe），为圆形或椭圆形的铸钢件，如图 3-7-4 所示。导缆孔一般嵌在舷墙上（多见于船中），系缆经过它时，接触面呈圆弧形，避免了舷墙对系缆的切割作用，也便于系缆琵琶头顺利通过。但导缆孔对系缆的磨损比较严重。

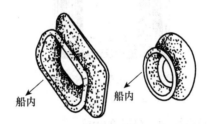

图 3-7-4　导缆孔

2. 导缆钳（Open Chock）

导缆钳是装在舷边的钳状导缆装置，如图 3-7-5 所示。多见于船首尾部。船舶一般采用滚轮式缆钳，以减轻对系缆的摩擦。

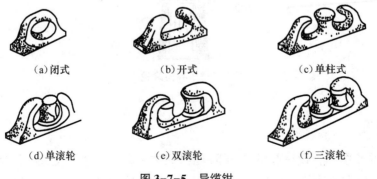

（a）闭式　　　　（b）开式　　　　（c）单柱式

（d）单滚轮　　　　（e）双滚轮　　　　（f）三滚轮

图 3-7-5　导缆钳

3. 滚轮导缆器（Roller Fairlead）

滚轮导缆器一般设于船舷，由数个滚轮并立组成，如图 3-7-6 所示。

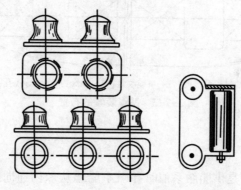

图 3-7-6　滚轮导缆器

4. 滚柱导缆器（Multi-Angle Fairlead）

滚柱导缆器一般设在甲板端部，由数个柱形滚筒围成，如图 3-7-7 所示。

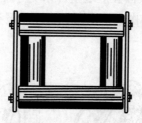

图 3-7-7　滚柱导缆器图

5. 导向滚轮（Pedestal Fairlead；Old Man）

导向滚轮如图 3-7-8 所示，装在甲板上的圆台形基座上，位于舷边导缆器与绞缆机之间，用来改变方向，以便引至卷筒。滚轮旁的羊角可以防止系缆松弛时滚落到甲板上。

图 3-7-8　导向滚轮

（二）缆桩

缆桩用于系牢缆绳，设在首部、尾部和船中的左右舷甲板上。缆桩的类型很多，如图 3-7-9 所示。缆桩有铸造的，也有用钢板围焊而成的。因为其受力很大，所以要求基座十分牢固。大中型船多采用双柱缆桩（Bitts）。

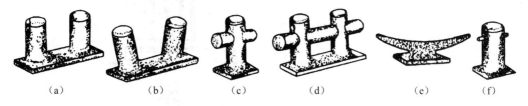

（a）　　　　　（b）　　　　　（c）　　　　　（d）　　　　　（e）　　　　　（f）

图 3-7-9　缆桩

（三）绞缆机

绞缆机又称系缆绞车（Warping Winch；Mooring Winch），用于绞收缆绳。船首的绞缆机由锚机兼，船尾部的单独设置，其他部位的由就近的起货机代替。

绞缆机按其动力分，有蒸汽绞缆机（Steam-Powered Winch）、电动绞缆机（Electric-Powered Winch）和液压绞缆机（Hydraulic Winch）。按卷筒轴线位置分，有卧式绞缆机和立式绞缆机两种。

1. 卧式绞缆机

如图 3-7-10 所示的为普通卧式绞缆机，卷筒由电机经过减速后驱动运转。

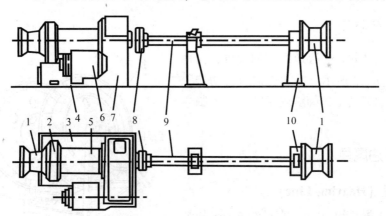

1—滚筒；2—墙架；3—底座；4—圆盘刹车；5—主滚筒；6—电动机；

7—减速箱；8—联轴节；9—主轴；10—轴承座

图 3-7-10　卧式绞缆机

近年来，随着船舶的大型化和自动化，不少新造的船在船首、船尾配备了自动系缆绞车（Auto-Tensioning Winch）。它能根据系缆的受力情况自动调整系缆的长度，减轻了船员的劳动强度。但它在使用时因频繁收放容易磨损系缆。

2. 立式绞缆机

立式绞缆机又称系缆绞盘（Capstan），如图 3-7-11 所示。还有一种叫无轴式系缆绞盘，其电动机装在卷筒里面。立式绞缆机占用甲板面积小。

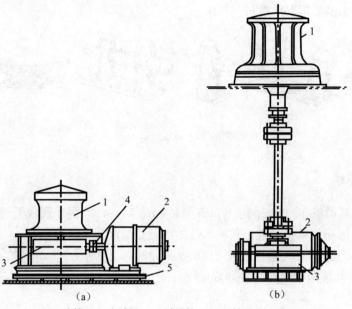

1—滚筒；2—电动机；3—减速箱；4—联轴器；5—底座

图 3-7-11　立式绞缆机

（四）系缆卷车

系缆卷车（Reel）是存放缆绳的装置，简称缆车，如图 3-7-12 所示。摇动手柄或转动扶手即可将缆绳送出或卷上，脚踏刹车则用于控制卷缆车的转速。

（五）系泊属具

1. 撇缆绳（Heaving Line）

撇缆绳为 1 根长约 40 m、直径约 6 mm 的细绳的前端是有一定重量的撇缆头。船靠码头时，从船上抛给码头带缆人员，作为往码头送缆的牵引绳。

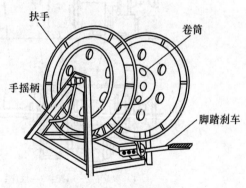

图 3-7-12　系缆卷车

2. 碰垫（Fender）

碰垫俗称靠把，是用绳编织的，其内填有软木或棕丝等软性物质的球形物。船舶靠离码头时，用于缓冲船体与码头的撞击和摩擦，以保护船舷。

3. 制索绳（Rope Stopper）和制索链（Chain Stopper）

制索绳和制索链是船舶系泊时用于临时在系缆上打结，以承受缆绳拉力的专用索具。制索绳用于纤维缆，而制索链则用于钢丝缆。其一端连在缆桩基座靠近出缆方向一侧，或为一琵琶头，使用时，套在缆桩上。另一端用于在系缆上打制索结，以便将系缆在卷筒上取下绾在缆桩上，或将系缆从缆桩取下，绾在卷筒上继续绞收，如图3-7-13所示。

4. 挡鼠板（Rat Guard）

挡鼠板一般由薄钢板或塑料板制成。船舶系靠码头时，为了防止鼠类沿着缆绳来往，系缆带好后要挂上挡鼠板，如图3-7-14所示。

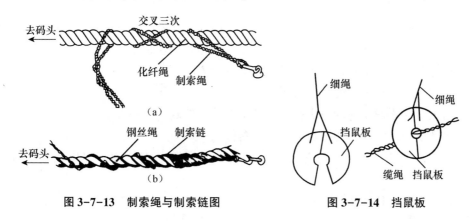

图3-7-13　制索绳与制索链图　　　　图3-7-14　挡鼠板

三、系泊设备的维护保养

（一）维护保养

（1）缆绳。

①航行时卷缆车应罩好。

②带缆时应注意缆绳的走向与出缆孔位置，避免系缆被坚硬物切割。

③倒缆常常用于协助离泊，受力很大，应保证有足够的强度。

④系泊中，化纤缆在受力很大时，应检查挡鼠板，避免它被风吹得荡来荡去而切割系缆。如果船舶摇摆剧烈而使系缆在导缆孔处频繁摩擦，应将该处缆绳用帆布包好。

⑤在浅窄水域系泊时，若发现附近有其他船只快速通过，应及早调整好系缆，以免断缆。

⑥化纤缆应尽量避免在受力很大时快速通过导缆孔，以防其摩擦部位熔化。

⑦采用自动绞缆机时，其系缆应这样配备：前端20m左右为化纤缆，以后均为钢丝缆。这样系缆与导缆器接触部位是钢丝缆，且系缆在卷筒上的圈数也可增加。

（2）导缆装置与缆桩所有滚轮、滚柱均应经常加油润滑，使其转动灵活。缆桩的基座应经常除锈并油漆。

（3）绞缆机。

①使用前加油并试车。

②蒸汽绞缆机使用前应将残水排出。

③液压绞缆机冬季使用前应对液压油加温。

④风浪航区或雨季应对电器设备所用防潮电阻加温，以提高电气绝缘值。

⑤如果使用自动绞缆机，应松开刹车，以免造成刹车损坏。

（4）缆车与系泊属具。

缆车的转动部位应定期检查和加油润滑。撇缆绳应盘排清楚，防止扭缠。

（二）带缆作业的安全注意事项

（1）工作人员应戴安全帽、皮手套，穿工作服、工作鞋，衣服的袖口应扣紧。

（2）检查缆绳和制索绳（链），如果有过度磨损则不能使用。

（3）绞缆时，应服从指挥，不能硬绞或突然加大功率。

（4）如果导向滚轮上的缆绳受力很大，必须防它弹出伤人。

（5）绾缆时，紧握缆绳的双手应始终处于缆桩的外侧，以防夹手。

（6）化纤缆和钢丝缆不能绾在同一双柱缆桩上。

（7）整个操作过程中，人员站立位置要适当，以防系缆滑出、弹出或断裂而造成伤害。

①严禁站在绳圈中或骑跨缆绳。

②不要靠近受力很大的缆绳。

③绞缆时，持缆水手不要太靠近卷筒，应站在卷筒后方面向卷筒，兼顾身后缆绳是否顺。

④打制索结者应面对缆桩和缆绳，并站在缆桩的异侧。

⑤溜缆时与缆桩的距离应在 1 m 以上。

（8）本船傍靠他船时，必须防止被两船挤伤。

第八节　系、解缆操作

为使船舶能顺利、安全、迅速地进行靠离泊位，系缆、解缆前的各项准备工作应提前做好。掌握靠、离码头和系、离浮筒系、解缆的操作程序。系、解缆过程中要特别注意人员的安全，严格遵守操作规程。

一、系缆作业

（一）带缆前的准备工作

1. 缆绳（Mooring Line）的准备

清理带缆场地，揭开缆绳盖罩，根据泊位和天气情况清理系带所需缆绳，将选定所带的缆绳倒出一部分排在甲板上，并把琵琶头移到各自的导缆孔前。如果系缆比较笨重，则可将系缆的琵琶头穿过导缆孔（Fairlead）、导缆钩（Mooring Chock）或其他导缆装置后，折回挂置主舷墙上或放在甲板上，如图 3-8-1 所示。

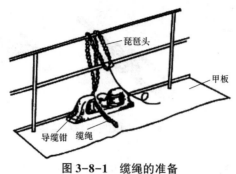

图 3-8-1 缆绳的准备

2. 绞缆机械的准备

锚机或绞缆机试转，轴承旋转部位加油润滑，使绞缆机械处于可靠使用状态。蒸汽锚机在试转前，应放净气缸内的冷凝水。

3. 撇缆绳的准备

在船首尾部，各准备 2~3 根撇缆绳，将撇缆绳盘好后放在甲板上，撇缆人员做好准备，听到指示立即抛出。

4. 制索绳（Rope Stopper）的准备

带缆从绞缆机卷筒上解下改绾到缆桩前，必须先用制索绳（链）将带缆暂时控制住，防止带缆松出，船位移动。带缆绾牢后，才可解脱制索绳，化纤缆绳应用化纤质料的制索绳，钢丝缆绳应用止索链。化纤缆绳伸缩性大，弹性大，在使用单根制索绳时，有时因受力过大而绷断或因缆绳伸缩被绞缠而解脱不开，影响操作。目前船上多采用双根制索绳，优点是强度加大，摩擦阻力增加，避免绷断。制索绳的直径为 25 mm，长度大约为 3 m。制索绳尾部的心环用卸扣连接在缆桩附近甲板的地令上或套在缆桩上。

5. 其他准备工作

船舶靠离码头前应准备有圆球碰垫，如发生碰撞和摩擦时，可将圆球碰垫放在与码头相接触处，以缓冲并减小损伤。备好挡鼠板（Rat Guard），待带缆结束时安装。备妥通信设备等。夜间作业还应备妥照明灯。准备工作完毕，应向驾驶台报告。

（二）撇缆

船舶靠码头时，如果没有小艇将缆绳直接送到码头，就需要依靠撇缆来引送缆绳。因此，要求撇缆操作必须迅速、准确，撇的距离要远，成功率要高，特别是在外界条件不利时，迅速带上缆绳的关键在于撇缆，这对保证船舶操纵安全非常重要。

（三）出缆

撇缆成功后，将撇缆绳尾端在带缆琵琶头上打撇缆活结或单套结接妥，如图 3-8-2 所示。

（a）　　　　　　　　（b）　　　　　　　　（c）

图 3-8-2　撇缆绳与缆绳连接

当码头上带缆人员拉撇缆时，应及时将带缆送出舷外，松放缆绳速度要和码头上拉缆绳的速度配合好。松放慢了，码头上拉拽困难；松放快了，缆绳会沉入水中或是被水流冲向下方，使码头上拉缆绳增加了阻力和困难，延长带缆时间。松缆绳时，不可用脚踏缆绳来控制松放速度，更不可站在绳圈中，以防伤人。可用制索绳打一半结控制。

（四）绞缆

系缆送到码头，将琵琶头套在码头缆桩后，待码头带缆人员通知（或用手势表示）可以绞缆且系缆在舷外无阻碍时，船上可开始绞缆。操作人员迅速将缆绳由上向下缠绕在锚机滚筒上或绞缆机滚筒上。化纤缆绳应绕 3~4 圈，钢丝缆绳应绕 4~5 圈。根据指令或需要绞收缆绳使船渐渐靠拢码头。绞缆时，缆绳不可重叠，一人双手拉持缆绳，站在距绞缆滚筒后 1 m 处，一人在后清理绞进的缆绳。遇有扭结时应及时解开，并将缆绳整理清楚。

绞缆过程中，应及时松外挡锚链。如果绞缆机受力很大绞不动，不能硬绞或突然增大，以免断缆，而应稍停片刻，待船身向码头移动、缆绳有所松缓时再绞。绞收速度应听从指挥人员的指示（或手势），如带缆受力大，在卷筒上已缠 4 圈还滑动而绞不进时，应根据情况增加缠绕道数，以加大摩擦阻力，便于收绞。在绞缆过程中有关人员应注意缆绳受力情况，不可站在缆绳、导缆钩、卷筒附近，以防断缆伤人。

（五）上桩

当船舶靠拢码头后，应根据需要与指令将系缆从卷筒上取下，在缆桩上绾牢。在操作过程中，动作必须迅速、熟练、准确。

1. 打制索结

在缆绳从卷筒上取下之前，要用制索绳（链）于出缆方向在缆绳上打制索结，以承受缆绳在从卷筒取下至绾牢这短暂时间内的拉力。钢丝缆绳，用止索链在缆绳上打一个半结后，照原来方向继续再绕一圈，然后向后方缠绕。操作过程中应将链条全部绕完，尾端纤维绳只需绕上 1~2 圈，然后操作者双手握紧尾端站立在系缆桩旁边。其使用方法如图 3-7-13（b）所示。纤维绳用作制索绳，操作时应注意安全，特别是尼龙绳易伸缩，弹力很大，在使用单根制索绳时常有绷断的现象，即使是新的制索绳，也会因缆绳骤然收缩而使制索绳断掉。双根制索绳，强度增大，可迅速解脱，绷断的现象较少。其使用的方法如图 3-7-13（a）所示。

2. 绾缆操作

制索结打好后，持缆绳活端的水手只要将缆绳往前一送，滚筒上的系缆就会因摩擦力骤减而滑动，使制索绳（链）受力。如果缆绳受力特别大，则应用极慢倒车松出一小段缆绳，使制索绳（链）渐渐受力，缆绳从滚筒上取下在缆桩上绾牢。整个操作要求迅速、准确，以防船位移动或绷断制索绳（链）。

3. 绾桩方法

绾双柱缆柱时，缆绳应绕过前面一根缆绳，然后再"8"字绾牢（也称之为大绾），如图3-8-3所示，使两根桩均衡受力。纤维绳因其柔软有时只在一根桩上绾牢（也称小绾）。

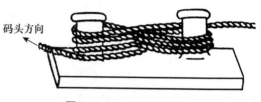

图3-8-3　双系柱的绾法

化纤缆在绾桩时，应在缆桩上绕"8"字形至少4道。不要和钢丝缆绳绾在同一只带缆桩上，制索绳要用性质相同的绳索。缆绳在带缆桩上围绕时不能压叠，应防止缆绳弹出击伤人员。大型船舶所用的带缆较粗大笨重，上桩工作一般由两人协同操作，一人将缆绳在带缆桩上按搓向往返绾绕，另一人用手掌压住已绾好的缆绳，等绕完拉紧后才可松手。

目前，国际上有些船舶将传统式样的固定带缆桩改装成为可转动的。使用这种可转动的缆桩时，带缆过程和传统的方式不同，将缆绳一端系上码头后，先在可转动的带缆桩上绕2～3道"8"字形，而后绾到绞车的滚筒上去。当船舶向码头绞拢时，可转动带缆桩的系柱旋转，缆绳可自由地通过缆桩。船舶靠好码头后，从绞缆滚筒上卸下缆绳。在带缆桩上再绾绕2～3道，这样带缆工作即告结束。转动缆桩附有制动器，可刹住围绕在缆桩上的缆绳，不再需要其他工序。

使用可转动的带缆桩时，一人即能完成带缆的绞紧并绾缆上桩，废除制缆器操作这个工作，能节省人力，简化劳动程序，缩短作业时间，并减少工作危险性及缆绳与系缆桩的磨损，但要注意防止缆绳在系缆桩转动时互相重叠或扭结。

4. 绾桩道数

钢丝缆至少绾5道"8"字形，化纤缆至少绾4道，天然纤维缆至少绾3道，小绾时一般要绾6～7道。

5. 琵琶头在缆桩上的套法

从他船引到本船的缆绳，在缆桩上的套法如图3-8-4所示，使两根柱均衡受力。

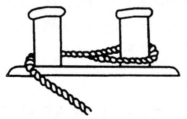

图3-8-4　琵琶头套双系柱的方法

当一根缆桩上要套两根系缆的琵琶头时，应将第二根缆绳的琵琶头穿过第一根缆绳的琵琶头后再套到缆桩上。如图3-8-5（b）所示的套法，这样不论哪根缆先解均互不影响。

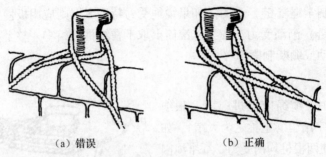

（a）错误　　　　　　　　　（b）正确

图3-8-5　两根缆绳套一个缆桩的方法

6. 打系缆活结

钢丝缆弹力大，绞牢后应在"8"字当腰处的最上面3道用小绳系好，以防其弹脱。

（六）结束工作

船舶靠好码头、泊位经调整完毕、带缆工作全部结束后，应在舷外的带缆上安置挡鼠板并将多余的缆绳盘好，收妥各种属具，盖上有关设备的防护罩，同时清扫现场。

（七）系缆的调整工作

船舶受涨、落潮水或装卸货的影响，将会使带缆松弛或张紧，必须经常检查，及时调整缆绳受力，避免发生断缆事故和船位偏荡。

缆绳需松出时，应松出处于下风、顺水不吃力的缆绳。松出绷紧的缆绳时，不宜将缆绳脱离缆桩，应将缆桩上的缆绳先上后下分数次缓缓松出。如果前缆和倒缆都张紧时，应先松下风下流的缆绳。

吹开风使船偏荡时，可采用"压锚"法，可以自动调整带缆，使船体贴近码头。压锚法把一根两端都有琵琶头的钢缆穿过锚卸扣，然后用卸扣将钢缆的琵琶头套上首缆，在外连接一根短绳拉到船上，使它处于带缆的中部，用来控制压锚的位置。最后将首锚松出舷外，使锚的重量压在带缆上面。

二、解缆操作

船舶离码头时，解缆的各项准备工作应提前做好。要求解缆动作熟练、准确、迅速，使船舶安全离开码头，尤其是在利用前后缆协助离码头或利用拖轮离码头时，要求船尾部操作要快，以便动车。解缆工作程序如下：

（一）解缆前的准备工作

（1）解缆前做好各项准备工作，如锚机和绞缆机械应备车，并加润滑油，使绞缆机械处于可靠使用状态。准备好制索绳、圆球碰垫；取回防鼠挡板、防水挡板等；收进伸出舷外物品等。

（2）检查各带缆桩上的缆绳情况，排除缆绳互相压叠的现象，以免妨碍解缆。

（3）准备工作完毕，向驾驶台报告。

（二）单绑和收绞缆操作

得到单绑（Single up）命令后，将一些不影响操纵的缆绳解掉收回，而将操纵需要和易于解脱的缆绳留下，一般只留首缆和前倒缆、尾缆或后倒缆。当单绑完毕并且船员各就各位后，向驾驶台报告。

解缆时，应先把缆绳松出少许，以便码头工作人员解脱套在带缆桩上的琵琶头。有时要用制缆器在大缆上打一半结，利用制缆器将缆绳稍微松出。待码头上解掉缆绳后，应立即将缆绳绾在绞缆卷筒上并快速绞回。船尾绞收缆绳的速度要快，因缆绳未全部绞回前，动车不便，如不慎将缆绳缠进螺旋桨，可能发生重大事故。但是当缆绳尾端将通过导缆孔或导缆钳时应放慢速度，以免受到阻碍，缆绳弹出，造成工伤。

最后一根系缆出水后，应向驾驶台报告。

（三）结束工作

解缆工作完毕后，将缆绳整理盘好，盖上帆布罩，收好各种用具，清扫首尾甲板。

三、系解缆操作的安全注意事项

系解缆操作与船舶操纵有密切关系，应该全面考虑到船舶操纵上的需要。由于缆绳在操作过程中收放速度快、受力大，又要及时系解，容易发生事故，因此，要求驾驶台、船首、船尾三部分密切配合，操作安全、迅速和准确。要特别注意操作人员的安全，严格遵守操作规程，互相关照，及时提醒。此外，还应注意下列事项：

（1）工作人员注意力要集中，执行命令迅速、准确。

（2）工作人员应穿工作服、戴安全帽、手套（用钢丝绳做带缆时应戴皮手套），以防擦伤。

（3）带解缆前的各项工作必须提前做好。

（4）在撇缆前要先打招呼，使周围及对方人员留心，以免撇缆头击伤人，同时提示码头水手准备接收撇缆。撇缆时不可离船舷太近，以免用力过猛时碰伤，注意脚下防滑。带缆完毕应注意收回撇缆，并加以整理、清洗。

（5）出缆时应使带缆缓缓送出，以减轻拖缆拉力。当带缆确已挂牢，待岸上告知"绞"（英语用 Heave away 或 Take in，有时用手势做旋转状）以后，才能收缆。在上滚筒绾缆时，注意缆绳反跳，要顺应滚动的趋势绕缆，向下压住。

（6）在绞缆过程中有关人员应注意缆绳受力情况，不可站在缆绳、导缆钩、卷筒附近，以防断缆伤人。持绞缆人员应与卷筒保持安全距离并注意避免缆绳受力冲击时被弹伤。缆绳断裂时回弹的区域如图 3-8-6 和图 3-8-7 所示。

（7）严禁站在缆绳圈中或两脚跨住缆绳。注意力要集中，不要靠近张紧的缆绳。

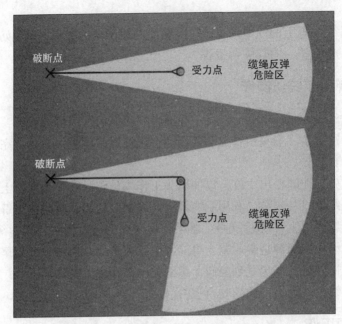

图 3-8-6　一端受限的缆绳断裂时回弹危险区

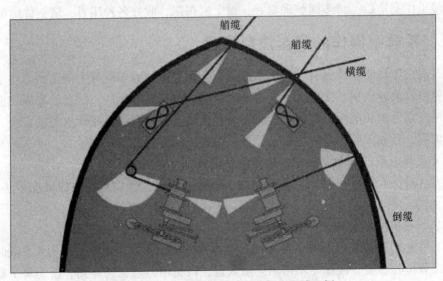

图 3-8-7　缆绳断裂时回弹危险区域示例

（8）收缆时，应得到码头解缆人员招呼后才可绞收。双手握紧缆绳的自由端。距离绞缆机应在 1 m 以外，以免缆绳突然断裂时发生意外。船尾绞收缆绳的速度要快，以免影响动车。

（9）绞收缆绳时必须首尾兼顾，首、尾缆交替绞进，各根带缆受力要均匀。

（10）在收、放缆绳中，以及带缆完毕后，凡有缆绳扭结时，一定要立刻解清，才能继续作业。

（11）缆绳要绾在缆桩上，不宜绾在绞缆机上。

（12）首缆、尾缆与首尾线所成的角度要适中。交角过大，横向分力大，纵向分力小，船向前后移动，交角过小，横向分力小，吹开风易使船离开码头。

（13）保护好缆绳，防止磨损，特别是纤维质缆绳，应在它和物体摩擦部位用麻袋皮或旧帆布绞缠衬垫。

（14）值班人员必须注意气象和水位的变化以及货物装卸后船舶吃水变化会引起缆绳松紧程度的变化。

四、系、离浮筒作业

船舶在港口装卸货物或进行维修，常见的另一种系泊方式是系浮筒。船舶系浮筒停泊如时间短、风流不大，可用缆绳系浮筒，否则须用锚链系浮筒。船舶系离浮筒作业时，有港口提供的带缆艇协助操作，否则须将本船的工作艇下水使用。

（一）缆绳系浮筒操作

一般情况，船舶系带船首、船尾的浮筒各需要单头缆2～3根，回头缆1根。

（1）准备工作。

一般正常天气，风浪不大时，船首尾各准备2～3根缆绳做单头缆，1根钢丝绳做回头缆，1根引索做牵引回头缆用。

每根单头缆要配备一个系浮筒卸扣（U形卸扣），如以尼龙缆系浮筒，每根缆绳还必须配备1根两端均有琵琶头、长5～6m的钢丝绳，以便和浮筒环连接。

其他船上的系泊设备均应同样按靠码头时的要求，预先做好准备工作。

（2）缆绳系浮筒时船舶驶近浮筒，如用尼龙绳做单头缆，必须用钢丝绳一端的琵琶头穿过浮筒环。首先将准备好的单头缆（Buoy Rope）、卸扣和钢丝扣通过导缆装置松到水面，带缆艇到船首接到缆绳，将缆绳在艇上盘一段后驶向浮筒，船上配合艇速适当松出缆绳，带缆艇到达浮筒将单头缆用卸扣、钢丝扣和浮筒环连接。用上述方法系带另2根单头缆，缆绳绾上绞缆机卷筒，绞紧带缆。泊位调好后，用制索绳将各缆控制住，从卷筒上松下绾到缆柱上。出缆孔应尽可能地靠近船首正中，也可集中从一舷的缆孔出缆，以改善横风时仅一舷单头缆受力的状况。

（3）带回头缆。

各根单头缆带妥后，将钢丝绳回头缆和另一舷准备的纤维绳牵引索，从左右舷穿过导缆装置松到水面，由带缆艇将钢丝绳回头缆和牵引索带到浮筒，将回头缆穿过浮筒环后，用牵引索端打单套结连接在琵琶头上，船上绞收牵引索，拉回头缆到船上，并将它绾到缆桩上系好。然后将另一舷回头缆根部上卷筒绞紧后改绾在缆桩上，并在钢丝回头缆上缚"系缆活结"（如果港口条件较好，拖船的功率、数量充足，也可以不带回头缆）。

船舶系靠浮筒，一般是先带船首单头缆，次带船尾单头缆绳，再去船首带回头缆，最后带船尾回头缆。所有系缆带好、泊位调整就绪后，调整各根带缆使其受力均匀，回头缆应松长些，不可受力。

有些船上配有回头缆活钩装置，把回头缆琵琶头直接挂在活钩上。这种装置系带和解脱回头缆较方便迅速，如图 3-8-8 所示。

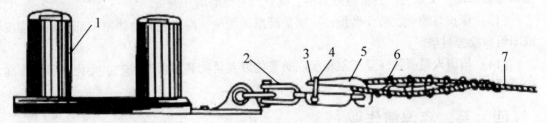

1—系缆桩；2—卸扣；3—开口销；4—扣环；5—活钩；6—扎索眼的细绳；7—回头缆

图 3-8-8　回头缆活钩装置

船尾系缆方法与船首相同。

（4）系浮筒带缆完毕后，应做好清理收尾工作。

（二）解缆离浮筒操作

1. 准备工作

离浮筒各项准备工作与系浮筒相同，必须将回头缆琵琶头用细绳扎紧缚牢，以防琵琶头钩挂他物而影响离浮筒或发生事故。

2. 解缆操作

带缆艇到达浮筒后，听从驾驶室的指示，先解去各根单头缆绳。解缆时，船上先松出一些缆绳使其不受力，解缆人员卸开卸扣、解开单头缆后便可收绞回船。船首、船尾各留一根回头缆，使船处于"单绑"，便于船上解缆。在有的港口，一般是先解掉背流（顺流）的单头缆，然后再解迎流（顶流）一端的单头缆。如果流速较大，往往需要带拖缆，用拖轮协助解缆。单头缆解完后，带缆艇还应在适当的距离外待命。注意检查回头缆的琵琶头是否扎紧。当驾驶台的解缆口令下达后，立即解脱琵琶头一端使缆绳迅速溜出，如用活钩装置，只须拔出开口销，脱开活钩，缆绳即可溜出。然后迅速解去回头缆的根端部分，绾上绞缆滚筒，将回头缆快速绞收回船。

解缆收缆工作完毕，应做好清理收尾工作。

3. 系离浮筒操作安全注意事项

（1）应遵守靠离码头系解缆操作安全注意事项。

（2）系离浮筒操作紧张复杂，必须听从驾驶室指挥，首尾配合，协调一致。必须服从现场指挥，互相照顾，精神集中，认真操作。

（3）开动锚机或绞缆机要平稳，要注意指挥员的命令和手势，并注意观察缆绳、锚链受力情况，如有意外，立即停车。

（4）松放缆绳时防止伤人，缆绳圈内绝对不能站人，缆绳附近不可站立。

（5）船尾收绞缆速度要快，以免影响动车，要防止缆绳绞缠螺旋桨。

（6）解回头缆前，必须将琵琶头用细绳扎紧缚牢，以防钩挂，影响操作，造成事故。操作要准确、迅速，在回头缆附近不得站人。

（7）拆装锚链卸扣要细心操作，如果卸扣变形、松散应更新，装妥后要认真仔细检查，保证连接牢固。

（8）应派技术熟练的水手到舷外穿悬挂首锚的钢丝绳，要系带保险索。

（9）悬挂船首锚的钢丝绳的强度必须足够，松、绞钢丝绳时速度要缓慢，悬挂船首锚的钢丝绳受力要均匀。

五、锚链系带浮筒

（一）锚链系带浮筒

锚链系浮筒较缆绳系浮筒的操作复杂。但锚链的强度大，系泊更为安全可靠。在某些港口遇大风、停泊时间较长时，采用锚链系浮筒较安全可靠。在一些国外港口，要求系带浮筒时必须使用锚链。

1. 准备工作

（1）准备工具。

备好一个系浮筒用的大型卸扣，以便连接锚链和浮筒环用。

锚链冲：拆连接链环。

手钩：拉锚链用。

手锤：敲击锚链冲用。

撬棍：撬动链条用。

（2）准备锚链。

为便于使用锚链系浮筒，现代大型船舶在船首部上甲板中心线的舷墙底部开设有锚链孔。准备工作先将锚端的前段锚链，在锚链筒附近用制链器制牢，不使松动。用锚机绞出锚链，平铺放在甲板上，拆开第一节末端锚链连接链环，把第二节锚链头端引出锚链孔外，使锚链悬挂在水面上，准备使用。

在没有船首锚链孔的船上，用锚链系浮筒的准备工作较为复杂。首先要把不用的锚松出锚链筒外，悬挂在水面上。选用一根强度够大的钢缆，将其首端琵琶头套在带缆桩上，使构成双股穿过船首附近的导缆孔。由一人用座板进行舷外作业，将引出的双股钢缆穿过锚环和锚链相连接的卸扣；船上将一根纤维绳放下，舷外操作者将它和穿过锚环的双股钢缆用单套结接牢，仍经导缆孔牵引回船，并将这双股钢缆再套在带缆桩上。然后绞收钢缆尾端，适当松出一些锚链，使锚可靠地悬挂在导缆孔下方。钢缆尾端绾在带缆桩上5道后，用细绳打活结扎住，如图3-8-9所示。

图3-8-9　引缆与锚链的连接

锚悬挂妥当后，将锚链在锚链筒附近用临时制链器连接好，保证锚链不能溜出，操纵锚机将锚链绞出，以手钩使锚链平铺在甲板上，直至第1节与第2节锚链的连接卸扣绞出，利用锚链冲、手锤等工具将连接链环拆开，然后引导第2节锚链，经锚链筒松出至水面准备系浮筒。

用强度较大的钢丝绳和卸扣与临时制链器连接好后，将锚链控制住，保证锚链不能溜动。

（3）缆绳的准备。

船首用锚链系浮筒，必须准备 2 根钢丝缆和 2 个卸扣放置在两舷导缆孔处，一根用作临时单头缆以稳定船位，锚链系妥后再作为回头缆；另一根用作导链索。

船尾准备缆绳根数与带缆系浮筒相同。

2. 锚链系浮筒操作

（1）船首驶近浮筒，将两根钢丝缆从导缆孔通过送至水面，带缆艇先将与锚链同舷的钢丝缆引到浮筒上系牢，绞紧这根单头缆，使船首接近浮筒并稳定船位，以便系锚链，如图 3-8-10 所示。

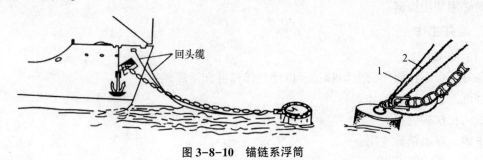

图 3-8-10　锚链系浮筒

（2）带缆艇将另一舷松出的钢丝缆用作导链索，引到浮筒，穿过浮筒环，扣在锚链的第 2 或第 3 个链环上。

（3）船上绞紧导链索，使锚链接触浮筒环。这时可适当放松锚链。

（4）带缆艇上人员，将锚链与浮筒环用卸扣连接牢固。

（5）绞紧锚链，使两根钢丝缆松弛。

（6）带缆艇人员将单头缆与浮筒环解开，备作回头缆。再将导链索与锚链脱开，链索与回头缆相连接（一般用吊套结）。至此带缆艇结束船首带缆工作。

（7）带缆艇离开浮筒后，松出锚链。绞收导链索将回头缆引进导缆孔。回头缆的另一端松出至适当长度（约为船舶与浮筒间距的 2 倍余），绾上系缆桩。再把在另一舷绞进的回头缆也绾上带缆桩，必须绾 5 道后留出一段琵琶头，用细绳扎紧琵琶头，这样回头缆即带好。

（8）调整泊位，使锚链吃力，操作锚链制链器制牢锚链，不使锚机受力。

（9）船尾系浮筒的操作过程和缆绳系浮筒时相同。

（10）带缆工作结束后收拾工具、清理锚链、缆绳和场地等。

（二）解锚链离浮筒操作

1. 准备工作

准备锚机、绞缆机械及安装锚链连接卸扣的工具。在船首准备 1 根钢缆，配置卸扣 1 只，由导缆孔松出至水面，用作导链索。

2. 解锚链操作

（1）解去锚链的命令下达后，绞收回头缆，使锚链松弛，并可同时松出少许锚链。

（2）带缆艇将导链索引至浮筒上，穿过浮筒环后和锚链的第 2 或第 3 链环相连接。

（3）绞紧导链索，使连接浮筒环和锚链的大卸扣不受力后，带缆艇人员解脱大卸扣。

（4）松出导链索，绞收锚链，使锚链悬挂在水面上，待带缆艇解去导链索后，船上即同时绞回争链索与锚链至船首甲板上。

（5）将第 1 节与第 2 节锚链连接复原后，再将第 1 节锚链全部由甲板上绞进锚链舱内。

（6）解开悬挂船首锚的钢缆，慢慢松放，使钢缆不受力，随即收回。此时锚恢复原状，悬挂在水面上，处于备用状态。锚如不再使用，即可绞收至锚链筒内放置妥当。

（7）船尾离浮筒和带缆离浮筒时的操作相同。

（8）最后船首尾各留 1 根回头缆，准备解脱。

六、系泊口令

系泊口令除国际标准用语外，传统习惯上还有一套口令，两种口令及其对比如表 3-8-1 所列。

表 3-8-1　系泊口令

标准用语		习惯用语	
单绑	Single up	单绑	Single up
船尾缆全部解掉	All let go aft	准备解缆	Stand by fore and after
×缆解掉	Let go × line	解×缆	Let go × line
船尾全部清爽	All clear aft	船尾清爽	Clear astern
带×缆	Send out × line	放出×缆	Pay out × line
×缆上车	Put × line on winch (or capstan windlass)	撒缆	Throw the heaving line
×缆上桩	Put × line on bitts		
停绞	Stop heaving（or avast heaving）	停绞×缆	hold on × line
×缆放松	Slack away × line	松出×缆	Slack away × line
准备绞×缆	Stand by heaving × line	收回×缆	Haul in × line
×缆收紧	Take in the slack on × line	收紧×缆	Take in × line
绞×缆	Heave away × line	绞紧×缆	Heave in × line
绾牢	Make fast	绾住×缆	Make fast × line
放松一点	Slack a little	倒出×缆	Walk back × line
向前（后）×米	Shift（or move）a head（or astern）× meter		

续表

标准用语		习惯用语	
刹住（或拉住）	Hold on		
位置正好	In position		
×缆溜一溜	Check × line	溜出×缆	Check × line

第四章　水手专业基础知识

第一节　船舶种类与特点

船舶是人们从事水上运输和水上作业的主要交通工具。船舶种类日益繁多，分类方法也有多种，一般按船舶的建造材料、行驶方式、航行区域、推进方式、动力装置和航行状态、用途等进行分类。

按船舶的建造材料可分为木船、钢船、铝合金船、增强塑料船和钢筋水泥船等；按行驶方式可分为机动船和非机动船；按航行区域可分为远洋船、近海船、沿海船、内河船和港作船等；按推进方式可分为明轮船、螺旋桨船、平旋推进器及喷水推进船等；按动力装置可分为蒸汽机船、内燃机船、汽轮机船、电动船和核动力船等；按航行状态可分为排水型船、水翼船和气垫船等；按用途可分为民用船舶和军用船舶，民用船舶按业务用途又可分为运输船舶、渔业船舶、工程作业船舶、海洋开发用船舶等。主要海上运输船舶的种类与特点如下。

一、客船（Passenger Ship）

客船是用于运送旅客及其所携带的行李的船舶，多为定期定线航行，故又称客班轮。《SOLAS 公约》《1974 年国际海上人命安全公约》规定：凡载客超过 12 人者均视为客船。客船的一般特点是：具有多层甲板的上层建筑；设有较完善的生活设施；具有较好的抗沉性，一般设计为"二舱或三舱不沉制"；船速较高（一般为 16～20 kn，大型高速客船可达 24 kn 左右。另还有短途运送旅客的气垫客船和水翼客船，其速度达到 30 kn 以上）；设有减摇装置（减摇鳍）。

按载客的性质不同，客船又可分为：专用于运送旅客及其所携带的行李和邮件的全客船；用于休闲和旅游、生活设施豪华及通信导航设备先进的豪华邮轮（游船），如图

4-1-1所示；以载客为主，载货为辅的客货船（Passenger-Cargo Ship），如图 4-1-2 所示；具有滚装装货处所或特种处所的客滚船（Ro-Ro Passenger Ship）（其结构特点与滚装船类似，详见滚装船部分）等。

图 4-1-1　豪华邮轮

图 4-1-2　客货船

二、杂货船（General Cargo Ship）

杂货船（又称普通干货船）是最早出现的且目前仍在沿用的一种干货船，主要装运各种成捆、成包、成箱和桶装的件杂货。杂货船的一般特点是：多层甲板结构；为便于装卸，各货舱的舱口尺寸较大，并配以吊杆或起重机；在抗沉性方面一般设计成"一舱不沉制"。如图 4-1-3 所示是杂货船中的一种船型。

图 4-1-3　杂货船

三、散货船（Bulk Carrier）

散货船是指专门装运谷物、煤炭、矿砂、糖等大宗散货的船舶。其特点是货舱为单层甲板，舱口较宽大且舱口围板高大，并且大多不配起货设备。

根据货种和结构形成的不同，散货船大体可分为以下几种：

（一）通用型散货船（General Bulk Carrier）

通用型散货船是指装运谷物、煤炭等普通散货的船舶，其中专运散装谷物的称为散粮船（Bulk Grain Carrier），专运煤炭的称为运煤船（Coal Carrier），如图4-1-4所示。

图4-1-4 通用型散货船

其特点是，船型肥大，一般单向运输。舱口围板高而大，货舱横剖面成菱形，这样既可装满货舱，减少平舱工作，又可防止航行中因横摇过大而危及船舶的稳性。货舱四角的三角形水柜为压载水舱，可以用于调节吃水和稳性。

（二）矿砂船（Ore Carrier）

矿砂船是指专运矿砂的散货船，为单向运输船舶，如图4-1-5所示。矿砂船的特点是，一般由两道纵舱壁将整个装货区域分隔成中间舱和两侧边舱，在中间舱下部设置双层底，中间舱装载矿砂，两侧边舱作压载水舱使用。由于矿石密度大，所占舱容小，这样会使船舶的重心过低，航行中产生剧烈摇摆。为提高重心高度，双层底设置较高（一般可达型深的L/5），而且货舱两侧的压载水舱也比通用型散货船压载水舱大得多。另外，矿砂船均为尾机型船，航速较低。为适应所载货物的特点，一般采用高强度钢，且内底板等构件均采取加厚的措施，有的直接对货舱采取重货加强措施。甲板上不设货物装卸设备。图4-1-6为散货船货舱横剖面结构示意图。

图4-1-5 矿砂船

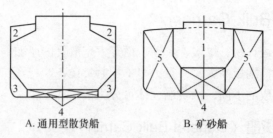

A. 通用型散货船　　　B. 矿砂船

1—货舱；2—上边舱；3—下边舱；4—双层底舱；5—边舱

图 4-1-6　散货船货舱横剖面结构示意图

（三）自卸式散货船（Self-Unloading Bulk Carrier）

自卸式散货船是一种采用自卸系统的散货船。其货舱底部呈 W 形，下面尖顶部位有开口，可将货物漏到下面的纵向传动皮带上，再经垂直提升机和悬壁运输皮带输送到码头上，如图4-1-7所示。这种船不仅显著地缩短了停港时间，而且对码头要求不高，对需要中转的航线，也可避免码头的再装卸。

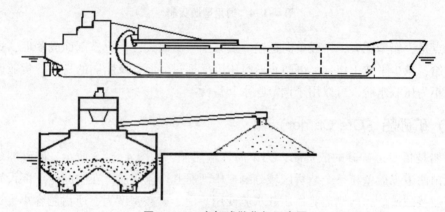

图 4-1-7　自卸式散货船示意图

四、集装箱船（Container Ship）

集装箱船是指以装运集装箱货物为主的船舶，又称货柜船或货箱船。其载运能力是以国际通用的标准箱（TEU）作为换算单位来衡量的。

集装箱船基本上可以分为全集装箱船和半集装箱船两大类。全集装箱船的主要特点是：货舱和甲板均能装载集装箱，货舱盖强度大；多为单层甲板，货舱开口宽大，船体设计为双层底和双层壳舷侧结构，两层船壳之间可作为压载水舱；为防止货箱移动和便于堆放稳固，在货舱内设置格栅式货架（箱格导轨系统，Cell Guide System），集装箱沿着导轨垂直地放入格栅中，装卸效率高，货损货差少；在甲板上设有固定集装箱用的专用设施；主机马力大、航速高；通常不设起货设备，而利用码头上的专用设备。全集装箱船如图4-1-8所示。

图 4-1-8　全集装箱船

半集装箱船因货源不稳定而在部分货舱装运集装箱，其他货舱装运杂货或散货，船上通常设有起货设备。

五、液货船（Liquid Cargo Ship）

液货船系指建造成或改建成适合于运输散装液体（Bulk Liquid）货物的船舶，可分为油船、液体化学品船和液化气船等。

（一）油船（Oil Tanker）

油船是指载运石油或石油产品的船舶，主要有原油油船和成品油油船两种，如图4-1-9及图4-1-10所示。油船的主要特点有以下8个方面：

图 4-1-9　原油油船

图 4-1-10　成品油油船

（1）油船一般采用纵骨架式船体结构，以保证纵向强度和减轻船体重量。

（2）石油的运量大、装卸速度快，而载重量越大运输成本越低，所以油船可以建造得大些。船型比较肥大，干舷亦小。

（3）甲板上无起货设备和大舱口，仅有几个圆形或椭圆形小舱口，用油泵、管路及各种控制阀配合完成装卸油作业。

（4）老式油船为单甲板、单层底结构，为防止油船因发生海损事故而污染海洋，故新建中型以上油船均采用双层底及双层船壳结构。

（5）为了减少自由液面对稳性的影响及提高船舶的总纵强度，油船必须设置纵向舱壁。为保证足够的横向强度及适应装载不同品种的油类，还应设置多道横舱壁和大型肋骨框架。

（6）油船都是尾机型船，机舱、锅炉舱布置在船尾部，使货油舱连接成一个整体，增加货舱容积，对于防火、防爆、油密等亦有利。

（7）在货油舱区域的前后两端设隔离空舱，与机炉舱、居住舱室等隔开，以防止油类的渗漏和防火、防爆；也有用泵舱、压载水舱及燃油舱兼作隔离舱的。

（8）设有专用压载水舱或清洁压载水舱，并设有污油水舱。油船都是单向运输的，且船型肥大，为了保证空载时必要的吃水和稳性，需要装载大量的压载水。过去是采用货油舱装压载水，当排放压载水时含有油分造成海洋污染。《MARPOL73/78》（《1973/1978年国际防污公约》）规定新造油船应设专用压载水舱。其优点是：防止含油压载水排放而造成海洋污染；减轻货油舱装压载水时对舱内结构的锈蚀；提高了结构强度和抗沉性；可在装卸油的同时排出或灌入压载水，缩短了停港的时间。缺点是减少了油船的有效载货舱容，船体重量及造价均有所增加。

（二）液体化学品船（Liquid Chemical Tanker）

液体化学品多为有毒、易燃、腐蚀性强的液体货物，且种类繁多，故此，液体化学品船的货舱设计与油船相比表现为多而小，并有多个泵舱，舱壁多采用耐腐蚀的不锈钢制成；为防止船体破损后造成化学品液体外漏而污染海洋，一般设有双层底和双层壳结构；配载时，应将有毒物品装于中间一个货舱内，不可装在两舷侧的舱内；甲板上带有不锈钢液罐，供装载强腐蚀性货物；舱内除槽形舱壁有曲折外，其他均表现为光滑内表面，骨架均设置在双层底和双层壳内及甲板上表面；该类船舶液货的装卸是利用单独设置在每个液舱的舱底泵来完成的。液体化学品船如图4-1-11所示。

图4-1-11 液体化学品船

（三）液化气船（Liquefied Gas Carrier）

按所载运液化气种类的不同，液化气运输船有液化天然气船、液化石油气船和乙烯运输船三种。

1. 液化天然气船（Liquefied Natural Gas Carrier，LNG Carrier）

液化天然气的主要成分是甲烷。为便于运输，通常采用在常压下极低温（-165℃）冷冻的方法使其液化。液舱要求有严格的隔热结构，要求能保证液舱恒定低温。常见的货舱形状有球形和矩形，也有极少数液舱设计成棱柱形或圆筒形，如图4-1-12所示。

图4-1-12　液化天然气船

2. 液化石油气船（Liquefied Petroleum Gas Carrier，LPG Carrier）

液化石油气的主要成分是丙烷和丁烷，俗称碳三和碳四。目前运输液化石油气的方法有三种：一种是将其加压液化，可在常温下进行装卸，这种船叫全加压式液化石油气船，其货舱常为球形或圆柱形罐；另一种是冷冻液化，叫全冷冻式液化石油气船，其货舱可制成矩形，舱容利用率高，但须设置良好的隔热层；第三种是既加压又冷冻液化，叫半加压半冷冻式液化石油气船，如图4-1-13所示。

图4-1-13　液化石油气船

3. 乙烯运输船（Ethylene Tanker）

运输乙烯的通常做法是将其加压液化，可在常温下进行装卸，其货舱常为球形或圆柱形罐。也有采用半加压半冷冻使其液化的，货舱为圆柱形罐，如图4-1-14所示。

图 4-1-14　乙烯运输船

六、滚装船（Roll-On/Roll-Off Ship，Ro/Ro Ship）

滚装船是一种设计和制造成能装载车辆或装载固放在车辆上的集装箱或托盘货物的专用船舶。因其将传统的船舶垂直上下装卸改成水平方向的滚动方式装卸，故有人将其称作"带轮"作业。装卸时，在船的尾部、舷侧或首部，有跳板放到码头上，汽车或拖车通过跳板开上开下，实现货物的装卸，滚装船又称开上开下船或滚上滚下船，如图 4-1-15 所示。

图 4-1-15　滚装船

滚装船的主要特点有：结构较特殊，上层建筑高大，上甲板平整，无舷弧和梁拱，露天甲板上无起货设备；具有多层甲板和双层底结构，货舱内支柱极少，一般为纵通甲板，抗沉性较差，主甲板以下设有双层船壳，两层船壳之间可作为压载水舱；为了便于拖车开进开出，货舱区域内不设横舱壁，采用强横梁和强肋骨保证横强度；在各层甲板上设有升降平台或内跳板供车辆行驶；通常在滚装船的尾部或舷侧或首部设有供车辆上下的跳板；为保证航行的安全，在滚装船跳板的外侧船壳处设置尾门或舷门或首门，并在其内侧布置内门，但除首跳板处必须设置首门与内门外，尾跳板与舷侧跳板处有时仅设内门；装卸作业时，因为跳板与码头的坡度不能太大，所以要求船舶吃水在装卸过程中变化不能太大，因此，必须用压载水来调节吃水、纵横倾和稳性；滚装船大多数装有首侧推装置，以改善靠离码头的操纵性；舱容利用率低，造价高等。

七、木材船（Timber Carrier）

木材船是指专运各种木材的船舶，如图 4-1-16 所示。木材船的特点是：为便于装卸和堆放，货舱要求长而大，舱内无支柱；为防止甲板木材滚落舷外，规定两舷设立柱，而且舷墙也较高；为不影响货物堆放和人员操作，起货机均安装在桅楼平台上；因甲板需装载木材，故甲板强度要求高。木材船的干舷比一般货船低。

图 4-1-16　木材船

八、冷藏船（Refrigerated Ship）

冷藏船是指运送及冷藏鱼、肉、蛋、水果等易腐货物的专用船，如图 4-1-17 所示。冷藏船的特点是，具有良好的隔热设施和制冷设备，其货舱口也比较小，货舱甲板层数较多（一般 3~4 层），船速较快，吨位一般不大。现在又出现了冷藏集装箱，每个冷藏集装箱都有自己的冷冻设备，有的在装船前可将冷冻装置卸下，装船后利用船上的冷冻装置向冷藏集装箱送冷风。因为冷藏集装箱运输方便，所以部分地代替了冷藏船的运输。

图 4-1-17　冷藏船

九、兼用船

兼用船一般为既可装载油类又可装载散装干货，但不同时装载（存有油类的污油水舱例外），且为肥大型船。主要有两种类型：

（一）矿/油两用船（Ore/Oil Carrier）

矿/油两用船是用于运输矿砂和原油产品的，简称 O/O 船。由两道纵舱壁将整个装货区域分隔成中间舱（占整个船舶货舱舱容的 40%~50%）和左右两侧边舱，双层底设于中间舱下部且没有矿砂船那样高。运输矿砂时装在中间货舱内；而运输原油时，装在两侧边舱和中间舱内。图 4-1-18A 为矿/油两用船货舱横剖面结构示意图。

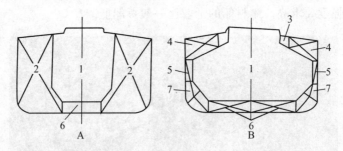

1—货舱；2—货油舱；3—通道；4—上边舱；5—边舱；6—双层底舱；7—下边舱

图 4-1-18　货舱横剖面结构示意图

（二）矿/散/油三用船（Ore/Bulk/Oil Carrier）

矿/散/油三用船是用于运输矿砂、较轻的散货和原油的，简称 O/B/O 船。其货舱的横剖面形状和散货船的货舱类似菱形，但一般为双层船壳并具有双层底舱和上、下边舱。中间舱（占整个船舶货舱容积的 70%～75%）的全部或大部分用来装载散货或矿砂，两侧边舱、上边舱和部分中间舱用来装载原油。下边舱为压载水舱。图 4-1-18B 为矿/散/油三用船货舱横剖面结构示意图。

十、载驳船（Barge Carrier）

载驳船又称子母船。先将货物装在规格相同的小驳船内，再将这些驳船装在母船上一起运输，如图 4-1-19 所示。

图 4-1-19　载驳船

载驳船的发展大体上分为三个阶段，第一个阶段是 20 世纪 60 年代末建造的 LASH（Lighter Aboard Ship）型载驳船，驳船靠母船尾部的龙门吊装卸；第二阶段是 Sea-Bee 型载驳船，驳船由母船尾部的升降墙台从水中托起，再由输送机运到舱内；第三阶段是以浮船坞原理进行装卸的 Baco 型载驳船，驳船靠拖船即可直接浮进浮出。从船型上看，除上述三种外，还有依内河或港湾条件而专门设计的船型。载驳船的装卸效率高，为普通货船的 30 倍以上，其运费也低，不需要码头，非常适合海、河联运。但载驳船也有其自身的缺点，目前发展较缓慢。

除海上运输船舶外，还有从事各种不同任务的工作船、工程船及其他特殊任务的船舶。

十一、工作船 (Working Ship)

工作船舶指为航行船舶进行服务性或专业性工作的专用船舶。主要有科学考察船、破冰船、拖轮、海上救助船、消防船、引航船、供应船等。

(一) 科学考察船 (Scientific Research Ship)

科学考察船是指用于海洋水文、气象、地质和生物等研究考察的船舶。其特点是仪器设备齐全，要求也高，生活设施比较完善，船舶的航海性能要求较高，并设有实验室和配备研究设备。

(二) 破冰船 (Icebreaker)

破冰船是专门用于破开航道上冰层和救助冰困船舶的工作船。其特点是船首呈前倾状并予以特别加强，船首尾的左右舷均设有大的压载水舱。破冰时使船首冲上冰层，再将船尾压载水打到船首压载水舱，靠重力或船身左右晃动将冰压碎。

(三) 拖轮 (Tug)

拖轮的尺寸较小，但功率大、强度高、稳性好、操作灵活，多用于协助他船进行港内操纵。大功率拖轮还可用于海上拖带。

(四) 海难救助船 (Rescue Ship)

海难救助船是指专用于救援遇难船舶的工作船。其外形与大型拖船相似，但航速快，有良好的航海性能，并设有各种救助设备，能在恶劣气象条件下驶近遇难船，对遇难船舶进行救助及拖带。

(五) 消防船 (Fire Boat)

消防船是扑救港内船舶火灾或码头上靠近建筑物火灾的工作船。船上设有多门消防炮，用以喷射泡沫或高压水柱。还设有液压升降台，用于扑救高处火灾。

(六) 供应船 (Supply Boat)

供应船指专门向到港船舶供应燃油的供油船和供应淡水的供水船。

(七) 引航船 (Pilot Boat)

引航船，又称引水船或领港船，用于接送在引航水域担任船舶进口、出口、移泊的专职人员的小型交通艇，装有特殊灯光信号。

十二、工程船 (Engineering Ship)

工程船是指从事港口、航道、海洋、水利工程的船舶，主要有挖泥船、起重船、敷缆船、半潜船、航标船等。

（一）挖泥船（Dredger）

挖泥船是指专用于疏浚航道的工程船舶。按其工作原理分为耙吸式、吸扬式、链斗式、抓斗式等类型。

（二）起重船（Floating Crane）

起重船是专用于起重的工程船，又叫浮吊。它大多为非自航式，由拖轮拖带移动。浮吊的起重量从几十吨到几百吨不等，大型浮吊的起重量可达几千吨。

（三）敷缆船（Cable Ship）

敷缆船是敷设海底电缆的专用船，亦可兼作电缆维修船。其首部形状较特殊，设有几个大直径的倒缆滚轮。由于海底敷缆耗资较大，将部分地为卫星通信取代。

（四）半潜船（Semi-submersible Heavy Lift Vessel）

半潜船与重吊船配套，用于装载桥吊、舰艇、挖泥船、钻井平台等重 500 吨以上的超大型货物和海上工程设备，也可以用滚进滚出的方法装载重大型构件。

第二节　船舶主要部位名称与船舶标志

一、船舶主要部位名称

船舶由主船体和上层建筑及其他各种配套设备组成，如图 4-2-1 所示。

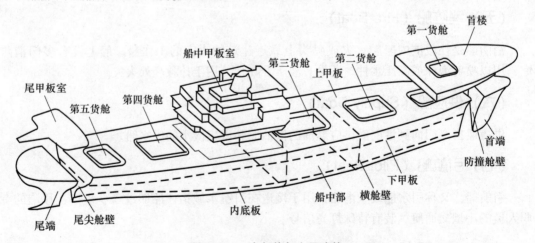

图 4-2-1　主船体与上层建筑

（一）主船体（Main Hull）

主船体，也可称为船舶主体，是指上甲板及以下由船底、舷侧、甲板、首尾与舱壁等结构所组成的水密空心结构。其内部被甲板、纵横舱壁及其骨架分隔成许多舱室。

主船体各组成部分的含义如下：

1. 船底（Bottom）

船底为主船体的底部结构，有单层底和双层底两种结构形式。其横向两侧以圆弧形式（称其为舭部，Bilge）逐渐向上过渡至舷侧。

2. 舷侧（Broadside）

舷侧为主船体两侧的直立部分。两舷舷侧在过渡至近船舶前后两端时，逐渐呈线形弯曲接近并最终汇拢（该两汇拢段部分分别称船首和船尾）。其中，前部的线形弯曲部分称首舷（又称首部，Bow），后部的线形弯曲部分称尾舷（又称尾部，Quarter）。

构成船体底部、舭部及舷侧外壳的板，通常称船舶外板，俗称船壳板。

3. 甲板（Deck）

甲板为主船体垂向上成上、下层并沿船长方向水平布置的大型纵向连续板架。按照甲板在船深方向位置的高低不同，自上而下分别将甲板称为上甲板、二层甲板（第二甲板，Second Deck）、三层甲板（第三甲板，Third Deck）等。

（1）上甲板（Upper Deck）是船体的最高一层全通（纵向自船首至船尾连续的）甲板，又称上层连续甲板。如果这层甲板的所有开口都能封闭并保持水密，则它又被称作主甲板（Main Deck）。在丈量时又叫它量吨甲板（Tonnage Deck）。少数远洋船舶在主甲板以上还有一层贯通船首尾的上甲板，由于其开口不能保证水密，所以只能叫作遮蔽甲板（Shelter Deck）。第二、三……甲板，统称下甲板（Lower Deck）。

（2）平台甲板（Platform Deck）为沿着船长方向布置并不计入船体总纵强度的不连续甲板，简称为平台，如舵机间甲板即为平台甲板。

4. 舱壁（Bulkhead）

舱壁是将船体内部空间分隔成舱室的竖壁或斜壁，沿着船宽方向设置的竖壁，称为横舱壁（Transverse Bulkhead）；沿着船长方向布置的竖壁，称为纵舱壁（Longitudinal Bulkhead）。

（二）上层建筑（Superstructure）

在上甲板上，由一舷伸至另一舷的或其侧壁板离舷侧板向内不大于船宽 B（通常以符号 B 表示船宽）4%的围蔽建筑物，称为上层建筑，包括船首楼、桥楼和尾楼。其他的围蔽建筑物称为甲板室。但是，通常不严格区分时，将上甲板以上的各种围蔽建筑物，统称上层建筑。

1. 船首楼（Forecastle）

位于船首部的上层建筑，称为船首楼。船首楼的长度一般为船长 L（通常以符号 L 表示船长）10%左右。船首楼一般只设一层；船首楼的作用是减小船首部上浪，改善船舶航行条件；首楼内的舱室可作为贮藏室。

2. 桥楼（Bridge）

位于船中部的上层建筑，称为桥楼。桥楼主要用来布置驾驶室和船员居住与活动处所。

3. 船尾楼（Poop）

位于船尾部的上层建筑，称为船尾楼。船尾楼的作用是减小船尾上浪，保护机舱，并可布置船员住舱及其他舱室。现代船舶基本都为尾机型或中尾机型船，桥楼直接设在近船尾处，故无尾楼。

4. 甲板室（Deck House）

甲板室是指宽度与船宽相差较大的围蔽建筑物。对于大型船舶，由于甲板的面积大，布置船员房间等并不困难，在上甲板的中部或尾部可只设甲板室。因为在甲板室两侧外面的甲板是露天的，所以有利于甲板上的操作和便于前后行走。

5. 上层建筑各层甲板

根据船舶的种类、大小的不同，上层建筑所具有的甲板层数及命名方法均有所不同。如有的船舶从上层建筑下部的第一层甲板开始向上按 A、B、C……的方式命名各层甲板；有的船舶则按各层甲板的使用性质不同命名，如罗经甲板（Compass Deck）、起居甲板（Accommodation Deck）、艇甲板（Lifeboat Deck）、驾驶甲板（Bridge Deck）、首楼甲板（Forecastle Deck）、尾楼甲板（Poop Deck）等，如图 4-2-2 所示。

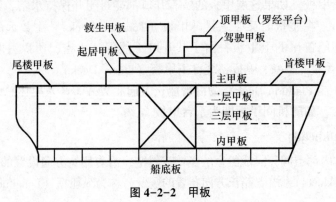

图 4-2-2　甲板

（1）罗经甲板。又称顶甲板，是船舶最高一层露天甲板，位于驾驶台顶部，其上设有桅桁及信号灯架、各种天线、探照灯和标准罗经等。

（2）驾驶甲板。是设置驾驶台的一层甲板，位于船舶最高位置，操舵室、海图室、报务室和引航员房间都布置在该层甲板上。

（3）艇甲板。是放置救生艇或救助艇的甲板，要求该层甲板位置较高，艇的周围要有一定的空旷区域，以便在紧急情况能集合人员，并能迅速登艇。救生艇布置于两舷侧，并能迅速降落水中。船长室、轮机长室、会议室、接待室一般多布置在该层甲板上。

（4）起居甲板。在艇甲板下方，主要用来布置船员住舱及生活服务的辅助舱室的一层甲板，大部分船员房间及公共场所一般都布置在这一层甲板上。

（5）游步甲板。在客船或客货船上供旅客散步或活动的一层甲板，甲板上有较宽敞的通道及供活动的场所。

（三）舱室布置

除上层建筑内具有各种功能不同的舱室外，主船体亦由各甲板与舱壁将其分隔成若干舱室，这些舱室按其用途的不同主要有以下 8 种：

1. 机舱（Engine Room）

用于安装主机、辅机及其配套设备的舱室，为船舶的动力中心。机舱通常一般位于桥楼正下部的主船体区域。

2. 货舱（Cargo Hold）

用于载货的舱室。根据船舶种类的不同，有干货舱、液货舱及液化气体货舱。货舱的排列是从船首向船尾数的。通常，每一个货舱只设一个舱口（Cargo Hatch），有的船设有纵向舱壁则在横向并排设置 2~3 个货舱口，如油船、集装箱船和较大型的杂货船等。

3. 液舱（Liquid Tank）

液舱，是指用来装载液体的舱，如燃油、淡水、液货、压载水等。由于液体的密度大，一般都设在船的低处，有利于船舶稳性。为了减小自由液面对稳性的影响，其横向的尺寸都较小，且对称于船舶纵向中心线布置。

（1）燃油舱（Fuel Oil Tank）。是供贮存主、辅机所用燃油的舱，一般都布置在双层底内。由于主机用的重油需要加温，为了减少加热管系的布置，重油舱多在机舱附近的双层底内。

（2）滑油舱（Lubricating Oil Tank）。通常设在机舱下面的双层底内，为防止污染滑油，四周设置有隔离空舱。

（3）污油舱（Slop Tank）。供贮存污油用的舱，舱的位置较低，以利外溢、泄漏的污油自行流入舱内。

（4）淡水舱（Fresh Water Tank）。饮用水、锅炉水舱的统称，生活用水一般靠近生活区下面的双层底内，亦有布置在船首尾尖舱内的。锅炉水舱多在机舱下的双层底内，是为机舱专用的。

（5）压载水舱（Ballast Tank）。专供装载压载水用以调整吃水、纵横倾和重心，双层底舱、船首尾尖舱、深舱、散货船的上下边舱、集装箱船与矿砂船的边舱等都可以作为压载水舱。

（6）深舱（Deep Tank）。双层底以外，下自船底或内底板，上至甲板或平台的液舱称为深舱。由船舶中纵剖面处设置的纵舱壁或制荡舱壁分隔为左右对称的舱室，以减小自由液面的影响。深舱常用作压载水舱、淡水舱、货油舱和燃油舱等，舱中一般设人孔供人员出入，并设有空气管、测量管、输入输出管等。

4. 隔离空舱（Caisson）

隔离空舱又称干隔舱。它是一个狭窄的空舱，一般只有一个肋骨间距，专门用来隔开相邻的两舱室，如油舱与淡水舱，又如油船上的货油舱与机舱均必须隔离。隔离空舱的作用是防火、防爆、防渗漏。

5. 锚链舱（Chain Locker）

锚链舱位于锚机下方船首尖舱内、用钢板围起来的两个圆形或长方形的水密小舱，并与船舶中心线对称布置，底部设有排水孔。

6. 轴隧（Shaft Tunnel）

中机型和中尾机型船，推进轴系要穿过机舱后的货舱，从机舱后壁至船尾尖舱之间设置的一个水密的结构，保护轴系不受损坏，并防止水从船尾轴管进入货舱内。

7. 舵机间（Steering Gear Room）

舵机间布置舵机动力的舱室，位于舵上方尾尖舱的顶部水密平台甲板上。

8. 应急消防泵舱（Emergency Fire Pump Room）

根据《SOLAS 公约》要求，应急消防泵应设在机舱以外，一般多位于舵机间内，要求在最轻航海吃水线时也能抽上水。

（四）各种配套设备

船舶的配套设备主要有主辅机及配套、电气、各种管系、甲板设备（锚、舵、系泊及起重）、安全设备（消防、救生）、通信导航设备及生活设施配套设备等。

二、船舶主要标志

船舶主要标志（Mark）有吃水标志、载重线标志、船名和船籍港标志、烟囱标志等。

（一）吃水标志（Draft Mark）

船舶的吃水标志，也叫水尺，它勘绘在船首尾及船中两侧船壳上，俗称六面水尺。船舶靠离码头、过浅水航道、锚泊及采用水尺计重时，均须精确掌握当时的船舶吃水。

水尺有公制和英制两种形式。采用公制水尺时，用阿拉伯数字标绘，每个数字高度为 10 cm，上下两个数字间的间距也是 10 cm。采用英制水尺时，用阿拉伯数字或罗马数字标绘，每个数字高度为 6 in，数字间距也是 6 in。水尺以数字下缘为准，如图 4-2-3 所示。

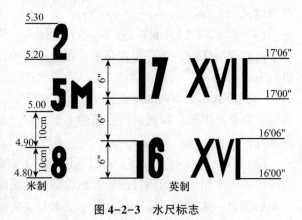

图 4-2-3　水尺标志

观测船舶吃水时，根据实际水线在数字中的位置，按比例取其读数。当水面与数字的下端相切时，该数字即表示此时该船的吃水。有波浪时应取其最高及最低时读数的平均值。有些大型船舶设有吃水的指示系统（Draft Indicating System），可以在驾驶台上直接读出六面水尺的读数。

（二）载重线标志（Load Line Mark）

载重线标志是按照载重线公约或规范所规定的式样勘绘在船中部两侧船壳板上，作为在不同条件下船舶的载重量限制的标志，用以保证船舶在不同条件下航行的安全。现根据规范，就一般货船和木材船的载重线标志说明如下：

1. 散装液体货船及其一般货船的载重线标志

如图 4-2-4 所示，它由一外径为 300 mm、宽为 25 mm 的圆环与长为 450 mm、宽为 25 mm 的水平线相交组成，水平线的上缘通过圆环中心。圆环中心位于船中，它的上方有与圆环外径等长的一甲板线，甲板线的上边缘通过干舷甲板上表面与船壳板外表面的交点。从甲板线上边缘垂直向下量至圆环中心的距离等于所核定的夏季干舷。在勘画载重线时，还应在载重线圆环两侧并在通过圆环中心的水平线上方或圆环的上方和下方加绘表示勘定当局的简体字母，如圆环两侧加绘"C""S"表示勘定干舷高度的主管机关是"中国船级社（China Classification Society）"。

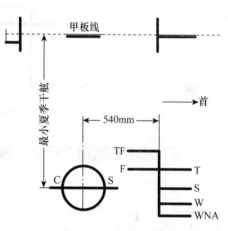

图 4-2-4　一般货船载重线标志

图中的圆环叫载重线圆盘。圆盘向船首方向还绘有各区域和季节区的载重水线，均为长 230 mm、宽 25 mm 的水平线段，这些线段与标在圆环中心前方长 540 mm、宽 25 mm 的垂线成直角。度量时应以载重线的上边缘为准。各载重线的含义如下：

夏季载重线"S"（Summer Load Line），该水线与圆盘中心线处于同一高度；

冬季载重线"W"（Winter Load Line）；

冬季北大西洋载重线"WNA"（Winter North Atlantic Load Line）（船长大于 100 m 的船舶可以不勘绘）；

热带载重线"T"（Tropical Load Line）；

夏季淡水载重线"F"（Fresh Water Load Line）；

热带淡水载重线"TF"（Tropical Fresh Water Load Line）。

对圆圈、线段和字母，当船舷为暗色底者，应漆成白色或黄色；当船舷为浅色底者，应漆成黑色。船舶只有在正确和永久地勘画载重线标志并清晰可见后，方可取得国际船舶载重线证书（International Load Line Certificate）。

2. 木材船的载重线标志

木材船载重线应在通常的货船载重线以外勘画，位于船中舷侧的后方（向船尾），在圆盘的左侧，如图4-2-5所示。圆盘右侧还勘绘不装运木材甲板货船舶的正常的载重线。在各木材载重线上除上述规定字母外均附加上"木"字的英文词头"L"（Lumber）表示。载重线公约认为，木材甲板货可以给船舶一定的附加浮力和增加抗御海浪的能力。因此，专门装运木材的船舶干舷比一般货船为小。

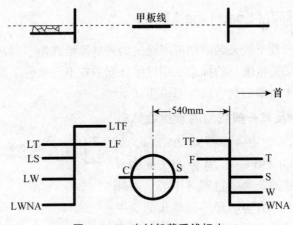

图 4-2-5　木材船载重线标志

（三）船名和船籍港标志（Ships Name And Port Of Registry Mark）

　　每艘船都在船首左右两侧明显位置勘画船名。船名一般写在船首楼中部，字的高度视字的多少及船的大小确定，中国籍船舶尚在船名下面加注汉语拼音。每艘船在船尾明显位置还写上船名和船籍港，船名字高比船首小10%～20%，船籍港字高为尾船名字高的60%～70%。有的船舶尚在驾驶台顶罗经甲板的两舷舷侧勘画船名。

（四）烟囱标志（Funnel Mark）

　　烟囱标志用以表示船舶所属公司的标志，勘画于烟囱左右两侧的高处。烟囱标志由各航运公司自行规定其颜色和图案，并且往往还规定船体各部分统一的油漆颜色，便于在海上及港内互相识别。

（五）球鼻首标志和首侧推器标志

　　有球鼻首的船舶，在船首两侧满载水线以上船壳上绘有球鼻首标志（Bulbous Bow Mark，简称BB Mark），如图4-2-6（a）所示。有首侧推器的船舶在球鼻首标志后面绘有侧推器标志（Bow Thruster Mark，简称BT Mark），如图4-2-6（b）所示，以引起靠近船舶的注意。

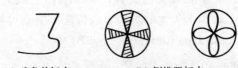

（a）球鼻首标志　　　　（b）侧推器标志

图 4-2-6　球鼻首标志和首侧推器标志

（六）分舱标志及顶推位置标志

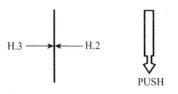

(a) 分舱标志　　(b) 顶推位置标志

图 4-2-7　分舱标志及顶推位置标志

有的船在货舱与货舱、压载水舱与压载水舱或压载水舱与其他舱室之间舱壁所在位置的两舷舷侧外船壳满载水线以上和/或以下，通常勘画有表示各货舱位置的分舱标志（Subdivision Mark），如图 4-2-7（a）所示。此外，为避免因拖轮盲目顶推而造成船壳板凹陷甚至损坏，在两舷首、中、尾舷侧外板满载水线以上的适当位置勘画有拖轮的顶推位置标志（Push Location Mark），如图 4-2-7（b）所示，表示拖船可以在此处顶推。

（七）引航员登、离船位置标志

为确保引航员登、离船安全，按《SOLAS 公约》规定，大型船舶在其平行船体长度范围内（一般在船中半船长范围内）的两舷舷侧满载水线附近或稍低位置处勘画引航员登、离船位置标志（Pilot Transfer Location Mark）。颜色与国际信号规则规定相同，为上白下红。

（八）船舶识别号（IMO 编号）

按国际海事组织规定，100 总吨及以上的所有客船和 300 总吨及以上的所有货船均应有一个符合国际海事组织通过的 IMO 船舶编号体系的识别号，即船舶识别号（Ship Identification Number），用以识别船舶身份。该识别号除应按规定载入相应证书中外，尚应在船舶适当位置勘画。较普遍的勘画位置是船尾船籍港标志的下方。

（九）公司名称标志

公司名称标志（Company Name Mark）是航运公司经营理念改变的一种体现。主要有两种勘画方式：一种是公司名称的全称，另一种为公司英文名称的缩写。勘画于船舶左右两舷满载水线以上，除用于表示船舶所属的船公司外，尚有一定的广告效应。

第三节　船舶主尺度与船舶吨位

一、船舶主尺度

船舶主尺度主要用于计算船舶稳性、吃水差、干舷高度、水对船舶的阻力和船体系数等，也称为船型尺度，包括型长、型宽、型深。通常用垂线间长、型宽、型深表示船体外形的大小。这三个尺度称为船舶主尺度（型尺度），一般写成下面的形式：主尺度＝垂线间长 L_{bp}×型宽 B×型深 D。它主要是从船体型表面上量取的尺度，在一些主要的船舶图纸上，均使用和标注这种尺度，且用于计算船舶稳性、吃水差、干舷高度、水对船舶的阻力和船体系数等，故也称为理论尺度或计算尺度，如图 4-3-1 所示。

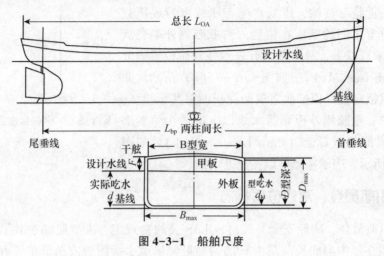

图 4-3-1　船舶尺度

（一）型长 L_{bp} （Length Between Perpendiculars）

沿设计夏季载重水线，由船首柱前缘量至舵柱后缘的长度；对无舵柱的船舶，由船首柱前缘量至舵杆中心线的长度，即船首尾垂线间的长度，但均不得小于设计夏季载重水线总长的 96%，且不必大于 97%。型长又称船长或垂线间长。

（二）型宽 B （Molded Breadth）

在船体的最宽处，由一舷的肋骨外缘量至另一舷的肋骨外缘之间的横向水平距离。型宽又称船宽。

（三）型深 D （Molded Depth）

在船长中点处，由平板龙骨上缘量至上层连续甲板（上甲板）横梁上缘的垂直距离；对甲板转角为圆弧形的船舶，则由平板龙骨上缘量至横梁上缘延伸线与肋骨外缘延伸线的交点。

二、船体最大尺度 （Overall Dimension）

最大尺度又称全部尺度或周界尺度，是船舶靠离码头、系离浮筒、进出港或船坞、通过船闸、桥梁、架空电线和狭窄航道、船舶安全操纵或避让等情况下需要考虑的尺度。最大尺度包括：

（一）总长 LOA （Length Overall）

包括两端上层建筑在内的船体型表面最前端与最后端之间的水平距离。

（二）最大船长 （Maximum Length）

船舶最前端与最后端之间包括外板和两端永久性固定突出物（顶推装置等）在内的水

平距离。

（三）最大船宽（Extreme Breadth）

包括外板和永久性固定突出物（护舷材、水翼等）在内的垂直于中线面的船舶最大水平距离。

（四）最大高度（Maximum Height）

最大高度是指自平板龙骨下缘至船舶最高桅顶间的垂直距离。净空高度（Air Draught）等于最大高度减去吃水。

三、吃水与干舷

船舶主尺度中除前述长、宽、深（高）三个基本尺度外，还有吃水与干舷。

（一）吃水（Draft）

船体浸入水中的深度叫吃水。根据不同用途，分为型吃水和外形吃水。

1. 型吃水（Moulded Draft）

在船长中点处由平板龙骨上缘至夏季载重线的垂直距离。它是船舶设计的吃水。

2. 外形吃水（Navigation Draft）

从龙骨底缘至水面的垂直距离。又称实际吃水。它是进出港、过浅滩、停靠码头、装卸货都应考虑的吃水。由于船舶在营运过程中，首尾吃水经常是不同和变化的，因此外形吃水又分：

（1）首吃水（Draft Foreward）：在船首处由龙骨底缘到首柱与水线交点的垂直距离。

（2）中吃水（Midlength Draft）：在船长中点处由龙骨底缘到水面的垂直距离。

（3）尾吃水（Draft Aft）：在船尾处由龙骨底缘到尾柱（或舵杆中心线）与水线的交点的垂直距离。

（4）平吃水（Even Keel）：当首尾吃水相等时叫平吃水。

（二）干舷（Free Board）

干舷是指在船中处，由甲板线上缘至有关载重线上边的垂直距离，标志着船舶储备浮力的大小。从甲板线上边缘垂直向下度量至载重线标志圆圈中心的距离等于该船所核定的夏季干舷。某一时刻的水面至甲板线上边缘（干舷甲板上边缘）的垂直距离，即为该船当时的干舷，表示当时船舶所具有的储备浮力，干舷越大，储备浮力越多，船舶越安全。

四、船舶排水量和载重量

船舶排水量和载重量是决定装载货物重量能力的主要指标。

（一）排水量

船舶排水量是指船舶在静水中自由漂浮并保持静态平衡后所排开同体积水的重量，也等于该吃水时船舶的总重量。排水量可分为空船排水量、满载排水量以及某一装载状态下的排水量。

1. 空船排水量（Light Ship Displacement）

空船排水量即空船时的排水量，指船舶装备齐全但无载重时的排水量，包括船体、机器、设备、可供试车用的但无航行所需的锅炉中的燃料和水，冷凝器中的淡水等重量之和。新船空船排水量，是一个定值，可以在船舶资料中查得。

2. 满载排水量（Full Loaded Displacement）

满载排水量指船舶满载时，即吃水达到规定的满载水线（通常指夏季载重线）时的排水量。满载排水量等于空船重量、货物、燃油、润滑油、淡水、压载水、船员及行李、粮食和供应品、船用备品等各类载荷重量的总和。夏季满载排水量是一定值。

3. 装载排水量（Actual Loaded Displacement）

装载排水量指船舶装载后吃水介于空船吃水与满载吃水之间的排水量，其值为该装载状态下空船、货物、航次储备、压载水等重量之和。

（二）载重量

载重量指船舶在营运中所具有的载重能力，分为总载重量和净载重量两种。

1. 总载重量（Deadweight，简称 DW）

总载重量是指船舶在某一吃水情况下所能装载的货物、旅客、燃油、润滑油、淡水、备品、物料、船员和行李及船舶常数等的总重量，该值等于装载排水量与空船排水量之差，即

$$DW = 装载排水量 - 空船排水量$$

总载重量随排水量（或吃水）的变化而不同，但作为船舶载重能力算入船舶资料中的总载重量是指吃水达到夏季载重线时的载重量，它等于夏季满载排水量与空船排水量之差。

2. 净载重量（Net Deadweight，简称 NDW）

净载重量是船舶具体航次所能装载货物的最大重量，等于总载重量减去该航次总储备量（包括航次所需的燃润料、淡水、粮食、供应品、船员、行李等重量）及船舶常数，即

$$NDW = DW - \sum G - C$$

式中：$\sum G$——航次总储备量（t）；

C——船舶常数（t），是指船舶经过一段时间营运后的空船排水量与新船出厂时的空船排水量之差。

船舶净载重量因航次航线、航程等因素的不同而变化，如果航线、航程一经确定，总

载重量就为一定值，则净载重量的大小取决于航次总储备量和船舶常数的大小。

综上所述，船舶净载重量、总载重量、排水量的关系如下：

空船排水量（空船重量）

满载排水量 $\begin{cases} 空船排水量（空船重量） \\ 总载重量 DW \begin{cases} 净载重量 NDW \\ 航次总储备量 \sum G \\ 船舶常数\ C \end{cases} \end{cases}$

（船舶总重量）

五、登记吨位

登记吨位是依据船舶登记尺度丈量出船舶容积后经计算而得出的吨位，它表示船舶所具有空间的大小，又称登记吨位（Register Tonnage）。根据丈量范围和用途的不同，登记吨位可分为总吨位、净吨位和运河吨位。

（一）总吨位（Gross Tonnage，简称 GT）

总吨位是按照《1969 年国际船舶吨位丈量公约》或各国制定的丈量规范丈量确定的船舶总容积。船舶总吨位是统计船舶吨位、表示船舶规模大小、划分船舶等级、计算船舶建造、买卖、检验、租船等费用、船舶登记、检验及丈量等收费的标准，以及处理海事赔偿等的依据。

（二）净吨位（Net Tonnage，简称 NT）

净吨位是按照《1969 年国际船舶吨位丈量公约》或各国制定的丈量规范丈量确定的船舶实际用作载货、载客的有效容积。船舶净吨位是港口向船舶征收各种港口使费（如港务费、引航费、灯塔费、系解缆费、拖轮费、靠泊与进坞费等）和税金（如船舶吨税）的依据。

（三）运河吨位（Canal Tonnage，简称 CT）

运河吨位是船舶按运河当局制定的船舶吨位丈量规范而量取的吨位。运河当局据此征收通过运河的费用。运河吨位主要有苏伊士运河吨位和巴拿马运河吨位。同一船舶运河总吨位和净吨位一般比该船总吨位和净吨位大。

第四节　船舶基本结构与总布置

船舶是由主船体、上层建筑和其他各种设备等所组成。主船体是指上甲板以下包括船底、舷侧、甲板、舱壁和首尾等结构，由甲板板和外板所包围组成的大型水密空心结构。这些结构全部由板材和骨架组成，即由钢板、各种型钢、铸件和锻件等组成。由钢板制成甲板板和外板，形成水密船体外壳；在甲板板和船体外板的里面布置着许多骨架支撑着钢板；由骨架沿着船舶纵向、横向和竖向纵横交错排列并相互连接组成整个船体。

一、船体结构的形式

（一）船体构件的分类

在船体结构中，每一个加工单元就称为一个结构构件（如一块钢板、一根角钢都是一个构件）。每一个构件按其在船体中所处的位置和作用不同，有着不同的名称。如在甲板下纵向布置的称为甲板纵骨；在甲板下横向布置称为甲板横梁；在舷侧竖向布置的称为肋骨；布置在舱壁板上的称为舱壁扶强材等。

在船体结构中，由组合型钢制成的大型构件，统称桁材。纵向布置的有甲板纵桁、舷侧纵桁、船底纵桁等；横向布置的有强横梁；舷侧竖向布置的有强肋骨等。

构件和桁材在船体结构中承担着不同的强度作用，根据其不同可分为纵向构件和横向构件：

1. 纵向构件

纵向构件是指承担着总纵弯曲强度的构件。结构上这些构件横向接缝牢固、纵向连续且布置在船中部 0.4L 区域内。属于纵向构件的有甲板纵桁、甲板纵骨、舷侧纵桁、舷侧纵骨、船底纵桁、船底纵骨等。

2. 横向构件

横向构件是指承担船体横向强度的构件。属于横向构件的有横梁（Beam）、强横梁（Web Beam）、肋骨（Frame）、强肋骨（Web Frame）和肋板（Floor）等。

（二）船体结构的骨架形式

船体结构的形式可分为三种，即横骨架式、纵骨架式和纵横混合骨架式。

1. 横骨架式船体结构

横骨架式船体结构（Transverse Framing System）全部由横骨架式板架结构组成，横向构件排列密，尺寸小，数目多，纵向构件排列间距大，尺寸大，数目少，如图 4-4-1 所示。其特点有以下 4 点：

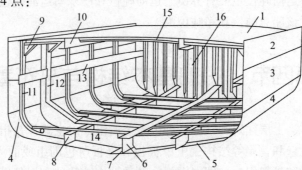

1—甲板板；2—舷顶列板；3—舷侧板；4—舭列板；5—船底板；6—中内龙骨；7—平板龙骨；
8—旁内龙骨；9—梁肘板；10—甲板纵桁；11—肋骨；12—强肋骨；13—舷侧纵桁；
14—肋板；15—横梁；16—横舱壁板

图 4-4-1　横骨架式船体结构

（1）结构简单，建造容易。

（2）横向强度和局部强度好。

（3）舱容利用率高。横向构件数目多，不需要很大尺寸，因而占据舱内空间较小。

（4）空船重量大。横骨架式船舶的总纵强度主要由外板（Shell Plate）、内底板（Inner Bottom Plating）、甲板板（Deck Plating）以及分布在其上的纵向构件（Longitudinal Member）来保证，在较长的船上则须加厚钢板来保证总纵强度，因此增加了船舶的自重。

横骨架式结构主要用于对总纵强度要求不高的沿海中小型船舶和内河船舶。

2. 纵骨架式船体结构

纵骨架式船体结构（Longitudinal Framing System）全部由纵骨架式板架结构组成，纵向构件排列密，尺寸小，数目多，横向构件排列间距大，尺寸大，数目少，如图4-4-2所示。其特点有以下4点：

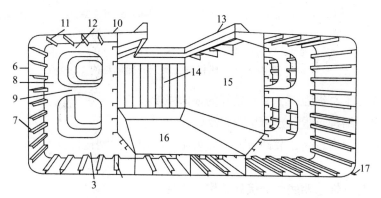

1—船底板；2—船底纵骨；3—肋板；4—中桁材；5—旁桁材；6—舷顶列板；7—舷侧纵骨；8—强肋骨；9—撑材；
10—甲板；11—甲板纵骨；12—强横梁；13—舱口围板；14—横舱壁；15—纵舱壁；16—内底板；17—舭龙骨

图4-4-2　纵骨架式船体结构

（1）总纵强度大。

（2）船体结构复杂。

（3）舱容利用率低，装卸也不便。船体结构的横向强度主要靠少数横向构件来保证，因而尺寸很大，占据舱容较多。

（4）空船重量小。因为船壳板和甲板板可以做得薄些，所以结构重量减轻。

纵骨架式船体结构常见于对总纵强度要求较高的大型油船和矿砂船。

3. 纵横混合骨架式船体结构

纵横混合骨架式船体结构（Combined Framing System）是指在主船体中的一部分结构采用纵骨架式而另一部分结构则采用横骨架式。通常船中部位的强力甲板（Strength Deck）和船底结构（Bottom Structure）采用纵骨架式，而下甲板（Lower Deck）、舷侧（Broadside）及船首、船尾部位则采用横骨架式结构。如图4-4-3所示中，船底和上甲板结构采用了纵骨架式，二层甲板和舷侧则采用了横骨架式结构。其特点有以下4点：

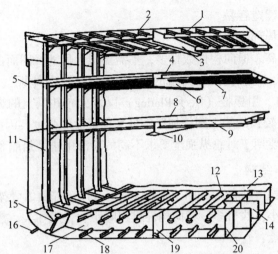

1—甲板纵骨；2—上甲板；3—甲板纵桁；4—二甲板；5—舷侧外板；6—甲板纵桁；7—甲板横梁；8—第三甲板；
9—甲板横梁；10—甲板纵骨；11—肋骨；12—内底纵骨；13—内底板；14—肘板；15—内底边板；
16—舭龙骨；17—主肋板；18—船底纵骨；19—旁桁材；20—中桁材

图 4-4-3　　纵横混合骨架式船体结构

（1）既保证了总纵强度，又有较好的横向强度。

（2）减轻了结构重量，建造也较容易。

（3）舱容利用率较高，装卸方便。因为舱内突出的大型构件少，所以不妨碍舱容及货物的装卸。

（4）舷侧与甲板、船底的交接处结构连接性较差。

纵横混合骨架式结构主要应用于大中型的干散货船。

二、船体外板和甲板板

（一）船体外板

外板，又叫船壳板，包括舷侧外板、艏部外板和船底板，其基本组成单位是列板。外板的作用是能够保证船体的水密性，使船舶具有浮性和载运能力，与船舶骨架一起共同保证船体的强度和刚性，承担舷外水压力、波浪冲击力、坞墩的反作用力、外界的碰撞、挤压和搁浅等作用力。

1. 列板的名称

外板由一块块钢板焊接而成，钢板的长边沿船长方向布置，长边与长边相接叫边接；短边与短边相接叫端接。许多块钢板依次端接后形成的长条板，称为列板；若干列板组成外板。这样既能减少船长方向焊缝的数目，又可以根据船体上下位置的受力情况来调整列板的厚度。

根据外板中各个列板所处的位置不同，各列板分别称为平板龙骨（Plate Keel）、船底列板（Bottom Plating）、舭列板（Bilge Strake）、舷侧列板（Side Strake）和舷顶列板

（Sheer Strake），如图4-4-4所示。船底中心线处的一列板称为平板龙骨；处于舭部的一列板称为舭列板；平板龙骨与舭部列板之间的列板称为船底列板；舭列板以上列板统称舷侧列板，舷侧列板的最上一列板称为舷顶列板。平板龙骨至舭列板之间的外板称为船底板；舭列板至舷顶列板之间的外板称为舷侧外板。在船首尾部，由于船体瘦削，某两列板会合并为一列板，这列板称为并板（Stealer Strake）。

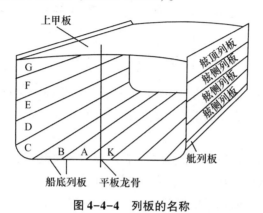

图4-4-4 列板的名称

2. 外板的厚度分布

外板厚度分布的原则是根据船体总纵强度的要求分配，受总纵强度大的部位厚度要大些，受总纵强度小的部位厚度就可以小些；对于个别受局部力较大的部位，则应局部加强。

所有外板以平板龙骨为最厚。舷侧列板中则以舷侧顶板最厚。同时外板在船长中段也比两头厚，以适应总纵强度的要求。

（二）甲板板

1. 甲板板的布置

从舱口边至舷边的甲板板，钢板的长边沿船长方向布置。这些板通常是首尾连接的，对船体总纵强度有利。在舱口之间及首尾端的甲板，由于不参与总纵弯曲且面积狭窄，可以将钢板横向布置。

2. 甲板板的厚度分布

甲板沿着舷边的一列板称为甲板边板（Deck Stringer），是甲板板中厚度最大的一列板，并保持一定宽度，而且其上不允许有较大的开孔，即使有较小的开孔也须予以加强。在舱口之间的甲板板，由于被舱口切断，不参与总纵弯曲，其厚度较其他甲板板薄。

如果货舱内有多层甲板，对总纵强度贡献最大的强力甲板（上甲板）的厚度应是各层甲板中最厚的。在同一层甲板中，则中部比首尾端厚。

3. 梁拱和舷弧

船舶的上甲板并不是一块平整的钢板，它有纵向和横向的曲度，横向上的曲度为梁拱，纵向上的曲度为舷弧，如图 4-4-5 所示。

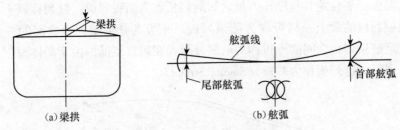

图 4-4-5　梁拱和舷弧

（1）梁拱（Beam Camber）：是甲板板在两舷与舷顶列板交点的连线与纵中剖面的交点，至纵中剖面与甲板板交点的垂直距离。梁拱可增加甲板强度，便于排泄甲板积水以及增加船舶的储备浮力。

（2）舷弧（Sheer）：在甲板的纵向上，首尾高而中间低，这条曲线叫舷弧线。在船长中点处的舷弧最低，从该点画一条与基线平行的直线，则舷弧线上任一点量至该线的垂直距离就称为该点的舷弧。舷弧可增加储备浮力，减少甲板上浪，便于甲板排水以及使船体外形显得更加美观。其中位于首垂线处的舷弧叫首舷弧（Fore Sheer），位于尾垂线处的舷弧叫尾舷弧（After Sheer），船中的舷弧为 0，首舷弧为尾舷弧的 2 倍。

三、船底结构

船底结构是船体的基础，它参与总纵弯曲，承受水的压力、机器设备和货物的重力，进坞时又承受坞墩的反作用力等。因此，船底结构是保证船体总纵强度、横向强度和船底局部强度的重要结构。

船底结构有双层底结构和单层底结构两种类型。

（一）双层底结构

双层底结构是指由船底板（Bottom Plating）、内底板（Inner Bottom Plating）、内底边板（Margin Plate）、舭列板（Bilge Strake）及其骨架（Framing）组成的船舶底部空间。根据《钢质海船入级与建造规范》的要求，船舶应尽可能在船首防撞舱壁（Fore Collision Bulkhead）至船尾尾尖舱舱壁（Afterpeak Bulkhead）间设置双层底（Double Bottom）。

1. 双层底的作用

（1）加强增加船体的总纵强度、横向强度和船底的局部强度。

（2）可用作油水舱装载燃油、润滑油和淡水。

（3）可用作压载水舱以调整船舶的吃水、纵横倾、稳性和提高空载时车叶和舵的效率，进而改善航行性能。

（4）提高了船舶的抗沉性（Floatability），万一船底板意外破损，内底板仍能防止海水进入舱内；对液货船亦可提高船体的抗泄漏能力。

（5）还能承受舱内货物和机械设备的负载。

2. 双层底的组成

双层底按骨架形式的不同分横骨架式和纵骨架式两种，如图4-4-6和图4-4-7所示。其主要组成部分有船底板、肋板、舭肘板、桁材、纵骨、内底板及内底边板等。

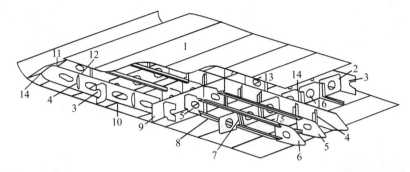

1—内底板；2—旁桁材；3—实肋板；4—加强筋；5—肘板；6—组合肋板；7—扶强材；8—船底横骨；
9—中桁材；10—流水孔；11—内底边板；12—透气孔；13—减轻孔；14—切口；15—内底横骨；16—人孔

图4-4-6　横骨架式双层底结构

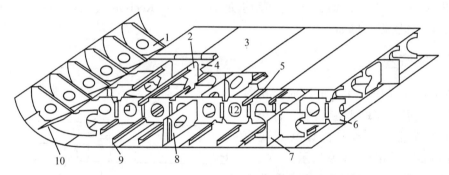

1—舭肘板；2—肘板；3—内底板；4—水密肋板；5—内底纵骨；6—实肋板；7—中桁材；
8—旁桁材；9—船底纵骨；10—内底边板；11—加强筋；12—人孔

图4-4-7　纵骨架式双层底结构

3. 内底板与内底边板（Inner Bottom Plating & Margin Plate）

内底板是双层底上面的水密铺板。内底板钢板的长边沿船长方向布置，其厚度分布与船底板相似，即船中0.4L区域较厚，向首尾逐渐变薄。在每一双层底舱的内底板上，设有呈对角线布置的人孔，以便人员进去检修。人孔上设有水密盖，封盖时应对角来回逐渐拧紧螺母，如图4-4-8（a）所示。

位于内底板边缘与舭列板相连的一列板称为内底边板。它有下倾式、水平式、上倾式和曲折式四种形式，如图4-4-8（b）所示。普通货船多采用下倾式，内底边板与舭列板组成污水沟。接近船首尾端或在客船上，一般采用水平式，舱内平坦，强度较好。散货船采用上倾式，以利装卸作业。曲折式强度好，用于经常航行于危险水域的船舶。除下倾式内底边板外，其他三种结构形式均应在靠后舱壁的内底板上设置污水井（Bilge Well）。

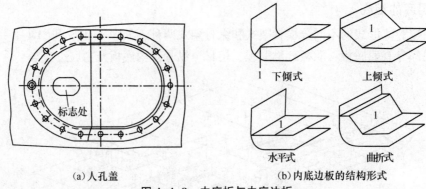

（a）人孔盖　　　　　　　　（b）内底边板的结构形式

图 4-4-8　内底板与内底边板

（二）单层底结构

按骨架形式的不同单层底结构也分横骨架式和纵骨架式两种。单层底结构主要用于小型船舶、老式油船及内河船舶。结构简单，施工方便，但抗沉性和防泄漏能力差。主要构件有中内龙骨（Center Keelson）、旁内龙骨（Side Keelson）、船底纵骨（Bottom Longitudinal）和肋板（Floor）等。

（三）船底塞

为便于坞修（Dock Repair）时能排除舱内积水，一般在每一双层底舱，首尾尖舱及其他紧靠船底的水舱内设置船底塞（Docking Plug），如图 4-4-9 所示。

通常它设置在中桁材或中内龙骨两侧（但不得开在半板龙骨上），距每一水舱后部的水密肋板前一档肋距处，并离开舱壁一段距离，以免被坞墩（Docking Block）堵塞而无法拆装。

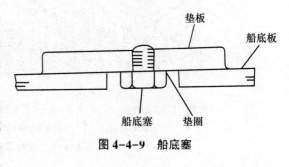

图 4-4-9　船底塞

为防止海水腐蚀及脱落，船底塞一般用锰黄铜或不锈钢制成，并应在拆装完成后、出坞前在船底塞外面用水泥封涂成一个半球形的水泥包。

四、舷侧结构

舷侧结构（Side Shell Construction）是指连接船底和甲板的侧壁部分，主要承受水压力、波浪冲击力、舱内负荷、甲板货物、设备重力等，是保证船体的纵向强度、横向强度和侧壁水密的重要结构。

对于大部分船舶来说，舷侧部位只有一层外板，但某些大型油船和具有甲板大开口的船上，有时将舷侧做成双层壳。舷侧结构按骨架排列形式的不同有横骨架式和纵骨架式两大类，其主要组成部分有肋骨、强肋骨、舷侧纵桁、舷侧纵骨及舷边等。

（一）横向构件

舷侧结构中的横向构件统称肋骨（Frame）。

1. 肋骨的作用

肋骨的作用是支持舷侧外板，保证舷侧的强度和刚性。而与其他横向构件组成坚固的框架，则可达到保证船体的横向强度，防止船舶在摇摆和横倾时产生过大的横向变形。

2. 肋骨的分类

（1）肋骨按其所在位置一般可分为主肋骨（Main Frame）、甲板间肋骨（Tweendeck Frame）和尖舱肋骨（Peak Frame）三种。

主肋骨也称为船舱肋骨，是位于防撞舱壁与尾尖舱舱壁之间，在最下层甲板以下船舱内的肋骨。甲板间肋骨是位于两层甲板之间的肋骨，又称间舱肋骨，如图4-4-10所示。由于跨距和受力均较小，故尺寸也比主肋骨小。尖舱肋骨是指位于船首尾尖舱内的肋骨。对某些需要进行局部加强（如冰区加强）的船舶，还需在位于水线附近每一肋距（Frame Space）中间增设一短肋骨，即中间肋骨（Intermediate Frame）。其作用是加强舷侧外板以抵抗浮冰的撞击和冰块的挤压。中间肋骨一般两端稍斜，为自由端，不与甲板及船底连接。

（2）按肋骨的受力不同可分成普通肋骨（Ordinary Frame）和强肋骨（Web Frame）两种。

普通肋骨的尺寸较强肋骨小，是横骨架式舷侧结构中最常见的横向构件。强肋骨又称宽板肋骨，强度要比普通肋骨大得多。在横骨架式舷侧结构中，一般每隔几个肋位设置一强肋骨，其目的是增加局部强度，如机舱、货舱的舱口端梁处等；在纵骨架式舷侧结构中，强肋骨是唯一的横向构件，其在支持舷侧纵骨的同时，还起着保证船体横向强度的作用。

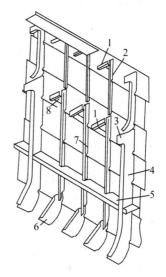

1—甲板横梁；2—甲板间肋骨；
3—强横梁；4—强肋骨；5—舷侧纵桁；
6—舭肘板；7—主肋骨；8—梁肘板

图4-4-10　横骨架式舷侧结构

（二）纵向构件

1. 舷侧纵桁

舷侧纵桁（Side Stringer）多为横骨架式舷侧结构中设置的纵向构件，如图4-4-10所示。其腹板（Web）与强肋骨（Web Frame）腹板同高，主要用来支撑肋骨。遇主肋骨时，腹板开口让主肋骨通过；遇强肋骨时，切断舷侧纵桁使强肋骨保持连续。

2. 舷侧纵骨

舷侧纵骨（Side Longitudinal）是纵骨架式舷侧结构中的主要纵向构件，如图4-4-2纵骨架式船体结构图所示。舷侧纵骨的作用是参与总纵强度，支持外板并承受舷外水压力，故在遇到强肋骨时穿过强肋骨的腹板保持连续，但在水密横舱壁处截断。

（三）舷边

舷顶列板与甲板边板的连接处称舷边（Gunwale）。舷边处于高应力区域，受力大，此处的连接强度，对于船体承受总纵弯曲的能力具有重要作用。舷边连接形式一般有舷边角钢铆接法、圆弧连接法和舷法直角焊接法三种。而舷边角钢铆接法因工艺复杂、工作量大，在现代造船中已不再使用。

1. 圆弧连接法

这种方法是通过圆弧舷板使舷顶列板和甲板边板连成一个整体。采用这种连接方法能使甲板和舷侧的应力过渡较为顺利、分布均匀，且结构刚性较大，但甲板有效利用面积减少，甲板排水易弄脏舷侧，且由于线形变化问题，这种方法较适用于船中部位。

2. 舷边直角焊接法

这种方法是把舷顶列板和甲板边板直接焊接起来。此种连接法施工简单，但易造成应力集中而产生裂缝，多用于中小型船舶及有舷边水柜的散货船等。

（四）舷墙与栏杆

船舶在露天甲板以及在上层建筑和甲板室甲板的露天部分均设置舷墙或栏杆。按规定，露天干舷甲板及上层建筑甲板和第一层甲板室甲板的舷墙或栏杆的高度除经特别同意可适当降低外，其高度应不小于 1 m。但对甲板上设计成装运木材的船舶，其舷墙高度至少应为 1 m。

1. 舷墙

为保障人员安全，减少甲板上浪，防止甲板上的物品滚落入海，一般在舷边设置舷墙（Bulwark），如图 4-4-11 所示。舷墙由舷墙板（Bulwark Plating）、支撑肘板（Buttress Bracket）和扶手（Armrest）等组成。在船中部，舷墙板不和舷顶列板连接，而是由支撑肘板支撑在甲板边板上，其下端与舷顶列板上端间留有一定空隙以利于排水，上端由扁钢或型钢做成扶手。在上层建筑端部加强区域的舷墙上，不应开通道口或其他开口；露天甲板舷墙上开有导缆孔或有吊杆稳索

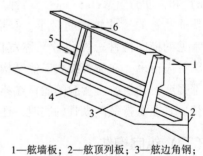

1—舷墙板；2—舷顶列板；3—舷边角钢；
4—甲板边板；5—支撑肘板；6—扶手

图 4-4-11　舷墙结构

系固的地方，舷墙板必须加厚，其他开口处也须局部加强。甲板装货船舶和木材船的舷墙结构应特别加强。舷墙不参与总纵弯曲。

2. 栏杆

栏杆（Hand Rail）的作用主要是保障人员安全，防止甲板上的物品滚落入海。栏杆的最低一根横杆距甲板应不超过 230 mm，其他横杆的间距应不超过 380 mm。

五、甲板结构

甲板结构须承受总纵弯曲应力，货物、设备的重力和波浪的冲击力等外力的作用，是保证船体总纵强度、横向强度，保持船体几何形状及保证船体上部水密的重要结构。由于营运、安装设备和进出人员的需要，在甲板上设置了各种不同的开口，这些开口破坏了甲板的连续性，减弱了结构的强度、刚度和稳定性，并在开口的角隅处易造成应力集中现象，因此在开口处都要对结构进行加强，从而使甲板结构显得比较复杂。

按骨架结构形式的不同，甲板结构可分成横骨架式(图4-4-12)和纵骨架式(图4-4-13)两种，其主要组成部分有甲板板、横梁、甲板纵桁、甲板纵骨、舱口围板及支柱等。

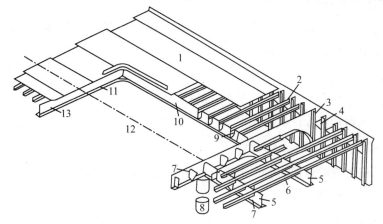

1—下甲板；2—半梁；3—主肋板；4—梁轴板；5—甲板纵桁；6—横梁；7—防倾肘板；8—支柱；
9—肘板；10—舱口纵桁；11—圆钢；12—甲板中心线；13—舱口端梁

图4-4-12　横骨架式甲板结构

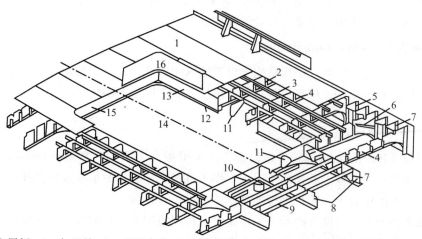

1—上甲板；2—加强筋；3—甲板纵骨；4—强横梁；5—主肋骨；6—斜置加强筋；7—肘板；
8—甲板纵桁；9—横梁；10—管形支柱；11—防倾肘板；12—圆钢；13—舱口纵桁；
14—甲板中心线；15—舱口端梁；16—舱口围板

图4-4-13　纵骨架式甲板结构

（一）横向构件

横梁（Beam）是甲板结构中的横向构件，起着承受甲板货、机器设备和甲板上浪时的水压力作用，同时还支撑舷侧，保证船体的横向强度。横梁按其设置位置和剖面尺寸大小的不同可分为普通横梁、半梁、强横梁和舱口端梁。

1. 普通横梁（Deck Beam）

普通横梁是仅在横骨架式甲板结构中采用的横向构件，装设在每一肋位上用肘板（Beam Knee）与舷侧肋骨连接。

2. 半梁（Half Beam）

半梁是横骨架式甲板结构中被舱口截断的普通横梁，它的一端与舱口纵桁用肘板相连，另一端用梁肘板与主肋骨连接。

3. 强横梁（Web Beam）

在纵骨架式甲板结构中，强横梁是主要的横向构件，一般每隔 3～5 个肋位装设一道。其作用是支持甲板纵骨，保证横向强度。

4. 舱口端梁（Hatch End Beam）

舱口端梁是位于货舱口前后端横围板下的横梁，与舱口围板下半部做成一个整体。其主要作用是增加舱口处的强度。

（二）纵向构件

1. 甲板纵桁（Deck Girder）

甲板纵桁是甲板结构中沿舱口两边和甲板中心线布置的纵向构件。其作用是支撑横梁，承受总纵弯矩的作用，增加舱口处的强度。

2. 甲板纵骨（Deck Longitudinal）

甲板纵骨是仅在纵骨架式甲板结构中设置的纵向构件，其间距与船底纵骨相同。主要用来保证船体的总纵强度，增加甲板板的稳定性，承受甲板上的载荷。

（三）舱口围板

舱口围板（Hatch Coaming）是指设置于露天甲板（上甲板）货舱开口四周的纵向和横向并与甲板垂直的围板。其作用是保障工作人员安全，防止海水灌入舱内和增加甲板开口处的强度。干舷甲板上，舱口围板的高度应不小于 600 mm。

舱口角隅处的加强方法有两种：一种是将舱口围板下伸超过甲板，与甲板开口四周焊接，这种形式有利于减轻角隅处的应力集中，并且围板下缘光滑，不会磨损吊货索；另一种是将围板分成两块，分别焊在甲板开口边缘的上下面，在下面用菱形面板加强，如图4-4-14 所示。

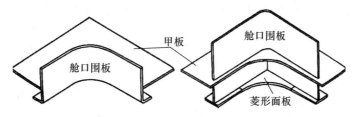

图 4-4-14　舱口角隅的加强方法

六、舱壁结构

（一）舱壁的作用

主船体在设计和建造时按要求设置了若干的横向和纵向舱壁，将主船体分隔成许多舱室。这些舱壁的作用是：提高船舶的抗沉能力；防止火灾蔓延；有利于不同货种的分隔积载；增加船体强度；液舱内的纵向舱壁可以减少自由液面对稳性的影响，液货船的纵向舱壁还可增强船体的总纵强度。

（二）舱壁的分类

1. 按用途分类

（1）水密舱壁（Watertight Bulkhead）：是指自船底（船底板或内底板）至舱壁甲板（上甲板）的主舱壁（Main Bulkhead），它将船体分隔成若干个水密舱室。

水密舱壁主要有两种：一种是水密横舱壁（Watertight Transverse Bulkhead），这种舱壁能保证船体因海损事故造成某舱破损进水时不会漫延至其他相邻舱室，使船舶仍有一定的浮力和稳性，从而提高船舶的抗沉性能。其设置数量依据船长和船型不同而异。其中位于首尖舱（Fore Peak Tank）与货舱（Cargo Hold）之间的首尖舱舱壁（Fore Peak Tank Bulkhead）即船舶最前的一道水密横舱壁又称防撞舱壁（Collision Bulkhead），也是最重要的一道水密横舱壁，其上不得开设任何门、人孔、通风管道或任何其他开口，并应水密延伸到干舷甲板。位于船尾的最后一道水密横舱壁即为尾尖舱舱壁（After Peak Tank Bulkhead）。另一种是水密纵舱壁（Watertight Longitudinal Bulkhead），一般仅见于液货船。

（2）防火舱壁（Fireproof Bulkhead）：是指具有一定隔热能力并能在一定时间内防止火灾蔓延的舱壁。按规定，机舱和客船起居处所的舱壁应采用防火舱壁。

（3）液体舱壁（Liquid Bulkhead）：是液舱（油舱、水舱等）的界壁，它经常承受液体压力与振荡冲击力，故舱壁板较厚且其上的骨架尺寸也较大，并须保证水密或油密。

（4）制荡舱壁（Wash Bulkhead）：是设于液舱内的纵向舱壁，主要用来减小自由液面的影响，但与水密纵舱壁不同，其上开有气孔、油水孔和减轻孔。

2. 按结构分类

按舱壁的结构形式来分，可将其分成平面舱壁和槽形舱壁两类。

（1）平面舱壁。平面舱壁由舱壁板和其上的垂直与水平骨架组成。大型船舶舱壁板的钢板长边沿水平方向布置，其厚度自下而上逐渐减薄。其上骨架竖向排列的称为扶强材，水平方向排列的称为水平桁材。

（2）槽形舱壁。槽形舱壁是将舱壁板压成梯形、弧形等形状来代替扶强材的一种舱壁。槽形的方向一般是竖向布置的。其优点是在保证具有同等强度的条件下，可减轻结构的重量，节约钢材，减少装配与焊接的工作量，便于清舱工作。缺点是所占舱容较大，不利于舱容的有效利用，抵抗水平方向挤压的能力较弱，一般用于油船和散货船。槽形舱壁的剖面形状有三角形、矩形、梯形和弧形，其中梯形和弧形用得较为广泛，如图 4-4-15 和图 4-4-16 所示。

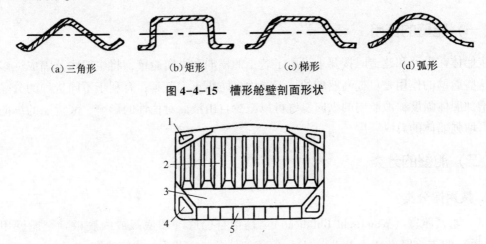

(a) 三角形　　　　(b) 矩形　　　　(c) 梯形　　　　(d) 弧形

图 4-4-15　槽形舱壁剖面形状

1—顶边舱；2—对称梯形舱壁；3—底凳；4—底边舱；5—双层底

图 4-4-16　有底凳对称梯形舱壁

七、首尾结构

船舶的首部和尾部位于船舶的最前端和最后端，首尾线形变化复杂，受总纵弯曲作用较小，而受局部作用力较大，如波浪对船首部的冲击力、碰撞力、拍底力，尾部的转舵力、螺旋桨振动力等，因此，首尾部结构与船体中部有很大不同，多采用横骨架式结构，并做特别加强。

（一）船首结构

船首结构通常是指距首垂线（Forward Perpendicular）0.2～0.25L 处向船首的船体结构。首部要受波浪、冰块的冲击和水阻力的作用，一旦发生碰撞，应有足够的强度保证船舶的安全，同时船壳外板在此汇拢，其外形应尽可能减少水阻力。为此，须对组成船首结构的各部分进行加强。

1. 首柱

首柱（Stem）位于船体最前端，是汇拢船首外板、保持船首形状及保证船首局部强度的强力构件，如图 4-4-17 所示。

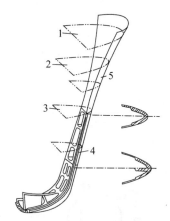

1—首楼甲板；2—上甲板；3—下甲板；4—铸钢首柱；5—钢板首柱

图 4-4-17　船首柱结构

2. 船首端骨架结构

在首尖舱区域内，多数采用横骨架式结构，如图 4-4-18 所示。

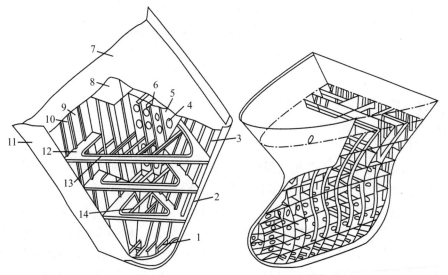

1—升高肋板；2—船首柱；3—肋骨；4—减轻孔；5—制荡舱壁；6—横梁；7—甲板；8—锚链舱；
9—首尖舱壁；10—扶强材；11—外板；12—水平桁；13—舷侧纵桁；14—强胸横梁

图 4-4-18　船首端结构和球鼻首

3. 球鼻首结构

许多大型货船和油船采用了球鼻首，球鼻首的优点是在波浪中航行时可以降低兴波阻力。但装有球鼻的船首，对抛锚、起锚和船舶靠码头有一定的妨碍，并且球鼻突出体使得结构和工艺更复杂。

（二）船尾结构

船尾结构通常是指尾尖舱舱壁以后、上甲板以下的船体结构，包括尾尖舱和尾部悬伸端。该区域要承受水压力，车叶转动时的振动力和水动力、舵的水动力及车叶与舵叶的荷重等作用，因此必须对组成船尾结构的各部分进行加强。

尾柱（Stem Post）是船尾结构中的强力构件，它位于船尾结构下部的最后端。其作用是汇拢两侧外板，并支持和保护螺旋桨与舵，同时承受它们工作时的振动力和水动力，增强船尾的结构强度，如图 4-4-19 所示。

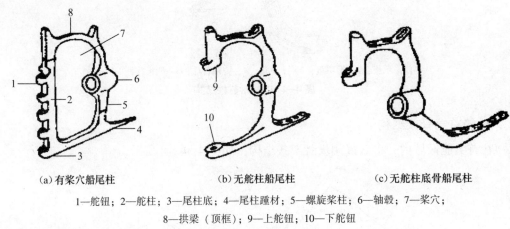

（a）有桨穴船尾柱　　　　（b）无舵柱船尾柱　　　　（c）无舵柱底骨船尾柱

1—舵钮；2—舵柱；3—尾柱底；4—尾柱踵材；5—螺旋桨柱；6—轴毂；7—桨穴；
8—拱梁（顶框）；9—上舵钮；10—下舵钮

图 4-4-19　尾柱形式

船尾部骨架结构一般多采用横骨架式结构，并采取相应加强措施。

八、轴隧结构

轴隧（Shaft Tunnel）主要用来保护推进器轴（Propeller Shaft），同时也可作为机舱至尾室的通道，便于人员对尾轴和轴承进行保养和维修。在尾室后端近尾尖舱壁处设有向上直通至上甲板的应急通道，即逃生孔（Escape Trunk），故轴隧亦可作为应急时逃生之用，也可作为自然通风口，应急出口盖不能加锁。中机型船（Amidship-Engined Ship）的轴隧较长，要经过货舱；尾机型船（Stern-Engined Ship）的轴隧较短。双桨船对称于船体中线而设左右两个轴隧，两轴隧间还设有通道。单桨船（Single-Screw Ship）的轴隧不对称于中线面，通常偏于船左舷，左舷的空间可供人员通行。为便于尾轴的安装与拆卸以及人员进入工作，轴隧的侧壁离螺旋桨法兰盘应不少于 60 mm 的间距，另一侧壁距螺旋桨法兰盘不小于 600 mm。

轴隧有两种形式：一种是拱顶轴隧，一种是平顶轴隧，前者强度较好，后者便于装货。在货舱口下的轴隧顶板，考虑到装卸货时的磨损，应另外加厚 2 mm，否则应加木铺板。轴隧必须水密，在机舱和轴隧间舱壁上应设有符合规范规定的滑动式水密门（Slid Watertight Door）。应急通道的围壁应水密，其关闭装置应能两面操纵。图 4-4-20 为常见的轴隧横断面，其中左图为拱形顶板，右图为平面顶板。

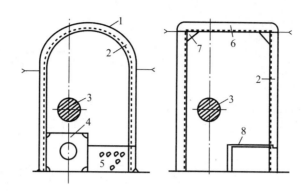

1—拱形顶板；2—扶强材；3—推进器轴；4—轴承基座；5—管系；6—平顶板；7—肘板；8—格子板

图 4-4-20　轴隧的结构

九、船体结构主要图纸

船体主要结构图的用途表现在三个方面：首先，通过该图可以达到了解本船船体结构的尺度，其次该图亦是造船时计算强度和选用构件的依据，最后修船时亦可根据图上标明的板材和骨架的厚度与尺寸，用船体允许的蚀耗表算出允许蚀耗，对照实测结果来决定是否需要换新。船体主要结构图包括总布置图、基本结构图、船中剖面图和外板展开图等。下面主要介绍总布置图。

（一）总布置图的主要用途

总布置图（General Arrangement Plan）是用来表示全船总体布置的图样，它能够比较集中地反映出船舶的技术、经济性能，是重要的全船性基本图样之一，如图 4-4-21 所示。它的主要用途如下：

（1）表示船舶上层建筑的形式以及舱室、设备、门窗、通道等的布置情况。

（2）进行其他设计和计算的依据，如进行全船重力和中心位置计算，船舶设备和结构设计等的依据。

（3）作为绘制其他图样的依据，如绘制各类设备、系统布置图；门、窗、扶梯布置图；家具、绝缘布置图等的依据。

（4）在施工时，可作为对舾装工作的指导性图样，并能起到协调各机械、设备的相互关系的作用。

（二）总布置图的组成

总布置图主要由船体主要尺度和技术性能数据、右舷侧视图、甲板与平台平面图、舱底平面图等组成。

1. 主要尺度和技术性能数据

主要尺度和技术性能数据以文字形式表示，有两柱间长、船宽、吃水、型深、满载排水量等。

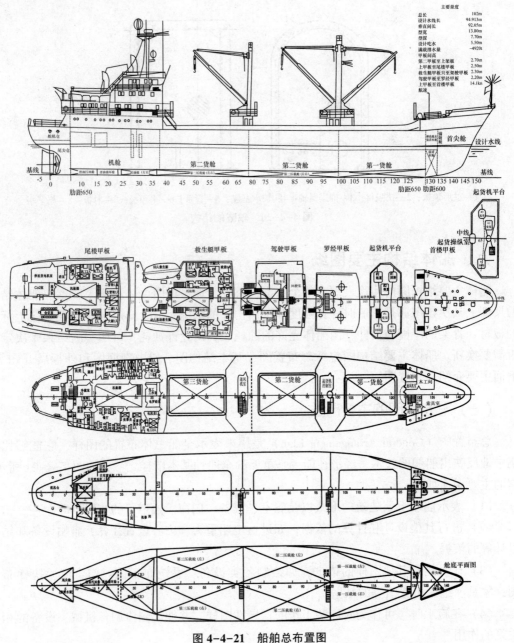

图 4-4-21　船舶总布置图

2. 右舷侧视图

右舷侧视图是将船舶的右舷侧面向中线面投影所得到的视图，主要表示下列内容：

（1）全船的侧面概貌，如主船体轮廓，上层建筑位置、形式等。

（2）主船体内部舱室划分概况，如机舱位置、货舱分布、横舱壁位置和数量、甲板及平台位置和数量等。

（3）船舶设备的布置概况，如锚与系泊设备、救生设备、起货设备等。

3. 平台和甲板平面图

平台和甲板平面图是各层平台和甲板的俯视图，表示下列内容：

（1）某层甲板或平台上的每个舱室、门、舷窗、通道、扶梯等在船长方向和船宽方向的具体位置。

（2）甲板或平台上的各种设备、家具、用具等的具体位置。

4. 舱底平面图

舱底平面图是船底的俯视图，表示下列内容：

（1）内底板上面的舱室和设备的布置情况。

（2）双层底内部空间的划分，液舱和隔离空舱的布置等。如果是单底船，则表示船底上的布置情况。

第五节　货运的基本知识

一、货物的基础知识

（一）货物分类

海上运输的货物品种繁多，从便利货物运输角度考虑，可采取以下两种分类方法：

1. 按货物形态和装运方式分

（1）杂货（General Cargo）是指具有一定形式的包装货物、同包装货物一起运输的散装货物、裸装货物和货物单元及须专门运输的特殊货物。一般以"件""箱""捆"等形式托运。散装货物包括非整船运输的固体散装货物（如矿石、煤炭、盐、生铁块）。裸装货物指卷、捆、张等形式的无包装货物，如盘圆、钢棒、型钢等。货物单元指由于其重量、尺寸或特殊性质须对其积载、系固进行特别处理的货物，如车辆、成套设备、可移动罐柜、托盘、货物组件等。须专门运输的特殊货物指由于其性质或运输要求的限制须专门运输或可以专门运输的某些货物，如木材、各种钢材、冷藏货物。

（2）固体散装货物（Solid Bulk Cargo）是指无包装的块状、粒状、粉状的干散货物，如化肥、矿石、粮谷、煤炭、水泥等，一般以专用固体散货船运输。

（3）液体散装货物（Liquid Bulk Cargo）是指直接装船的大批量液体货物，如石油、成品油、液化气体、液体散装化学品等，一般以专用液体散货船运输。

（4）集装化货物（Unitised Cargo）是指直接将若干包件或若干数量组成一个搬运单位且须专门船舶运输的货物，如集装箱、托盘货、载驳船上的方驳等。

2. 按货物特性及运输要求划分

（1）危险货物（Dangerous Cargo）是指凡具有燃烧、爆炸、腐蚀、毒害、放射性等性质，在运输、装卸和保管过程中，如果处理不当，可能会引起人身伤亡、财产毁损或环境污染的物质或物品。如爆炸品、易燃液体、易燃固体等。

（2）特殊货物（Special Cargo）指除危险货物外，性质特殊、在运输过程中易影响其他货物或易被其他货物及环境所影响的货物，如气味货物、扬尘污染货、冷藏货、清洁货、易碎货、潮湿货物、吸湿货等。

（3）一般货物（Normal Cargo）是指其性质对运输保管条件无特殊要求的货物，如钢材、石料、普通日用百货等。

（二）货物包装

货物包装（Package）是指根据货物的性质，为便于货物的运输保管和装卸而给货物设置的容器、包皮或外壳的统称。根据不同的货物运输要求和国际贸易合同中对该货物包装的要求而采取多种包装形式。

1. 货物包装的作用

（1）防止货物内部或外部水湿、污染、损坏，确保货物质量完好；

（2）防止货物散漏、短缺、泄漏，确保货物数量完整；

（3）防止危险货物危害性的扩散，保护人命、财产和环境安全；

（4）便于货物装卸、堆码、运输、理货及加快船、货的周转。

2. 包装的分类

（1）按包装的作用，货物包装可分为外包装和内包装。

①外包装（Outer Package）又称为运输包装，主要用来防止货物因碰撞、挤压或跌落而受损以及防止货物的散落，同时坚固的外包装便于货物的装卸。外包装一般是硬包装。

②内包装（Inner Package）又称商品包装，主要用来防潮、防震、防异味污染、防气味散失等。内包装一般是软包装。

（2）按照包装的形式，货物包装可分为箱、捆、袋、桶，以及特殊包装、裸装等。

①箱包装：如木箱（Case、Box、Chest）、纸板箱（Carton）等。

②捆包装：如捆包（Bale）、蒲包（Mat）、布包（Burlap）等。

③袋包装：如麻袋（Gunny Bag）、布袋（Cloth Bag）、牛皮纸袋（Paper Bag）、编织袋（Knitting Bag）、集装袋（俗称太空包）（Flexible Freight Container）等。

④桶包装：如铁桶（Drum）、罐（Can）、听（Tin）、大琵琶桶（Barrel）等。

⑤特殊包装：如瓶（Bottle）、坛（Jar）、篓（Basket）、钢瓶（Cylinder）等。

⑥裸装：如盘（Coil）、卷（Roll）、捆（Bundle）、块（Pig）、件（Piece）等。

（三）货物标志

由发货人在货物或其包装的表面涂刷或粘贴的文字、符号、图案称为货物标志。货物标志的作用主要是便于工作人员识别货物，利于货物的运输、交接和保管，启示工作人员正确操作以保护货物的完整和人身及运输工具的安全。在远洋运输中使用的货物标志一般包括以下几个方面：

1. 主标志

主标志是货主的代号，又称发货标志（Shipping Mark），俗称"唛头"。通常用简单的图案配以文字来表示，其内容有收货人名称的代号或缩写、贸易合同编号、合约号、订单号或信用证编号等。

2. 副标志

副标志是主标志的补充，用于表明货物的重量、尺码、目的地以及区分同一批货物中的几个小批或不同的品质、等级、规格等。有件号标志、目的地标志、货件重量和尺码标志等。通常用字形较小的文字来表示，其内容有目的港、货物品名、规格、编号（批、件号）、尺码、数量或重量等。

3. 指示标志

标志货物在装卸作业、储存、运输、开启过程中应遵循注意事项，通常用特殊记号、图形、文字表示。指示标志（或保护标志、指示货物指示标志）有三类，即装卸作业指示标志、存放保管场所指示标志、开启包件指示标志。我国制定有《包装储运图示标志》国家标准（GB 191—2000），其图案如图4-5-1所示。

图4-5-1　包装储运图示标志

4. 危险货物标志

危险货物标志是表示危险货物其所属的类别及危险特性的标志。此标志图案形象，色彩醒目，以期引起人们的足够重视。其图案如图4-5-2所示（危险货物标志）。

标志、标记和符号

类别标志
1

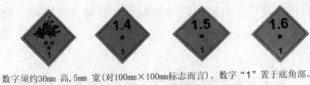

数字须约30mm 高,5mm 宽(对100mm×100mm标志而言)。数字"1"置于底角部。
＊＊ 属于危险类别的位置——如果属于副危险则留空
＊ 属于配装类的位置——如果属于副危险则留空

类别标志
2

类别标志
3

类别标志
4

类别标志
5

标志可使用至2011年1月1日

类别标志
6

类别标志
7

类别标志
8

类别标志
9

海洋污染物标记

加温标记

蒸熏警告符号

方向标志

显示联合国编号

＊ 类别或分类编号位置
＊＊ 联合国编号位置

限量标记

可免除量标记

＊ 类别编号的位置
＊＊ 托运人或收货人
名字(如包件上未显示)

类别标牌
7

图 4-5-2 危险货物标志

值班船员在货物装载时，对货物标志应认真仔细核对，发现货物标志不详或有误应及时处理。

二、杂货运输基本知识

（一）杂货船配积载基本原则

1. 保证船舶安全的原则

货物在舱内的配积载应确保船舶满足强度条件和适宜的稳性与吃水差要求。

2. 保证货物运输质量的原则

通过合理地配积载，为不同种类、不同包装形式的货物合理选择舱位与货位，并提出堆码、衬垫及隔票要求，对具有不同理化特性的相忌货物进行合理的隔离配置，从而实现保证货物运输质量的要求。

3. 提高船舶营运经济效益的原则

通过合理的配积载，以实现充分利用船舶的载货能力，方便货物装卸，缩短船舶在港停泊时间，保证中途港货物的顺利卸出，提高船舶营运效益之目的。

（二）货物配舱顺序

杂货船的装货清单所列货物种类多，包装规格繁杂，批量大小不一，而且往往有好几个卸货港，因此，在向各舱具体配置货物时，必须按一定的顺序，对此，一般原则如下：

1. 先末港后初港

对货物卸货港顺序来说，为保证按到达港序卸货，避免翻舱捣载造成货损，要先配最末一个港口的货物，最后配最先到达港的货物。

2. 先底舱后二层舱

对杂货船来说，底舱高度一般可达 8～10 m，则载货数量大，配货层次多，对货物的配置比二层舱困难。因此，应先配底舱，后配二层舱，这同按货物到达港序配货一样，两者的原则是一致的。

3. 先特殊后一般

对特殊货，如危险货、易碎货、气味货、污染货、散装货等，要首先按其特殊要求选定适宜的舱位，并尽可能合理地集中，然后再视具体情况合理安排一般的无特殊要求的货物，否则可能会出现许多矛盾，致使特殊货物找不到合适的舱位。

4. 先大票后零担

杂货船的装货清单中，总有一些数量较大的货物，为便于理货和装卸，避免货物差错，应先将其按票相对集中配在一个或两个舱内。否则，若先把一些批量较小的零担货物分散配于各舱，那么，最后整票的大批量货物会因找不到合适的集中舱位而被分散拆成多票。

（三）正确选择货物的舱位和货位

（1）根据货物的装载要求正确选定各类货物的舱位，如贵重货应置于贵重舱，危险货应远离机舱、驾驶台及船员住室，重大件应置于重吊所及的大舱等。

（2）怕热货不能置于热源附近或温度较高的舱室。

（3）怕潮货不能置于易产生汗水的部位。

（4）重货不压在轻货的上面。

（5）怕冻的货物在冰冻季节不置于上甲板。

（6）后卸货物不堵先卸货物。

三、衬垫、隔票与堆装

1. 衬垫

衬垫（Dunnaging）是保护货物完好，保证船舶、货物安全的重要措施之一。衬垫的作用是防止货物水湿、撒漏、污染、震动、撞击、受压损和移动及防止甲板的局部强度遭受破坏等。衬垫物（Dunnage）是指用于保护货物的物品，其材料主要有木板、席子、粗帆布、木楔、网格、竹帘、草袋等。货物衬垫的种类主要有以下 3 种：

（1）便于通风，防止货物水湿及震动的衬垫。对装运粮食及其他怕湿的货物，一般用木板、竹席、油布等衬垫材料在货物的底部、两侧衬垫，以保证货物运输质量的完好。舱底木板面部、前后舱壁、舷壁的木质部分，露天甲板下面的货堆表面，还应以席子、帆布或塑料纸衬垫，以防接触汗水。载重水线以上的舷壁和甲板下面、舱口附近、通风筒下面产生汗水较多，应多铺几层衬垫材料。当舷壁无护肋板时，席子与舷壁之间还应先铺一层木板，木板厚度一般为 2.5 cm。

①袋装大米的通风和防水湿衬垫要求：先在底舱衬垫 1～2 层木板。远洋航线且舱底为铁质时，木板厚度 5.0～7.5 cm；舱底为木质时，木板厚度 5 cm。近海航线，不论舱底为铁质或木质，木板厚度 2.5～5.0 cm；双层叠铺时叠成十字形，底舱的底层，板与板之间的间距约为 30 cm，底舱的上层，板与板之间的间距约为 25 cm。铺设的方向，底舱先横后纵，甲板间舱先纵后横。底舱接近污水沟应留出空当，以便使汗水和污水能畅通地流入污水沟内。

②危险货物的防震衬垫要求：危险货物，特别是易爆炸的危险货物，为防止撞击发生火花，在铁质舱底上一定要衬垫锯木粉或木屑、碎泡沫塑料、草席、木板等防震动、防撞击材料。有时，每层之间也要求衬垫防震材料。

（2）防止散货撒漏和清洁货被污染的衬垫。对装运散装货物及其易被污染的清洁货物，一般用油布、帆布等衬垫材料在货物的底部、上部、两侧衬垫，以保证货物运输质量的完好。根据货物的不同需要，在散装货物和污染扬尘货物的底部、面部和清洁货物附近的前后舱壁和舱壁的不洁部位，衬垫 1～2 层油布、帆布等衬垫材料。

（3）防止货物压损、移动及甲板局部强度受损的衬垫。底舱高度较大，当舱内装载包装不太牢固的货物时，每层或隔几层应衬垫木板，以防止压坏货物。当舱内载有大的箱装货物和裸装的重大件时，为防止货物移动影响船舶安全和损坏货物，常用撑木或木楔加固。在重大件的底部，衬垫一层钢板或厚木板、方木或木枕，增加底部受力面积，防止甲板局部强度受损。

2. 隔票

隔票（Separation）是指用隔票材料将同一货种不同收货人的货物或货物形状类似的不同收货人的货物进行有效的隔离，以提高理货工作效率，减少和防止货差事故，加快卸货速度。货物装船时，应对不同卸货港、不同货主、不同提单号的货物做好隔票工作。

（1）隔票材料。

主要材料或用具有帆布（Tarpaulins）、草席（Mat）、隔票网（Net）、绳索（Length Of Rope）、油漆（Special Paint）、标志笔（Mark Pen）、粉笔（Chalk）、塑料薄膜（Sheets Of Plastic）等。

（2）隔票方法。

①自然隔票：用包装材料明显不同的货物隔票，如两票同种箱装货物间用桶装货堆装中间进行隔票。

②用专用隔票材料隔票：用帆布、竹席、隔票绳网等专用隔票材料放置于需隔票的货物上，以区别不同卸货港、不同货主、不同提单号的货物。

③用专用隔票用具隔票：用油漆、标志笔等用具在需隔票的货物上进行标记，以区别不同卸货港、不同货主、不同提单号的货物。如钢材、木材等可用不同颜色的油漆涂写在各票货物上进行隔票。

3. 堆装

堆装（Stowage）是保护货物完好，保证船舶、货物安全，充分利用舱容的重要措施之一。货物在船上的堆装方法，因货物性质、包装的不同各有不同的要求。总的来说，都必须遵循堆装整齐、稳固，防止挤压、倒塌，避免混票和便于通风等原则。不同包装类型的普通货物的堆装方法简介如下：

（1）袋装货物的堆装。

袋装货物包括袋装谷物、大米、食糖以及袋装矿粉、矿砂、水泥、各种化肥等。它们多采用布袋、麻袋、纸袋、塑料袋、编织袋等包装。袋装货件较为松软，便于有效地利用舱容，故一般多选配在形状不规则的首尾货舱，以便留出中部货舱供对舱室形状有特殊要求的货物装载。根据袋装货物的性质和对货堆稳固性的要求，其堆装方法一般可分为以下三种：

①垂直堆码：袋口朝一个方向直上直下地堆码。其特点是操作方便，利于通风，适合于长途运输和要求通风良好的货物，或较重的货物（可以提高重心）。为保证垛堆的稳固，一般每垛6～7层后掉转一次袋口方向，如图4-5-3所示。

②压缝堆码：上层货件压在下层货件接缝处的堆码。其特点是垛形紧密、稳固、节省舱容，但不利于通风，适合于短途运输和通风要求不高的袋装货物，如图4-5-4所示。

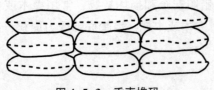

图 4-5-3　垂直堆码

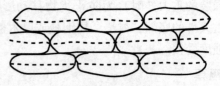

图 4-5-4　压缝堆码

③纵横压缝堆码：上层货件横向压在下层货件纵向接缝处。此种垛形最为稳固，但不便操作，通常用于堆码垛顶和垛端，以防倒塌，如图 4-5-5 所示。

　　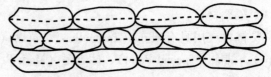

图 4-5-5　纵横压缝堆码

此外，还有集装袋（重量为 1t 及以上的圆筒袋）的堆码，由于单件重量大，可在舱内直立或压缝码垛，货垛周围如无其他货靠紧时，要做简单绑扎固定，如图 4-5-6 所示。

袋装货物扎位装载时须注意垛头稳固，整舱平铺装载时不一定要求整齐规范，只要求充分利用舱容，紧密堆放、铺平。而对要求通风的袋装谷物则要做到堆码整齐，按规定留出通风道。袋装货物堆装时应注意防止货袋破损，严禁装卸工人使用手钩，破损的货袋应及时修复或更换。整舱装载袋装货时，舱底应铺垫木板和帆布，铺垫方法应先中部，后四周压叠铺垫，并准备一定数量空袋，以便卸货后收集撒落在货舱内的地脚货。对怕潮的货物应注意衬垫，以防汗湿。

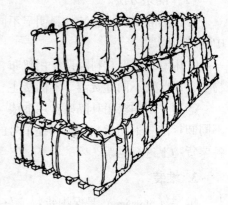

图 4-5-6　集装袋堆码

（2）箱装货物的堆码。

堆码方法应根据货物性质、包件的大小、重量、包装的材料及强度等具体情况而定。一般箱装货，尤其是大型箱装货物最好配于形状规整的中间货舱，底部要求平整稳固。重量大、包装坚固的木箱货件应配于下层，一般可采用垂直码垛，如其上须加载其他货物，应在上层箱货表面铺垫木板。包装弱、重量轻的箱装货，宜采用压缝码垛，以使垛形牢固，且应视其具体情况，当堆码一定高度时，铺垫一层木板，以使下层货箱受力均匀，避免压损。此外，为了充分利用舱容，还应注意大小货件的相互搭配。在货舱底部不规则部位（如污水沟处）堆码箱货要铺垫平整。在货舱顶部应用小箱货件搭配。箱装货物的堆码如图 4-5-7 所示。

在装卸过程中，应按注意标志正确操作，如小心轻放、切勿倒置等。在包装脆弱的箱货上面进行作业时，应铺垫踏板（Foot Board），避免踏坏货箱。堆装大型木箱时应衬垫方木和撑木并进行必要的绑扎。

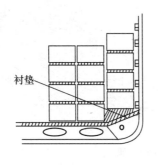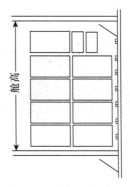

图 4-5-7　箱形货物的堆码

（3）捆装货物的堆码。捆袋货物比较复杂，包括捆包、捆卷、捆筒、捆扎等货物。

①捆包货物堆码：捆包货如棉花及棉织品，生丝及丝织品，卷纸张等。此种包装类型的货物不怕挤压，可以在各舱室任意堆码，一般宜堆放在形状不规则的首尾舱室。捆包货在堆码时，还应注意衬隔，以防汗湿和污染。

②捆卷、捆筒货物的堆码：捆卷货物如盘圆、钢丝、绳索、电缆等；捆筒货物如筒纸、油毡、席子等。金属类的捆卷、捆筒货除不耐压的矽钢卷外可做打底货；非金属类捆卷、捆筒不耐压，不能做打底货。捆卷、捆筒货物易滚动，为防止船舶横摇危及船舶安全，其滚动方向应沿船舶首尾方向堆放，并前后固定塞紧。但当捆卷、捆筒货数量较多时，也可横向铺满舱底直达两舷，铺平并在两舷衬垫木板后上压其他货物，仍属安全。舱内部分装载捆卷、捆筒货也可采取立放堆垛。总之，捆卷、捆筒货要在确保船舶安全的前提下，可根据舱内条件、舱内机械的使用、装卸方便等因素决定其堆码方法。捆卷、捆筒货物一般宜配置于舱形规整的中部货舱。捆卷、捆筒货物的堆码如图 4-5-8 所示。

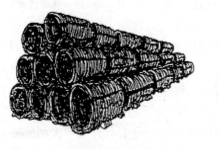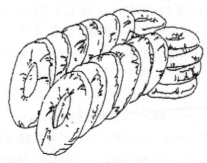

图 4-5-8　捆卷、捆筒货物的堆码

③捆扎货物的堆码：捆扎货分两类，一类长度短、体积小的捆扎货，如马口铁、耐火砖、瓷砖、金属铸锭等；另一类长度长、体积大的捆扎货，如金属线材、管材、木材等。金属类的捆扎货耐压，可做打底货，但要注意装载部位的局部强度。长件金属类的宜配置于舱口大、舱形规则的中部舱室，应沿船舶首尾方向堆放，以免横摇时撞坏船体。如长度适当，正好可堆放在货舱一端或两舷已顺装了部分捆扎货的中间部位，同样也是安全的，

但都要合理衬垫、塞紧，防止移动。捆扎货物的堆码如图4-5-9所示。

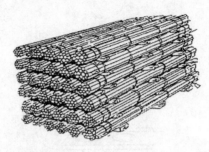

图4-5-9 捆扎货物的堆码

当整舱装载捆扎货及钢板时，一般使用铲车在舱内堆垛，应注意最初的堆垛高度，使货物全部装舱后正好能铺平、塞满。这要求在装货开始时，按应装货物的总体积估算货物的堆垛高度，避免全部货物下舱后，中间出现空当或铺平后尚余部分货物要装而造成绑扎、固定困难。此外，凡带有突出铁箍的捆扎货，如舱底板为钢质的，应适当垫以木板，防止滑动移位。

（4）桶装货物的堆码。桶装货物一般为流质或半流质货物，包括各种桶装植物油、矿物油、蜂蜜、肠衣、酒类、盐渍类货物以及各种化工产品等。其包装有大、小铁桶，木桶，塑料桶，鼓形桶之分。大型桶装货物适宜选配在中部货舱底舱底部做打底货或配于二层舱底部舱口以外的处所。桶袋货物的堆码，要求底面平稳，直立堆放，桶口向上，紧密交错，整齐排列，一般铁桶货每堆码一层铺垫一层木板，以求受力均匀，堆垛稳固。对大型桶装货堆码高度的限制，视其单件量的大小而异，如单件重200～300 kg的桶装货，堆码不得超过5层；300～400 kg者，不得超过4层；400～600 kg者，不得超过3层；600 kg以上者，不得超过2层。上面几层应绑扎牢固，以防倒塌，如图4-5-10所示。

图4-5-10 桶装货物的堆码

（5）特殊包装货物的堆码。特殊包装货物包括笼、篓、筐装的水果、蔬菜及各种不耐压的杂品（如瓷砖、草篮）等；各种瓶装的酒、化学品等；各种气钢瓶等；各种坛、瓷装的酒、皮蛋、榨菜、酸类等。笼、篓、筐装货物，视所装的内容，可按冷藏货或易碎货的要求正确处理堆码问题。各种瓶装，钢瓶装，坛、瓷装等包装货物，应视所装货物性质，有些可按危险货物的堆码要求，有些可按桶装货物的堆码要求，有些可按易碎货物堆码要求来正确处理它们的堆码问题。坛、瓷装货物的堆高限度为3～4层，每层间须铺木板衬垫，既可防止压破，又可使货堆更为稳固。

（6）裸装货物的堆码。裸装货物包括各种类型的无包装的成件货物，如各种散装钢材、大型机械设备、车辆等。

①各种钢材的堆码：金属铸锭等块状货物，一般配于底舱做打底货，经平舱并适当铺垫后，再加载其他货物，并应注意使其与舷壁之间不得留有可以滑动的空间。如果其他货载数量有限，不足以充塞其四周和上部压紧时，则除注意平舱外，尚应在金属铸锭下面，

用木板等进行铺垫，以增加摩擦力，防止货物滑动。

铁轨、槽钢、角钢、圆钢等长形钢材，也适于做打底货，在舱内应顺船首尾方向堆放，要求堆码整齐、紧密、平铺，以利上面加载其他货物。如果为了提高重心而采用纵横交错堆码时，应在两舷用方木或木板衬垫，以防船舶横摇时钢材两端撞击船体。

钢管等管类货物的堆码应利于防止货物滚动和保护管头不受损伤。小口径钢管，一般成捆顺船首尾方向堆放，大口径的铸铁管等应注意管头一正一倒交替紧密排列，每层之间应用厚度适当的木条衬垫，以免管头受力集中而损坏，如图 4-5-11 所示。钢板多用于打底或用于底层钢材上面压载铺垫。

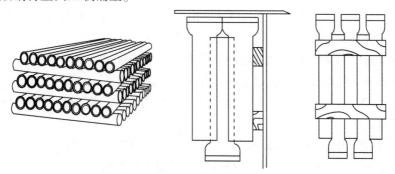

图 4-5-11　钢管等管类货物的堆码

②大型机械和车辆的堆码：大型机械和车辆（包括锅炉、发电机、成套设备、推土机、机车、车厢、汽车等）在舱内或甲板上堆装时，首先要注意货件的最大尺度（包括长、宽、高和突出部分）和总重量。为使货件在舱内或甲板上布置合理，应充分利用甲板面积或舱容，最好预先按尺度比例剪成纸样在甲板平面草图上排列、调整，选出最优方案。此外，堆放处所要求平整稳固，车辆轮胎要用垫木塞紧；凡超过甲板允许负荷者，应在货件下面铺垫方木、木板或钢板。要注意保护货件的突出部分，防止在装卸过程中碰伤损坏，安置就绪后，应进行合理绑扎，以免在航行中移动，如图 4-5-12 所示。

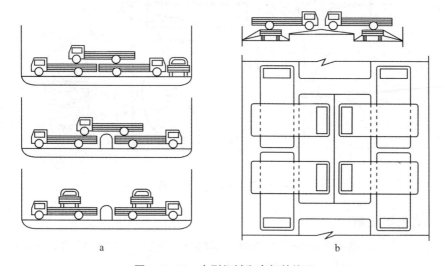

a　　　　　　　　　　　　　　　　b

图 4-5-12　大型机械和车辆的堆码

四、货物单元的系固

（一）IMO 对货物单元装载、堆装和系固要求

（1）应尽可能防止在航行全过程中对船舶和人员造成损害或危险，并防止货物落水灭失；

（2）以货物单元装运的货物，其在装载器具中的包装和系固，应能防止在整个航程中对船舶和人员造成损害或危险；

（3）在重货或异常外形尺寸货物的装船和运输过程中，应采取适当预防措施，确保不发生船舶结构性损坏、并在整个航程中保持适当的稳性；

（4）在滚装船上货物单元的装载和运输过程中，应采取适当预防措施，特别是注意这种船上和装载器具上的系固装置，以及系固点和捆索的强度；

（5）集装箱的装载应不超过《国际集装箱安全公约》（CSC）规定的安全核准牌上注明的最大总重量；

（6）在整个航程中，包括集装箱在内的货物单元，应按照主管机关认可的《货物系固手册》（Cargo Securing Manual，简称 CSM）进行积载和系固。

（二）系固设备

船舶系固设备可分为固定式系固设备和便携式系固设备。

1. 固定式系固设备

固定式系固设备应被视为船体结构的一部分，如图 4-5-13 所示，具体有舱壁、强肋骨、支柱等上的固定式系固设备（眼板、带环螺栓等）、甲板上的固定式系固设备（甲板固定器、象脚装置、集装箱角件孔等）、地令、天花板上的类似装置。

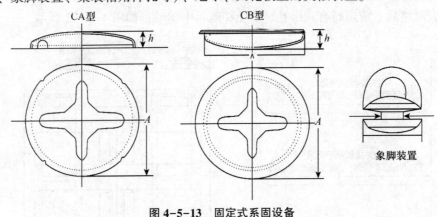

CA型　　CB型

象脚装置

图 4-5-13　固定式系固设备

2. 便携式系固设备

便携式系固设备包括绑扎链条、纤维绳、钢丝绳、钢带、卸扣、松紧器（花篮螺丝）、紧锁夹、集装箱用扭锁、桥锁等，如图 4-5-14 所示。

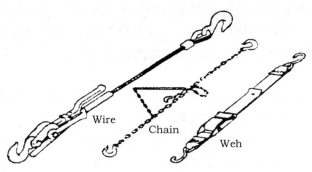

图 4-5-14　便携式系固设备

对于新船，所有便携式系固设备的证书必须包含在《货物系固手册》中，并配备在船上以备检查。对于危险货物，必须用具有符合要求的系固设备进行系固。对于更新的系固设备也应配有认可的证书。制造厂家应提供系固设备的标准破断强度数据。破断强度（BS）是指该设备在拉伸试验中使其达到破断状态时的拉力（kN）。

（三）系固用系索的选取

对货物单元的系固绑扎，首先应正确选择系固的索具。船用系固索有车辆绑扎链/带/绳、纤维绳、钢丝绳、链条、卸扣、铁条、木板、园材、松紧螺丝、紧索夹、眼环及角铁等，具体应视货件情况选取。

（1）车辆绑扎链/带/绳（Car Stopper）：绑扎中小型车辆常用的器材。纤维绳（Fiber Rope）：由于易受到气候变化的影响产生伸缩，在长时间张紧后会变形伸长，因此不可在甲板上使用，可在舱内使用，须经常检查。

（2）钢丝绳（Wire）：很好的绑扎材料，强度大，使用方便，大小件货物均可使用。钢丝绳使用有两种方法，如图 4-5-15 所示：A 图和 B 图中绑扎角度应尽量小，一般在25°以下，但考虑到实际困难，一般要求绑扎角度在30°~60°间。

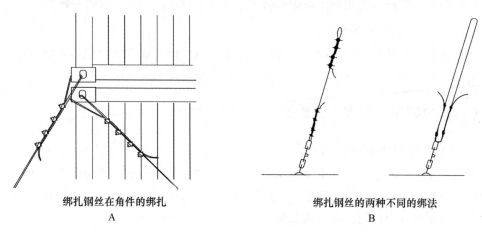

绑扎钢丝在角件的绑扎
A

绑扎钢丝的两种不同的绑法
B

图 4-5-15　绑扎钢丝使用

（3）紧索夹（Wire Clipper）：用来连接钢丝绳或将钢丝绳制成眼环结，为绑扎工作提供方便。使用紧索夹做钢丝绳眼环结，应符合下列条件，以防止强度大幅度降低：

①所用的紧索夹的数量和尺寸应与钢丝绳的直径成比例，数量不能少于 4 个，其间距不小于 15 cm；

②夹子的鞍座部分应装在动载段，U 形螺栓应装在静载或缩短端段；

③紧索夹应先上紧至明显卡进钢丝绳中，待系索受力后再上紧，如图 4-5-16 所示。

（4）卸扣（Shackle）和松紧螺旋扣（俗称花篮螺丝）（Rigging Screw）：用来连接绑索和甲板上眼环，也可以使两根绑索连接起来；松紧螺旋扣能在绑索松弛时用以收紧，是绑扎中常用的器材。它们的强度应与绑索强度相等，如图 4-5-17 所示。

图 4-5-16　紧索夹使用

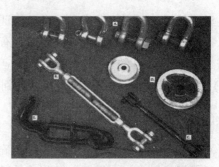

图 4-5-17　卸扣和松紧螺旋扣

（四）系固方法

1. 填塞（Chocking）、支撑（上撑 Shoring，横支 Bracing，下压 Tomming）

普通件杂货装舱后的系固，一般采用填塞、支撑等方法，不必使用专用的系固属具。其目的是以防货件在航行中倒塌或移位而造成货损或其他危险。如卷钢的系固就是用方木进行填塞、支撑，再用钢丝或钢带将上、下各卷钢连成一体，以防卷钢移位。

2. 用专用系固属具系固

对单件较大货件的系固必须采用专用的系固属具，因为这些货物如果在航行中发生移位后果很严重，如重型车辆的系固就是使用专用的绑扎链和三角垫木。

（五）货物单元系固一般要求

1. 各系索松紧适宜且受力均匀

对货物单元上的系索，既要使其紧固而不致松动，又要防止过紧而折断，同时还要易于解开，以便发生意外时能立即松开。货物单元一侧的系索应保持在同一松紧度上，这样才能保证各系索受力均匀，避免因松紧不一导致某些系索破断。

2. 系索长度不宜过长

系索长度过大，不易收紧，且可能因弹性变形而松动，更不能一索系多道。

3. 系固角应适当

过小的系固角不利于防止货物倾倒，而过大的系固角不利于防止货物水平移动。因此，为提高系固效果，应选取适当的系固角，一般应取 30°～60°。

4. 如需要，使用防滑材料增大摩擦

使用防滑材料增大货物单元与甲板间的摩擦力，从而减小了货物单元的水平移动力，系索道数可相应减小。

5. 注意系固设备的正确操作和使用

不同种类的货物单元在不同的堆装条件下，应使用与之相适当的系固设备，如使用不同的系索、松紧装置等。各种系固设备应正确操作，防止造成损坏或未达到预定的系固效果。系固钢丝绳不应大角度弯曲，以免破断。

6. 系索与其他方式的联合固定

除采取系索固定外，根据需要可采用木材支撑、木楔塞紧等方式固定。

7. 保证货件不受损伤

为避免系索直接接触货物表面而压损或磨损货件，应在规定的部位进行系固，必要时在系固部位先加垫。对怕水湿的货物，除合理选择舱位外，在系固前应先铺盖油布，易腐蚀部位应涂上防护油脂。

8. 系索尽量横向和纵向对称分布

系索布置对称，可使其左右或前后受力均衡，而不会形成一侧系索因受力过大而失效的不利情况，当货件上无系固点需在一侧固定时，每道系索应先绕货件一周后再两侧固定。不能一索系多道。每个生根的地令上不能超过三根系索，且方向不能相同。

五、保证海上货物运输质量的主要措施

（一）做好货舱准备工作

根据海上货物运输合同，通常要求船方应谨慎处理，以便使货舱及其他载货场所适于并能安全收受、载运和保管货物。

凡由于货舱不适宜或货舱设备存在缺陷，由此造成的货物损失，船方必须承担责任。因此，做好货舱装货前的准备工作，使其适合所装运的货物，是船方货运工作的一项很重要任务。

1. 一般干货舱的准备工作

对于一般干货舱，在装货前应检查是否清洁、干燥、无异味、水密和设备完好。

（1）在卸货结束时即应对货舱进行清扫，将未卸净的货物底脚集中清除。装货前应检查，舱内各部位不应有残留的有害杂质或易污染包装或货物的污秽物。根据拟装货物的具体要求，必要时应用水将货舱冲洗干净。

（2）在装货前应将污水井中的污水、杂物除净。应检查舱内各部位，保证无积水、漏

水、汗水、漏油及潮湿现象。

（3）舱内应无腥味、臭味、怪味和刺激性气味等异味。如舱内有足以影响货物的异味，则要求在装货前予以清除。加强换气通风是一种最为简单的方法，但对一些特殊气味，可考虑采用热水洗刷、粗茶熏蒸、化学除臭、臭氧除臭等方法来达到消除的目的。

（4）船上应无鼠害和足以影响货物品质的虫害。平时做好防鼠工作，并按要求定期对货舱进行熏蒸。

（5）货舱必须水密，舱盖、双层底人孔盖在关闭时应无缝隙，靠近淡水舱、压载水舱和燃油舱的舱壁及内底板无裂缝和锈蚀孔洞，首尖舱截留阀应能正常启闭；通过舱内的测深管、空气管等不得有破损；舱壁护板、人孔盖、污水沟（井）的盖板不得有缺损；通风管系及设备应完好并能正常工作。在装货前，应对货舱的水密和设备完好进行认真的检查。

2. 液体货舱的准备工作

液体货舱在装货前的准备工作比干货船的要求更为严格。除了和干货船准备有些相似的要求外，对货舱干燥、无异味、无铁锈、无杂质的要求更高。

（二）做好货物装卸准备工作

1. 装卸设备的准备

在开舱装卸货物之前，首先应确认是使用岸上还是船上装卸设备。如使用岸上的装卸设备，应先将船上的吊杆尽可能升高固定（克令吊则甩至外档），以免在装卸作业中被损坏和影响装卸作业。如使用船上的装卸设备，应事先了解工班数，通知机舱按开工工班数送电；把吊杆升至合适的位置，收紧固定稳索；检查吊货索具，检查滑车、吊货钢丝、起货机转动部分的润滑情况并试操作。

2. 安全设备的检查

在装卸货物前，应检查货舱和甲板上的安全设备，使其处于正常工作情况，如货舱的梯子、舱口围栏杆、消防水管、消防栓等。

3. 舱盖的打开

除非天气不稳定，否则应在开始装卸前把舱盖打开。打开底舱时应注意防止底舱盖在提起过程中对二层舱舱口围周边货物的损伤；舱盖打开后，如遇天气不稳定，一定要做好及时关舱的准备。

4. 安全检查

在开始装卸货之前，应重点检查装卸现场是否有影响人身安全的隐患。如放置在甲板上的舱盖板是否已放稳落实；作业场所是否留出了足够宽度和安全的人行通道；甲板、舱内地面上有无油渍打滑；舱内灯光照明是否足够；舱内各角落是否有有害气体残存；上下舱的壁梯是否有缺损；拖在地上的舱灯电缆是否绝缘良好；人孔盖及翻起式的底舱舱盖是否已用固定销锁好；舱内货物有无倒垛危险等。

除上述内容外，还有装卸货衬垫、隔票物料的选择和准备等。此外，装运冷藏货、粮食及液体货时，货舱还须通过商品检验部门（我国为检验检疫局）的检验，取得验舱合格证书后，方可装货。

（三）做好看舱理货工作

船员看舱理货对保证货物质量有重要的意义，货物在舱内的堆码、衬垫、隔票、系固等直接影响货物在航行中的安全和质量。因此，必须认真做好货物装卸过程中的看舱理货工作。

1. 一般原则

（1）货物装卸现场应有专人指挥。在装卸贵重货物、重大件货物及危险货物时，大副（必要时包括船长）应亲临现场指挥。

（2）严格督促装卸部门按配积载计划进行装卸。港方要求调整配积载计划必须理由充分并不至于打扰整个装载计划。对于仅为装卸上的方便而要求调整配积载计划，船方一般应予拒绝。

（3）装卸货时，根据需要安排船员做好看舱理货工作，防止出现货损货差和货物被偷盗事故。装卸件杂货，可申请理货部门理货，但船方不能放弃对理货部门的监督之责。

（4）在装卸货期间应随时检查货物的堆装、衬垫和隔票情况。如发现和配积载计划的要求不一致，应立即制止，如将影响货物运输质量，应坚决要求返工。

（5）在装卸货期间应经常检查吊货索具和起货设备的使用情况。在装卸重大件和危险货物时，吊货索具和起货设备应降负荷使用。

（6）装卸危险货物之前应向港口的海事主管当局提出申请，经批准后方能进行。危险货物的装载应申请港口的海事主管当局监装，并出具监装证书。

（7）在装卸具有燃烧、爆炸、毒害性等危险性货物之前，应确切地了解清楚其理化特性，易诱发危险的外界因素，一旦发生危险时应采取的应急措施。

（8）在装卸过程中，如发现船舶不明原因倾斜或污水井中的污水不明原因增加，应暂停装卸，迅速查明原因。

（9）在装卸过程中如遇到雨雪天气，通常应立即组织船员关舱（不怕湿的货物除外）。如货主坚持要求装卸，必须让货主留下"船方对湿损不负责任"的字据。

（10）在港口装卸工人休息吃饭或暂时停工期间，应及时切断起货机和不用的照明电源，以确保货舱安全。

2. 装货时的监督管理

装货时船员的监督管理职责还包括以下 5 个方面：

（1）监督装船货物的质量，主要观察包装外表有无损坏。因货物一上船就意味着船方接受货物并开始对货物的质量负责，如发现货物包装不固、标志不清不当或货物外包装有破损、水湿、污损等应报告大副或视情况拒装、退换或批注或进行其他处理并做好现场记录。

（2）随时注意装货进度和情况，督促装卸工人按操作规程和配载图的要求进行作业。装载情况如有变化应及时请示大副，并记录货物装舱的实际装载位置和隔票情况。遇到装卸工人不按配载图装货或违反操作规程时，应当立即纠正，无法及时纠正时应立即报告值班驾驶员或由值班驾驶员与装卸公司进行交涉并采取必要的措施。

（3）督促理货人员正确理货、检残、分清原残、工残，做好现场记录及签认。需船员自己理货计数时（一般是对主要货物采取重点理货），看舱人员在每票货物装完后应和港口理货人员核对装船数字。双方数字如不符或与装货单数字不符时，应由大副处理，必要时进行重理。

（4）装载粮食、谷物以及动物、植物和木材等货物的舱室，应事先申请商检和动植物检疫部门验舱，验舱合格后应要求出具证明。

（5）装货结束，大副应会同有关人员检查货舱，当确认一切正常后及时封舱。

3. 卸货时的监督管理

卸货时船员的监督管理职责还包括以下 4 个方面：

（1）卸货时应特别注意混票和混卸，当货物卸到分票处时，值班驾驶员应亲自到现场掌握情况。

（2）卸货过程中如发现货物残损时应分清是原残或工残，遇有残损情况应分清责任，记录在看舱记录本上，应及时通知值班驾驶员和大副到现场查看，查清货损原因。由于装卸工人操作不当所造成的事故，应与装卸公司和现场理货共同做好现场记录。

（3）看舱人员应及时清理货舱和整理好衬垫物料，供下一航次使用。

（4）卸货结束后，大副应会同有关人员检查有无漏卸货物。

（四）做好航行途中的货物管理

为了保证货物运输质量，在航行途中，船方应对其尽到谨慎保管和照料职责。

（1）需要通风的货物，在航行中只要气候条件允许，就要采取相应的通风措施。通风完毕后，应关好所有水密门。

（2）装载易受高温、高湿危害及自燃性货物，应按时进舱检查，及时掌握情况。

（3）对于重大件及甲板货，应检查其绑扎加固情况，遇有松弛和松动情况，应及时紧固。特别在大风浪来袭前要认真检查，大风浪时更不能疏忽。

（4）运输冷藏货物时，应定时测量温度，如有波动应联系机舱及时调整。

（5）运输有生命的动、植物时，要配合专门押运人员做好途中管理工作。

（6）按时测量污水井，及时排出污水，使其不致外溢而浸湿货物。

（7）遇恶劣天气，舱口盖、通风筒必须严密封闭，不致使海水进入舱内。

六、物料管理

（一）物料的申请

（1）船舶根据航次任务、年度单船计划费用指标和船舶实际需要等，按时向公司相关部门申报物料申请单。

（2）船舶物料申请单应填清物料的名称、规格、型号和数量，经大副或轮机长审核、船长批准签章后报公司审批。

（二）物料的验证

（1）供货物料要配齐相应的产品证书、规格、名称和质量说明。

（2）物料供船时，船上主管人员要认真验证，确认型号、规格、数量、质量及合格资料无误，并向公司报告验收情况。

（3）验收和使用过程中发现质量问题时要及时向公司反馈。

（三）物料交付的保安措施

（1）与船舶物料交付有关的保安措施应：

①确保检查船舶物料和包装的完整性；

②防止船舶物料未经检查而被接受；

③防止破坏；

④防止接受未预订的船舶物料。

（2）在保安等级1，《船舶保安计划》规定了交付船舶物料期间应采取的保安措施，包括：

①在装船前进行检查，以确认其与预订内容相符；

②确保立即对物料的储存采取保安措施。

（3）在保安等级2，《船舶保安计划》应通过在接受物料上船之前进行核对并加强检查，规定在交付船舶物料期间将采取的附加保安措施。

（4）在保安等级3，船舶应服从对保安事件或其威胁进行反应的机构发出的指令。《船舶保安计划》应详细列出船舶在与反应机构和港口设施密切合作中可由船舶采取的保安措施，其中可包括：

①对船舶物料予以更详细的检查；

②准备限制或停止船舶物料操作；

③拒绝接受船舶物料上船。

（四）物料的保管

（1）认真做好船舶物料的使用资料统计及供耗统计。

（2）船上要设专人保管物料并建立物料册，对所有物料进行清点登记，并按安全管理体系要求及时向船公司报船舶物料报表。

（3）对重要的生产物料、消防救生物料要建立档案，严格掌握有效日期并及时申请更换。

（4）船舶物料要妥善存放，做好必要的衬垫、绑扎工作，防止翻倒、震动、碰撞。不同种类的物品不能混放。物料存放架（柜）要悬挂标账牌。

（5）建立进出库账册，若物料进出库要及时更改物料册记录。

七、产生海上货运事故的主要原因

海上货运事故产生的原因，归纳起来，主要有以下六个方面：

1. 配积载不当

（1）货物舱位选择不当。是指货物理化特性与所选配的舱位、货位条件不适应。如将怕热、忌高温、易融化的货物配置于靠近机舱、加热管系等热源附近的舱位、货位；将忌湿、怕潮的货物配置于甲板或易产生汗水的舱内货位；将要求经常通风的货物配置于深舱或底舱等通风不良的舱位、货位等。其结果是造成货物的融化、水湿、发霉、变质，甚至发生危险。

（2）货物搭配、隔离不当。是指将性质互不相容的货物临近配置，且未采取适当的措施。如将扬尘污染货物配置在清洁货物附近；将气味货配置在怕异味的货物四周；散发水分的货物与忌潮湿的货物同舱混装；危险货物之间的不当隔离等。货物之间搭配、隔离不当有可能造成被污染、串味、破损、潮解，甚至引起燃烧、爆炸等严重事故。

（3）货物堆积、系固不当。是指货物未按其自身特点及运输条件进行堆放、系固。如货物堆码不紧密，垛行及垛码方式不符合货物要求；未给需要通风的货物流出通风道；未按要求对货物进行系固或系统方式不当等。货物堆积、系固不当可造成货物移位、倒塌、相互挤压，甚至危及船舶安全。

（4）货物衬垫、隔票不当。是指未按货物的特性及运输保管要求对其进行适当的衬垫与隔票。如应该衬垫的部位未加衬垫或衬垫方法不当；衬垫材料选择不合适等。对不同到港、不同货主的同种类、同规格、同包装的货物不予隔票或隔票材料选择不当等。货物衬垫不当可造成货物的汗湿、污染、压损、掺混或移动；货物隔票不当有可能引起货物的混票，造成货物错卸、漏卸。

2. 货仓不适货及货舱不符合要求

（1）货舱不适货。是指在装卸前未对货舱进行必要的处置，货舱状况不适合承运所配置的货物。如货舱不清洁、不干燥、有异味、有虫害，未通过商检、动植物检疫等。

（2）货舱设备不符合要求。是指货舱的设备技术状况不良，存在缺陷。如污水沟、污水井不畅通，排污设备故障；人孔盖、舱口盖不水密，舱内管系、液舱渗漏；舱内电器、电路老化不绝缘，货舱壁护板缺损；舱内通风、排气、制冷、加热、监视报警系统故障等。

3. 装卸作业中产生的货损货差

（1）装卸机械、设备、索具有缺陷。如在装卸前未对装卸机械、设备、索具进行认真的检查，在装卸货期间突然发生故障，造成货物跌落损坏。

（2）装卸操作不当。如在装卸货期间使用手钩、撬棍；违章拖关、倒关；吊杆超负荷等。操作不当或违章操作极易造成货物外包装的破损，甚至涉及货物的内容。

（3）值班人员疏于职守。装卸货期间，值班看舱人员疏于职守，对装船前已存在的货物缺陷未能及时发现并予以处置，让其蒙混装船；对未按配积载计划装船以及违章操作的现象不能及时发现、制止；对贵重货物、重大件货物、危险货物未能认证监督装卸船，以致被窃或发生危险等，都是造成货损货差的原因。

4. 运输途中货物保管不当

（1）货舱通风不当。航行途中，货舱通风不及时或采取的通风措施不当，可能会使舱内产生大量的汗水或使舱内缺氧或聚集大量有害气体，以致引起货物受潮、发霉，或因积热不散而引起货物自燃，甚至发生火灾、中毒事故。

（2）排污、加固措施不及时。航行途中，对污水沟、污水井中的污水不及时测量并排除，会造成污水的外溢而湿损舱内货物；大风浪中不及时对货物的系固索具进行检查、再加固，可能会造成货物移动、倒塌、相互挤压而损坏。

（3）对某些特殊货物途中管理上的疏忽。对冷藏货物、危险货物等特殊货物途中检查和管理上的疏忽大意，可能会造成这些货物的腐烂变质甚至发生危险。

5. 货物本身原因

如动物的疾病、死亡；易腐货物在长途运输过程中发生腐烂或变质；谷物、煤炭在运输过程中的发热、自燃等。

6. 不可抗力所造成

如航行途中遭遇恶劣天气，因不能通风而造成货物的汗湿、霉烂；航行途中遇到八级以上的大风，货舱进水引起货物湿损，或舱内货物倒塌造成相互挤压破损等。

八、固体散货的监督管理

无论何种固体散货，在整个运输过程中，如操作不当，都可能危及人身和船舶安全，为此应注意以下事项：

（1）在装货前、装货、运送和卸货过程中，应遵守所有安全注意事项，包括有关国际规则、国家规定和要求。

（2）某些散货易于氧化从而造成缺氧、散发毒气和自热，也有一些散货不易氧化，但能散发毒性气体，特别是在潮湿时，还有一些货物潮湿时对皮肤、眼睛黏膜或船舶结构具有腐蚀性。为此，应特别注意人身防护并遵守装卸货规定，并采取预防措施。

（3）很多物质散装运输时，常会造成货舱缺氧，如谷物、黑色金属、硫化金属、精矿和煤等。装有这类货物的货舱或毗邻货舱中含有的氧气可能不足以维持生命，进入前必须进行充分的通风，并证明全舱氧气已重新达到正常水平。

（4）有些货物的粉尘不仅吸入有害，就是长时间沾染在皮肤上也有某种有害作用。为了减小粉尘对人体的危害，应减少人体在粉尘中的暴露时间，穿用防护服和涂抹防护膏，对身体的裸露部分及时冲洗，对粉尘污染的外衣及时清洗。

（5）紧急情况下进入货舱时，必须在驾驶员的监护下，由经过训练的人员戴自给式呼吸器进入，必要时还应穿防护服。

（6）船上应配备可测定可燃气体或氧气浓度的相应仪器，且船上人员应掌握其性能、使用方法并了解其局限性。

（7）某些货物粉尘与空气混合会形成可爆混合物，在装卸或清扫货舱时尤其如此。这期间应进行充分通风，防止空气中充满粉尘。以水冲洗代替清扫，可使爆炸危险减至最小。

（8）某些货物可产生足以形成爆炸危险的可燃气体，在一定条件下可与空气形成可爆混合气体，对装有此类货物的货舱及毗邻的封闭舱柜应予以有效的连续通风。

（9）每艘船上应备有 WHO、IMO 和 ILO 制定的《涉及危险品事故中应用的医疗急救指南》（MFAG），其医疗建议可从中查找。

（10）装载可产生毒气和可燃气体的货物时，货舱中必须设有有效的通风系统。

（11）装运散装谷物的船舶，熏舱时应按 IMO《船舶安全使用杀虫剂的建议》规定操作。船上应备有该文件，供船员查用。

九、货物系固手册

《货物系固手册》（*Cargo Securing Manual*，简称 CSM）是根据 IMO 的《货物系固手册编写指南》编写。为了具体执行《货物系固手册》，规则规定除装载液体散货和固体散货以外的国际航行船舶在装载货物运输单元时，必须配备由主管机关批准的《货物系固手册》。

《货物系固手册》应根据船舶的具体情况编制，要求包括的主要内容有以下几点：

（1）总论：包括编制手册的依据、监督审批的主管机关、适用范围、定义及其他等。

（2）系固设备的配置、维修及管理。

（3）货物运输单元的积载和系固原则。

（4）IMO 推荐的 12 种典型非标准货物的安全积载和系固操作方法。这 12 种非标准货物包括在非专用集装箱船上的集装箱、移动式罐柜、移动式容器、滚动（轮载）货物、笨重件货物、卷钢、重的金属制品、锚链、散装金属废料、挠性中型散装容器、甲板下积载原木和成组货物的安全积载和系固。

（5）货物系固方案评判及核查表等。

第五章　水手工艺技能

第一节　船舶缆绳

船舶缆绳按照制作材料可分为纤维缆、钢丝缆和复合缆。船舶缆绳的规格可用缆绳的直径或周长来表示，测量缆绳直径时应量取最大直径，根据缆绳直径可以估算缆绳强度。正确使用与合理保管船舶缆绳，能减少事故的发生，保障人员及船舶安全。

一、船舶缆绳的种类和特点

（一）纤维缆

纤维绳是以植物纤维或合成纤维搓制而成的绳索。以植物纤维搓制的缆绳叫植物纤维缆（Natural Fiber Rope），以化学纤维搓制的缆绳叫化学纤维缆（Synthetic Fiber Rope）。

1. 植物纤维绳

（1）白棕绳。是以野芭蕉或龙舌兰（剑麻）的纤维制成，呈浅黄色，质软而轻，有一定的浮力和弹性，受潮后纤维膨胀 20%～30%，发硬。质地最佳者为菲律宾马尼拉出产，故又称马尼拉绳。

（2）白麻绳。是用白麻纤维制成，强度大，但易吸水而腐烂，高温下变脆，船上少用。

（3）油麻绳。是用焦油浸过的麻纤维制成，吸水性降低，但纤维发脆，使弹性和强度减低。目前只用作绑扎细索。

（4）椰棕绳。用椰子壳的纤维制成，质轻，浮力和弹性好，常用作拖缆，但强度弱。近来已被合成纤维所代替。

（5）棉线绳。是用棉纤维制成，质轻，并柔软，但易吸水而腐烂，船上常用作旗绳和计程仪绳。

2. 合成纤维绳

（1）尼龙绳（Nylon Rope）。也称锦纶绳，是最早的一种化纤绳，品种最多，用途最广。尼龙绳是化纤绳中强度最大的一种，其特点有耐磨，对酸碱和油类等有一定的抵抗能力，但伸长率较大，弹性大，有一定的吸水性，耐气候能力较差，曝晒过久强度会下降。

（2）涤纶绳（Terylone Rope）。又称特丽纶绳。其强度仅次于尼龙绳，特点是耐高温、耐气候性，是化学纤维绳最强的一种，耐酸性好，怕碱，耐腐蚀，适于高负荷连续摩擦，伸长率很小，吸水率仅为 0.4%，但价格昂贵。

（3）乙纶绳（Polythpropylene Rope）。由聚乙烯纤维制成。耐化学药品性能好，但不耐热，也不适合在高温场所使用，干湿对其强度影响不大，低温时仍具有足够强度，并且柔软便于操作，能浮于水面，吸水率特小，在水中仍能保持良好的性能，适于水上使用。

（4）丙纶绳（Polypropylene Rope）。由聚丙烯纤维制成。强度比维尼龙绳大，其破断力为尼龙缆破断力的 51%～66%，质量最轻，柔软，吸水率特小，不怕油类及化学药品的侵蚀，不易吸灰尘，耐脏，能浮于水面，是目前最轻的缆绳。丙纶绳是目前船上配备的较多的一种缆绳，但耐热性较差，不适合在高温场所使用。

（5）维尼龙绳（Vinylon Rope）。其强度在化纤绳中最小，外表很像棉纱绳，弹性差，吸水性最大，耐油类和盐类物质，耐气候，价格比较便宜。

3. 纤维绳的结构

（1）左右搓绳。纤维绳的搓制方法是先由纤维丝搓成绳条，再由绳条搓成绳股，几根绳股再搓合成绳。由三股搓成的叫三股绳，由四股搓成的叫四股绳，也有由三条三股绳再搓成巨缆。绳子的搓法是每次向相反方向搓合，例如，条是向右搓的，股就向左搓，制成的绳就向右搓，这样搓成的绳叫右搓绳（Z 捻）。反之为左搓绳（S 捻），如图 5-1-1 所示。船上常用的白棕绳一般是右搓三股绳。绳子搓得紧的，股距短，称为硬搓绳，搓得松的，股距长，称为软搓绳。硬搓绳的弹性大，但拉力、柔软度和吸水性小，软搓绳则与之相反。

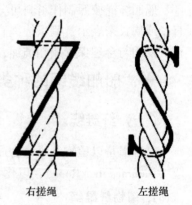

右搓绳　　　左搓绳

图 5-1-1　绳子搓向

（2）拧绞绳。由拧绞的八股分成四组，每组两股平行，其中两组为左搓，另两组为右搓，交叉旋绕，绞编而成。拧绞绳各股间受力平衡，不会出现扭结，摩擦系数大又便于操作，船上系缆多用拧绞绳，如图 5-1-2 所示。

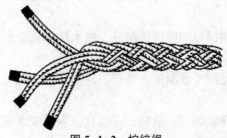

图 5-1-2　拧绞绳

（3）编织绳。绳子中间一股为拧绞的芯，外面包一层或两层由 8 股、12 股、24 股不等的小股编织而成，柔软性特别好，不扭结，但强度较弱，如图 5-1-3 所示。

图 5-1-3　编织绳

（二）钢丝绳（Steel Wire Rope）

钢丝绳的强度大、重量轻、使用寿命长。目前，船用钢丝绳有硬钢丝绳、半硬钢丝绳和软钢丝绳三种，如图 5-1-4 所示。

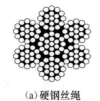  

(a)硬钢丝绳　　　　(b)半硬钢丝绳　　　　(c)软钢丝绳

图 5-1-4　钢丝绳的种类

（1）硬钢丝绳（Stiff Wire Rope）：整根钢丝绳全部由钢丝组成，其特点是丝数少，钢丝绳内无油麻芯，在钢丝绳中最坚硬，强度也最大，但使用不方便。船上多用来做静索，如桅杆、烟囱的支索，还用于与绞车配合的拖索和系船索。

（2）半硬钢丝绳（Semiflexible Wire Rope）：由 6 股钢丝中间夹 1 根油麻芯制成。例如，规格为 6×26+1 的钢丝绳，油麻芯含有焦油可以防锈，使用受力时能起到缓冲和减少内摩擦的作用，有利于缆绳的保养，使用也比较方便，船上用来做静索和动索，这种钢丝绳的强度较大，比硬钢丝柔软，操作使用比较方便，船上一般用作拖缆、保险缆和系船缆，也可用作吊货索。

（3）软钢丝绳（Flexible Wire Rope）：在 6 股钢丝绳中间夹 1 根油麻芯，每股钢丝中间也夹有油麻芯，如图 5-1-5 所示，其特点是柔软、质轻，在同直径的钢丝绳中强度最小，使用方便，船上常用来做动索，如拖缆、系船缆、滑车绳、吊货索、吊艇索、辘绳、牵引绳等。常用的有 6×24+7、6×30+7 等。

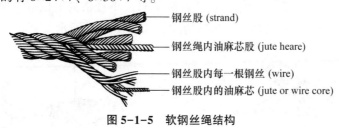

钢丝股 (strand)

钢丝绳内油麻芯股 (jute heare)

钢丝股内每一根钢丝 (wire)

钢丝股内的油麻芯 (jute or wire core)

图 5-1-5　软钢丝绳结构

（三）复合缆

除钢丝缆和化纤缆绳以外，我国等一些国家已生产出一种用金属与纤维复合而成的缆绳，称为复合缆。缆绳每股均有金属丝核心，外覆纤维护套，有 3、4 或 6 股，可用于系船缆或拖缆。这种缆绳强度较大，一根周长 8.5 in（1 in = 2.54 cm）粗的复合缆的强度相当于同样粗细的 2.5 根丙纶缆的强度。

二、船舶缆绳的规格与长度

（一）纤维绳的规格与长度

纤维绳的规格，根据船上的习惯，一般都量它们的圆周长，并用英寸作计算单位，因为估算强度时比较方便。但也有量它们的直径，用毫米做单位的。量取时，必须注意，要量它的最大尺寸。每捆 200 米，英制的是 120 拓（1 拓＝1.8288 米）。

（二）钢丝绳规格、长度与重量

钢丝缆的规格除用股数和丝数表达外，按国家标准，钢丝绳的大小是量其最大直径。可用卡尺测量，一般以直径（公制 mm）和周长 C（英制 inch）来衡量，正确的量法如图 5-1-6 所示。

其换算关系近似为

$$C/D \approx 18$$

式中：C——周长（in）；

D——直径（mm）。

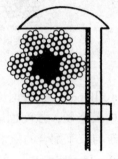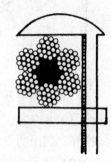

(a) 错误量法   (b) 正确量法

图 5-1-6 钢丝绳的量法

钢丝绳每捆的长度一般为 220 m，也有 500 m 一捆的。

三、船舶缆绳使用与保管

（一）植物纤维绳使用保管

（1）使用前应仔细检查，新白棕绳应内外呈奶黄色，鲜艳发光，外表光滑平整。

（2）开启新绳时，为防止扭结，打开新绳捆时，小规格的绳捆应自捆内的绳头拉出；大捆绳应使用转环或转钩将其吊起后边转边拉，如图 5-1-7 所示。

(a) 打开小捆绳   (b) 打开大捆绳

图 5-1-7 打开新绳

（3）使用中应防止过度摩擦，经常摩擦部分要用帆布或麻袋包扎。

（4）右搓绳应顺时针方向盘卷。

（5）受潮后易发硬、腐烂、缩短，并降低强度和弹性，受潮的绳索应晒干后收存。平时应卷存于绳车或格子板上，用帆布罩盖好，防止雨露或曝晒。

（6）库存时应保持适当的温度（10 ℃～21 ℃）和湿度（40%～60%），并注意良好通风。

（7）防止与酸、碱、盐等化学品接触以免腐烂。

（二）合成纤维绳使用保管注意事项

（1）合成纤维绳怕火、怕高温，应远离火源，防止曝晒。上滚筒收绞时圈数不要太多，也不要在缆桩上溜缆，以防止摩接产生高温而熔化，它们的熔点和比重如表5-1-1所列。

表 5-1-1　合成纤维缆熔点和比重表

名称	熔点（℃）	比重
尼龙	250	1.14
涤纶	260	1.38
维尼纶	135	0.95
丙纶	165	0.91

（2）纤维丝怕割裂，经常摩擦处，如琵琶头，处于导缆钩的部位，要用帆布或皮子包扎。

（3）伸长率大，有利于吸收冲击负荷，但万一断裂时，往回抽打，容易伤人，操作时不要站在拉力线方向上。

（4）在负荷情况下，从缆桩或滚筒上放出时，要特别小心，由于它摩擦力小，不注意则会伤人。

（5）在缆桩上绕"8"字花之前，最好先绕2～3个单圈，便于控制。

（6）绳索受潮后对强度有少许影响，受潮的绳索受力后会溢出水分。

（三）钢丝绳的使用与保管

（1）使用时不可有扭结或急折，否则会折断钢丝，并易产生股隙吸收潮气而生锈，降低强度。

（2）吊重物时，操作要平稳，切忌急顿和反向弯曲。

（3）绳索的断丝在10倍直径长度内超过5%时不能再用。例如直径为20 mm的6×19的钢丝绳，如果在20 cm长度内发现6根断头时，就不能使用了。

（4）钢丝绳应卷存于绳车上并加罩，在滚筒上绞收时，圈与圈之间应排列整齐防止压叠，并应顺时针方向盘卷（指右搓绳）。

（5）切断钢丝绳时应先在切断点两边用细绳扎紧，以免松散。

（6）静索应涂油漆，每6个月重涂一次；动索每1～2个月除锈并涂钢丝油以防锈蚀。

（7）开启新绳时，可在甲板上滚动而拆开绳卷，或用一转盘将绳吊起，拉出外面的绳头，边转边拉。切不可从里面抽出绳头造成扭结。

（8）通过滑车或滚筒时，滚轮的直径至少是绳索直径的20倍。

四、缆绳强度概念

在工作中，为避免缆绳因超负荷破断而发生危险，不同种类和规格缆绳应在安全强度的范围内使用，如无相关资料，可用经验公式计算求其近似值。缆绳的强度有破断强度、安全强度和试验强度。

（一）缆绳破断强度

破断强度（Breaking Strength）是指缆绳逐渐受力，直至将其拉断时所需的最大负荷，一般用 B 表示。钢丝绳的破断强度可以使用表 5-1-2 所列公式进行估算。

新绳出厂时，一般均附有经过试验的强度说明。缆绳的强度是根据其所用材料优劣以及制法好坏来决定的，平时在使用时，可按以下经验公式估算其破断力：

（1）钢丝绳：$T = 0.04D^2$（t）或 $T = 420D^2$（N）

式中：T——钢丝绳（6×24）的破断力；

D——钢丝绳直径（mm）。

（2）化纤缆绳：$T = 98kD^2$

式中：T——化纤缆的破断力，N；

D——缆绳的直径，mm；

k——系数，一般丙纶绳为 0.74～0.85，尼龙绳为 1.19～1.33，改良的丙纶绳为 1.10～1.21，复合缆为 2.0。

表 5-1-2　钢丝绳破断强度

规格	公制（mm）（D 为直径）	英制（inch）（C 为周长）
	破断强度（N）	破断强度（kN）
6×7	$9.8×47D^2$	$9.8×3.1C^2$
6×12	$9.8×31D^2$	$9.8×2.0C^2$
6×19	$9.8×45D^2$	$9.8×2.9C^2$
6×24	$9.8×42D^2$	$9.8×2.7C^2$
6×30	$9.8×35D^2$	$9.8×2.3C^2$
6×37	$9.8×45D^2$	$9.8×2.5C^2$

注：表中 D 为直径，单位是毫米（mm）。

（二）缆绳安全强度

安全强度（Safe Working Load），也称使用强度。是指缆绳在安全范围内所能承受的拉力，是缆绳经常使用的强度。在船用缆绳的产品证书上均有明确规定。根据缆绳的破断强度和工况等取一个安全系数，得到安全工作负荷，即：

安全强度＝破断强度/安全系数

在使用中，一般安全系数取 6。带缆的安全系数取 6～8，拖缆为 8～10；具体使用时，还须根据不同的工作需要、缆绳的新旧程度、接插方法等情况来选定不同的安全系数。如钢丝绳插接后强度降低 10%，已生锈的降低 30%，过度拉伸受伤的降低 50%；受潮后白棕绳强度下降 45%，化纤绳下降 5%～10%。

（三）绳索的试验强度

绳索的试验强度，亦即验证负荷，是绳索制造厂对其产品进行拉力试验时所采用的强度标准，一般都是破断强度的 3/4。

五、船舶缆绳重量

（一）纤维绳的重量是以每捆（200 米）多少公斤来计算

表 5-1-3 为纤维绳重量的计算公式。

表 5-1-3　纤维绳重量

绳的种类	重量（公斤）	绳的种类	重量（公斤）
白棕绳	$0.141 D^2$	涤纶绳	$0.147 D^2$
油麻绳	$0.121 D^2$	维尼龙绳	$0.120 D^2$
尼龙绳	$0.121 D^2$	丙纶绳	$0.097 D^2$

注：D—绳的直径；毫米。

（二）钢丝绳的重量

钢丝绳的重量 W 可用下列公式进行估算：

$$W = kD^2$$

式中：W——每百米钢丝绳的重量（kg）；

D——钢丝绳直径（mm）；

k——系数，硬钢丝绳取 0.45、半硬钢丝绳取 0.35，软钢丝绳取 0.30。

第二节　索具和滑车

船上常用的滑车有铁滑车和木滑车两种，主要用于构成绞辘，用来改变力的方向或省力。配合绳索使用的配件统称索具，船上常用的索具有卸扣、眼板、钩、眼环等。

一、滑车与绞辘

滑车与绞辘是起重工作中必备的工具，它既可以改变用力的方向，也可以达到省力的目的。为了保证工作顺利进行，必须掌握它们的构造、性能、使用和保养，这不仅有助于延长使用年限，而且可以防止事故的发生。

（一）滑车（Block）

船上常用的滑车有铁质和木质两种，滑车按其滑轮数目的不同，又可分为单轮滑车、双轮滑车和多轮滑车。按车壳结构分为普通滑车和开口滑车，开口滑车为单饼的铁滑车或木滑车，在滑车壳上装有搭扣可以把绳索的中段放入滑车索槽，关上搭扣滑车即可工作。这种滑车用来引导绳索改变拉力方向，而无须用绳头穿引。不同种类的滑车结构基本上是相同的。滑车的结构及组成如图 5-2-1 所示。

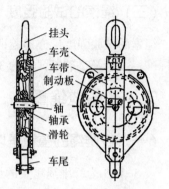

图 5-2-1　滑车结构及组成图

（1）挂头。滑车的挂头形式很多，有钩子、眼环、旋转环和卸扣等，可根据工作需要来选用。它的强度代表滑车的强度。

（2）车壳和隔板。车壳用铁板或木头制成，用以保护滑轮和防止绳索滑脱。多轮滑车的滑轮之间则用隔板加以隔开。

（3）车带。它直接连在车壳上，滑轮轴上的力由车带来承受，然后传递到挂头上。

（4）轴。轴用钢制成，它穿过滑轮后固定在车带上。其固定的方法有单头螺丝、双头螺丝和压板三种，受力大的滑车的轴都应采用压板固定法。

（5）滑轮和轴承。铁滑车的滑轮是用钢铁制成的，木滑车的滑轮可为铁、铜或硬木的。滑轮的中心为一轴承，系由铜、合金钢或滚珠制成。轴穿过轴承，滑轮在轴上能自由转动。

（二）绞辘（Tackle）

滑车与绳索配合在一起使用称为绞辘，如图 5-2-2 所示。

1. 绞辘各部位名称

辘绳：贯穿在滑车上的绳索。

力端：辘绳用力拉的一端。

根端：辘绳固定在滑车上的一端。

定滑车：固定在某处不动的滑车。

动滑车：吊重受力时移动的滑车。

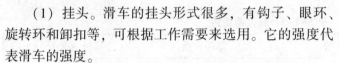

图 5-2-2　绞辘各部位名称

2. 绞辘的种类

（1）单绞辘：用一个单滑车和一条辘绳组合而成，如图 5-2-3（a）所示。

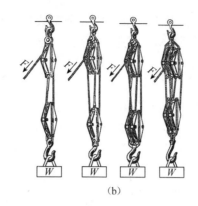

图 5-2-3　绞辘

（2）复绞辘：由一个定滑轮和一个动滑轮与辘绳组合而成，又称滑车组。

它的命名是根据定滑轮和动滑轮数来定的。如图 5-2-3（b）所示，由定滑轮和动滑轮组成的绞辘依次为 1-1 绞辘、2-1 绞辘，2-2 绞辘、3-2 绞辘。

（3）机械差动绞辘：又称差动滑车、机械滑车、神仙葫芦，如图 5-2-4 所示。它是利用齿轮传动比来达到省力目的的。它具有结构坚固、省力大、占地小、使用方便等特点，适宜于在狭小的地方进行起重作业，但工作速度较慢且吊升高度有限。其起重能力有 1/2 吨、1 吨、3 吨或更多，分别烙印在滑车上。

图 5-2-4　机械差动式绞辘

（三）滑车的规格及辘绳的配置

滑车的大小规格是以滑轮的直径来表示的，单位为毫米。木滑车以车壳的长度来表示，单位为英寸。

滑车的大小与所配置的辘绳有一定的比例关系，根据规范的要求，滑轮的直径与绳索直径之比应不小于表 5-2-1 的规定值。

表 5-2-1　滑轮直径与索径之比

滑轮用途		滑轮直径/绳索直径	
		动索	静索
钢索	吊杆装置（包括吊杆式起重机）	12.8	8
	起重机、潜水器吊放	19	8
纤维绳		6	

表中滑轮的直径应量至滑轮索槽底部处。滑车的构造应使滑轮与外壳隔板之间保持较小的间隙，以免卡住绳索。在起重设备系统中不允许使用开口滑车，该系统所使用的钢丝

索因工作需要的不同，各钢丝索采用安全系数各不相同，以保证绳索的安全。一般情况下，吊货索的安全系数取6，千斤索、稳索取5。

（四）绞辘的省力计算

绞辘省力的近似计算公式为

$$P = W(1 + fn)/m \times 9.8$$

式中：P——绞辘力端的拉力（N）；

W——吊起的货重（kg）；

n——绞辘穿过的滑轮数；

m——动滑轮上的绳索根数；

f——每一滑轮的摩擦系数，滑动轴承取5%，滚动轴承取2%。

二、甲板索具

配合绳索使用的配件统称索具，在使用中极易受到破坏，如果作业时发生破损，往往产生重大工伤事故。因此，应掌握常用索具使用的场合，并按产品强度标准选用合适的索具，使之在作业时确保安全。

目前船上常用的索具有卸扣、钩、眼环、紧索夹、心环、索头环、松紧螺旋扣、滑车等。

（一）卸扣（Shackle）

卸扣是甲板作业中广泛使用的连接索具，可用于绳索与绳索、索具与索具、绳索与索具之间的连接，具有连接可靠等特点，如图5-2-5所示。

直行卸扣许用负荷 = $44.1 D^2$（N）

圆形卸扣许用负荷 = $36.26 D^2$（N）

式中：D——卸扣本体直径（mm）。

使用注意事项：

卸扣在使用中应注意其强度状况，否则

图 5-2-5　卸扣

受力过大而变形，以致销子卡死。带螺纹的销子，应保护好螺纹不受损伤。卸扣的销眼和销子应经常加油使其润滑不易生锈，发现生锈应立即刮除。

（二）钩（Hook）

钩子（图5-2-6）用以钩挂物体，强度一般比卸扣小，长期挂重时可用绳子扎在钩间和钩把之间。吊挂的重量大时，使用卸扣比钩子安全。钩子斜钩在甲板、舷墙等处的活动眼环上时，应使钩尖朝上才不易滑脱。

$$许用负荷 = 9.8 D^2（N）$$

式中：D——圆背钩钩背直径（mm）。

使用注意事项：

（1）钩在甲板上使用时，如有斜度，必须使钩尖朝上，如果钩尖朝下，往往因钩受力而移动，使钩尖滑出而发生危险。钩在使用时，受力部分应保持在钩背的中心部分，否则易将钩折断。

（2）钩上如长时间挂有物体，应用小绳将钩背与钩尖之间扎紧。

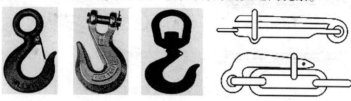
图 5-2-6　钩

（三）眼板（Eye Plate）

眼板（图 5-2-7）是一块带眼的钢板。三角眼板供拴系吊货索及钩子；甲板眼板焊在舷墙顶板或甲板上，供拴系支索或稳索之用。

$$许用负荷 = 75.46\,D^2\ (\text{N})$$

式中：D——眼板厚度（mm）。

图 5-2-7　眼板

（四）眼环（Ring Plate）

眼环（图 5-2-8）由一个固定眼环和一个活动眼环组成，主要用以钩挂各种动索。

$$许用负荷 = 29.4\,D\ (\text{N})$$

式中：D——活动眼环直径（mm）。

（五）松紧螺旋扣（Rigging Screw）

松紧螺旋扣（图 5-2-9），也叫花篮螺丝，由两段螺纹套筒及两根螺纹方向相反的螺纹杆组成，螺杆外端做成钩、环或卸扣，便于连接，用于收紧钢丝绳和链索，是甲板常用索具。使用时，转动

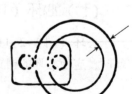
图 5-2-8　眼环

螺纹套筒，两端的螺杆能同时伸出或缩进，就可调节钢索、链条或拉杆的松紧度。强度以它螺杆上的钩、卸扣或环的强度为依据，螺旋扣的大小以整个螺旋扣最大与最小长度和螺杆的直径来表示。

使用注意事项：

（1）用于露天静索的螺旋扣要采用闭式的。

（2）松紧螺旋扣应经常加油，以防因腐蚀而咬死无法转动。

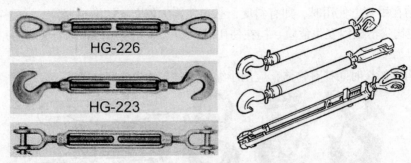

图 5-2-9　松紧螺旋扣

（六）紧索夹（Clamp）

紧索夹（图 5-2-10），也叫钢丝夹头或绳头卸扣，用于钢丝绳的绳端和其绳干扎紧，形成一个绳环，以便拴系在眼板、眼环或其他物体上；也可将两根钢丝绳接在一起，拆装迅速，使用方便，常用于绑扎货物和支索端部，作为临时连接。使用时，必须将钢丝绳的主干部分（长端）放在夹座一面，钢丝绳的短端压在 U 形圆头的下面以使绳端部分压紧防止滑脱，如图 4-5-15 所示。

图 5-2-10　紧索夹

（七）心环（Thimble）

心环（图 5-2-11），也叫嵌环，用于嵌在索眼中来防止绳索过度弯曲和磨损。选用心环时，应使心环的槽宽比绳索的直径大 0.5~2.0 mm。

图 5-2-11　心环

（八）索头环（Socket or Swaged Terminal）

索头环（图5-2-12）有叉头索头环和环头索头环两种类型。环的下面是一个上大下小的锥形孔，将钢丝绳头由小孔穿入，绳头散开，然后注以铅锌金属液，使绳头与环连成一体。这样既牢固又美观，常用于桅支索等强度要求大的静索上。索头环的强度是以环部或横销的强度来衡量的。

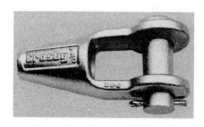 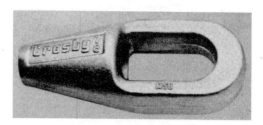

图5-2-12　索头环

国产索头环的产品有 A6CSC-59 与 B2.1CSC-59 等，其中 A 与 B 分别表示叉头索头环和环头索头环，6 与 2.1 表示安全工作负荷各为 $6 \times 9.8 \times 10^3 N$ 和 $2.1 \times 9.8 \times 10^3 N$，CSC-59 为产品的分类代号。

第三节　船体保养

为了保持船体及船舶设备处于良好的技术状态，降低修理费用，延长船舶的使用年限，改善船上的生活环境和清洁卫生，使船舶有较好的船容船貌，确保船员的生命安全和货物的正常运输，需要对船体进行保养工作。船体保养工作主要包括船舶清洁、除锈、油漆及甲板设备的养护工作等。

一、甲板的清洁

（一）使用甲板水冲洗甲板

甲板的清洁，一般是用甲板水进行冲洗。

在冲洗甲板前，首先通知机舱送甲板水，检查舱盖是否封闭水密，甲板上的电源插座是否盖严，住舱的窗户、舷门是否关紧，甲板货是否封闭盖好，甲板上的垃圾是否清除，排水孔是否畅通等，然后才能进行冲洗。

冲洗甲板时，要配备足够的人员，分工要明确，配合要默契。一般由两个人负责水龙，其中一人持水枪在前控制水柱方向，另一人在后协助移动水带，冲洗时一般按由上向下、由上风到下风、由高到低、由舷内到舷外的顺序进行。其他人员用竹扫帚扫出甲板垃圾及污水。

甲板上油迹较重的地方，可预先用洗涤剂或撒上木屑，然后用竹扫帚清扫，最后再用水冲洗。用海水冲洗后，最好再用淡水冲洗一遍，这样可以减少锈蚀，冲洗后积水要清扫干净。

（二）用淡水清洗甲板

集装箱船等船舶，由于甲板面积较小且所运货物比较干净，甲板污染较少，清洗甲板时，一般使用淡水。首先用淡水浸湿甲板，用长柄刷抹擦，擦时甲板应保持有水，然后用竹扫帚清扫，用水冲洗。如甲板上有油污时，先用肥皂水洗刷一遍，再用淡水冲净，冲刷以后，必须将积水全部扫净。在平时，雨后也要将积水扫去，保持甲板干燥。

二、船舶除锈

（一）除锈工具的使用

1. 手动除锈工具（图5-3-1）

（1）敲锈锤。用来敲斑点状和片状锈。敲锈时持锤柄约1/3处，利用手腕转动锤柄，根据锈的厚薄，用力适当，使锤刃垂直敲击铁锈。但不要损伤钢铁或留有很深的锤痕。

（2）刮刀和铲刀。刮刀有弯角刮刀和三角刮刀两种。铲刀有木柄铲刀和铜管合金铲刀。铲刀比较锋利，双手持柄往前推铲，粉状锈和老化漆膜都能较快铲净。铲锈时，铲面与铁面角度要适当，否则会损伤钢铁面且效率低。

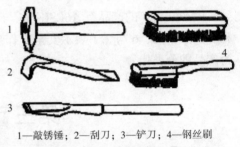

1—敲锈锤；2—刮刀；3—铲刀；4—钢丝刷

图 5-3-1　手动除锈工具

（3）钢丝刷。钢丝刷有带柄与无柄两种，且有粗丝、细丝区别。铁锈除掉后，都要用钢丝刷将钢铁面上的锈刷净，使之露出光泽来。

（4）防护眼镜。特制的平光防护眼镜，在敲铲除锈时必须戴上，以防铁锈飞溅，伤及眼睛。

（5）除锈工具的刃磨、检修。船上常用的敲锈锤、铲刀，由于敲锈过程中自然磨损，不好用时，需要刃磨方能继续使用。一般先在砂轮机上粗磨一下，敲锈锤不要磨得太锋利，在砂轮机上磨时要注意边磨边蘸水，不要让其退火。铲刀或刮刀在砂轮上磨过后最好能在磨石上再磨一下。刀刃锋利，工作起来又快又省力。敲锈锤、长柄铲刀用后要检修，发现木柄损坏要更换新柄，并要求安装牢固。

2. 机械除锈工具

（1）电动除锈工具（Electrical Scraper）。

手提式电动除锈机船上常用的一般是手提式电动除锈机。它是由一个除锈器（齿轮、钢片或钢丝刷轮），由电动机通过软管带动与锈蚀表面碰撞、摩擦而除锈，如图5-3-2所示。除厚锈可使用钢片锤头，除薄锈可使用齿轮锤头，除粉状锈可使用钢丝轮。操作时，左手握住锤柄，右手按住和控制锤头与锈面的接触面。电动除锈机，在大面积除锈工作中，效率较高。电动除锈机用完后要清洁一下，将它整理好放回室内。

图 5-3-2　手提式钢板除锈机

使用注意事项：

①使用前要检查工作电压是否正确，检查电线有无损坏，以免漏电而发生事故。

②使用前检查除锈器安装是否可靠，敲锈榔头有无断裂损坏，如发现损坏应立即更换备件。

③操作时要戴好防护眼镜。

④在使用过程中应时常检查榔头固定螺帽。不要使它有丝毫松动，以免螺帽松动榔头摔出伤人。

⑤电机及开关严防进水受潮。

（2）角磨机（Angle Grinder）（图 5-3-3）。

通过更换不同的砂轮片或钢丝刷，角磨机可用来进行除锈、磨光、切割等工作。除锈时应选用细砂轮片，砂轮片应选用增强纤维树脂型，其安全线速度不得小于 80 m/s，利用高速旋转的砂轮将铁锈磨去，由于清除铁锈时，对周围的油漆震动较小，对钢板的损伤也小，所以船上在清除小块铁锈时使用较多，清除薄锈时，将砂轮片换成碗状钢丝刷。

图 5-3-3　角磨机

使用注意事项：

①作业前的检查应符合下列要求：

a. 外壳、手柄不出现裂缝、破损；

b. 电缆软线及插头等完好无损，开关动作正常，保护接零连接正确牢固可靠；

c. 各部防护罩齐全牢固，电气保护装置可靠。

②机具启动后，应空载运转，应检查并确认机具联动灵活无阻。作业时，加力应平稳，不得用力过猛。

③使用砂轮的机具，应检查砂轮与接盘间的软垫并安装稳固，螺帽不得过紧，凡受潮、变形、裂纹、破碎、磕边缺口或接触过油、碱类的砂轮均不得使用，并不得将受潮的砂轮片自行烘干使用。

④砂轮应选用增强纤维树脂型，其安全线速度不得小于 80 m/s。配用的电缆与插头应具有加强绝缘性能，并不得任意更换。

⑤磨削作业时，应使砂轮与工作面保持 15°～30°的倾斜位置；切削作业时，砂轮不得倾斜，并不得横向摆动。

⑥严禁超载使用。作业中应注意音响及温升，发现异常应立即停机检查。在作业时间过长，机具温升超过 60 ℃时，应停机，自然冷却后再行作业。

⑦作业中，不得用手触摸刃具、模具和砂轮，发现其有磨钝、破损情况时，应立即停机修整或更换，然后再继续进行作业。

⑧机具转动时，不得撒手不管。

（3）风动除锈器（Pneumatic Hammer）。

风动除锈器一般有风锤、风轮和风刷三种。风锤借助压缩空气的作用，使锤头做高速度的伸缩运动，敲除铁锈。锤头分尖头、多角形和束状三种，在船上敲锈较多使用多角形锤头，如图5-3-4所示。风轮和风刷是装在一根可转动的主轴上，由于压缩空气的冲击使主轴高速转动，从而带动风轮或风刷旋转，即可除锈。

1—梅花形锤端；2—锤；3—手柄；
4—压缩空气接头；5—开关；6—锤体
图 5-3-4　风动敲锈锤

风动齿形旋转式除锈器，利用高速旋转的齿形片和金属表面的锈层相撞击而除锈，适合用于除薄锈层和旧漆层，如图5-3-5所示。风动钢丝刷是圆盘形的，如图5-3-6所示。它与一般钢丝刷用途相同，但效率要高出很多倍。

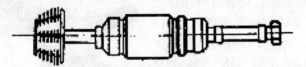

图 5-3-5　风动齿形旋转式除锈器　　　　图 5-3-6　风动钢丝刷

使用风动工具除锈时，要注意风管接头是否牢靠。除锈器不能有松裂现象，风压应在4个标准大气压以上，否则会影响除锈质量。冬天使用后应把压缩空气储气罐里的剩水放掉，以防工具冻结。连续使用时应经常加油。

（二）除锈方法

除锈的方法，一般是根据锈蚀的程度、部位采取不同的除锈方法。

船舶常用除锈的方法，按使用工具可分手工除锈、机械除锈。

按其操作方法可分局部除锈、大面积除锈（习惯叫出白）、栏杆除锈、链条除锈。

1. 手工除锈

用敲锈锤、刮刀、铲刀将钢铁表面的锈或氧化层除干净，并用钢丝刷将浮锈刷尽，使钢铁表面显出光泽，然后用棉纱头将钢铁面擦干净。如有必要，还须用铁纱布打磨一遍，用汽油或松香水清洗，将所有的油污、锈粉擦洗干净，然后再涂防锈漆。手工除锈劳动强度大、效率低，但使用灵活，在不能使用机械除锈的处所及局部除锈的部位仍需手工除锈，每小时约可除锈 $1 \, \mathrm{m}^2$。

2. 机械除锈

用电动或气动除锈机的除锈器，摩擦或撞击金属生锈的表面，从而除去铁锈。由于其除锈的局限性，最好再用手动工具找一遍，将遗漏的部分除尽。机械除锈主要用于大面积除锈，效率高，每小时可除锈 $3\sim4$ m^2。

3. 局部除锈

除锈时只需将生锈的地方用敲锈锤敲掉锈，然后用铲刀将敲过的地方铲成方形或圆形，并将漆膜周围铲成斜坡形，再用钢丝刷将显露出来的钢铁面上的粉状锈刷尽，使钢铁面露出光泽来，用棉纱头擦净浮锈，便可涂防锈漆。

4. 大面积除锈（习惯叫出白）

船舶大面积除锈，应充分利用机械除锈工具，可提高工作效率，并且又省力。除锈时先用机械除锈机除锈，根据锈的厚薄使用不同除锈器先敲一遍，再用手动敲锈锤将残留的锈敲净，然后用电动除锈刷或气动砂轮片、手动钢丝刷，在敲过锈的钢铁面上刷一遍，使钢铁面露出光泽。最后将除锈面打扫干净，用棉纱头擦净锈尘。如有油渍，可用汽油或松香水清洗，然后及时涂刷防锈漆，防止再度锈蚀。

5. 栏杆除锈

敲铲栏杆铁锈和漆皮，如果使用敲锈锤和刮刀除锈，工作效率较低，可用直径 5 mm 的小链条一根，在栏杆上绕一周后，用力来回拉动链条，铁锈和漆皮将很快被拉掉。此法对厚锈效果不佳。可用敲锈锤和铲刀除锈，最后用钢丝刷刷净，涂上防锈漆。

6. 链条除锈

船上各种链条的铁锈，用敲锈锤和刮刀除锈不易敲刮干净，而且效率很低。最好的方法是将链条放在沾有煤油的棉纱中，然后点燃，烧到一定程度（不能把链条烧红），把火灭掉，用锤子敲打链条，就可很快把铁锈除去，然后用钢丝刷刷干净。

以上几种除锈方法是船工日常养护船舶的通常做法。船舶进厂维修时，多采用高压水、喷砂除锈、抛丸除锈、砂轮除锈等方法进行大面积除锈。此外，还有化学除锈法即利用酸溶液与金属氧化物发生化学反应来除锈。其使用方法有浸渍、喷射和涂酸膏等，一般都是在厂内进行，船上尚未普遍采用。

（三）除锈要求

1. 出白

要求无铁锈、无漆皮、无污物，露出金属的本色。

2. 重铲

对局部腐蚀进行重铲，要求无锈、无污物，保留的漆皮应平整光滑，无酥松或过性漆皮。

3. 轻铲

要求无浮锈、无污物、无壳起的漆皮。

为达到以上要求，锈蚀处敲、铲后都要用钢丝刷把残剩浮锈擦刷干净。如果不是出白，除掉旧漆露出钢板的部分，应该铲成方形或圆形，钢板周围厚的漆膜要铲成斜坡，以便钢板补漆后漆膜平整。除锈时既要把锈除净，又不能用力太大，避免在钢材上留下锤痕，因为这些锤痕又会产生小的裂缝锈蚀。

（四）敲铲铁锈安全操作注意事项

（1）敲锈时必须戴上防护眼镜和棉纱手套。

（2）敲锈锤不能过于锋利，以免敲坏钢板，不应留有很深的痕迹。

（3）除锈时应先用敲锈锤将片状锈或斑点锈敲掉，再用铲刀将粉状锈铲除，并用钢丝刷刷干净，然后用棉纱擦净锈末。

（4）敲锈工作告一段落，应将工具收拾好。放回原处摆好，不要乱放，并将锈末打扫干净，及时涂刷上油漆。

（5）多人同时敲锈时，距离必须远些，并要注意锤柄有否松动，以免脱落发生意外。

三、油漆作业

（一）涂漆面的处理

涂漆前必须对涂物的表面进行正确的处理，才能保证涂料的附着力、使用寿命和美观，这对整个施工的质量关系很大。

涂漆前对涂物的表面进行正确的处理，是保证涂料的附着力、使用寿命和美观的重要条件。涂物的表面经处理后应无油污、水分，无锈斑、黏附性的杂质及氧化物，无酸碱等残留物。

1. 钢铁面的处理

（1）钢铁表面无锈，漆膜表面因长时间暴露、洗刷，漆膜表面已无光泽或已破损，需要涂漆。涂漆前应先将面上的灰尘、脏物、油渍洗刷干净，待干燥后才能涂漆。

（2）钢铁表面的漆膜老化，底层漆膜已无防锈作用，应将漆膜全部铲除，俗称出白。如果钢铁表面已生锈，应先将锈除尽，然后用棉纱头擦干净。如果有油漆，可用棉纱头蘸煤油或松香水擦去，才可涂防锈漆二度、面漆二度。

（3）如果钢铁表面局部生锈，可将有锈的地方用敲锈锤敲去，然后用铲刀将敲过的地方铲成方形或圆形，并把方形或圆形四周铲成斜坡状，最后用钢丝刷刷去粉状锈后，涂二度防锈漆和二度面漆。

（4）如果是新钢板，必须将其表面的氧化铁皮（俗称蓝皮）除净，方可涂刷防锈漆和面漆。

（5）所有电焊过的部位，都要用敲锈锤和钢丝刷将电焊药皮、氧化皮、电焊渣除净后，才可涂刷防锈漆。

2. 木质面的处理

木质面在涂漆前必须干燥。如果木质面在未干前就涂漆，其水分蒸发会引起漆膜起泡。木质面在涂漆前一般必须先刮灰、打磨，然后才能涂漆。也有先涂一度底漆以后再刮灰的。

常用的刮灰工具有牛角刮刀、钢皮刮刀和刮灰板等，如刮圆角面可用橡胶刮刀。一般对木质面的缝、眼、截面和粗糙面都应刮灰填平，要求较高的涂面还可以进行满刮，即全部刮一遍。

当油灰全部干透后，必须用砂纸打磨，可用 1 号或 0 号砂纸包小木块顺木纹打磨。将物面磨光以后，就可以涂漆。

（二）油漆作业

1. 油漆作业的顺序、操作要求

油漆作业的基本顺序：先上后下，先难后易，先里后外，留有退路。

油漆作业的操作要求：应做到三顺，即一要顺水，二要顺纹，三要顺光。一要顺水，如上层建筑和内部舱室一般采用上下涂刷。二要顺纹，如在木质涂面上应顺着木纹涂刷。三要顺光，如舱室内，天花板应顺着光线射入的方向涂刷。

2. 扁漆刷油漆方法

根据所涂部位的不同采用各种合适的漆刷对提高工作效率非常必要。使用扁刷时最好在刷根部钉一个小钉，以便把漆刷挂在漆桶上。

扁漆刷的握法有两种：一种叫握笔式，另一种叫握锤式。握笔式是基本的握式，一般涂刷小型设备或平面，采用握笔式涂刷很均匀，质量较好。握锤式是普遍采用的方法。在涂刷天花板或大面积涂刷油漆时使用。采用握锤式涂刷方法，比较省力，工作效率高。具体施工时可根据需要交替使用。几种漆刷，如图 5-3-7 所示。

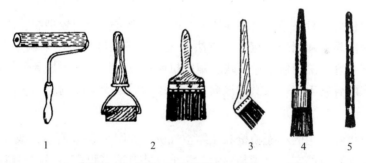

1—滚筒刷；2—扁刷；3—弯头刷；4—圆刷；5—笔刷

图 5-3-7　漆刷

涂刷油漆时。漆刷毛蘸油漆 1/3～1/2，然后把漆刷毛朝上，不使所蘸油漆下滴，再将油漆刷到涂面上。首先把油漆推开，转动漆刷使涂面上的油漆摊得又薄又匀，特别是涂刷不光滑的涂面，手腕要灵活转动，使涂面上每个小凹洞都能涂上油漆。如先横向涂刷，再进行上下方向修拉漆纹。每次漆刷拉漆纹方向一致，才能使油漆面接头平顺。

涂刷油漆时，有时必须涂刷两种不同颜色，如涂刷船壳水线等，交界处必须刷得直，应先涂刷浅色的，后涂刷深色的，先上后下，深色覆盖浅色要等被覆盖的漆表面干后方可进行。刷线时为了使漆刷拿稳，可以把中指、无名指和小指伸直，帮助大拇指及食指用力，就可使漆刷拿得稳，容易刷得直。

涂刷油漆的基本原则是：先上后下，即先涂刷上面后涂刷下面；先难后易，即先涂刷角落及狭窄的部位，后涂刷容易的部位；先里后外，即先涂刷里面，后涂刷外面。

如涂刷上层建筑物和内部舱室，一般采取上下垂直的漆纹，这样在雨天或清洁油漆面时水容易流下，并且平时也不易积聚灰尘。它的操作步骤如下：

先从左到右上下垂直地涂刷。使沾在漆刷上的油漆摊开，接着是左右来回涂刷，使已涂刷在涂刷面上的油漆刷得又薄又均匀，再上下来回垂直涂刷，使油漆漆纹清楚，油漆不流挂。

如涂刷船体内部及舱室天花板，则漆刷要少蘸漆，以免油漆滴下。漆刷要快。漆纹要按照光线方向，纵向或横向要一致，不要有的刷纵向有的刷横向，影响美观，如天花板是木质的，则应按木质纹路涂刷。

3. 滚筒刷涂漆方法

滚筒刷有短柄和长柄两种，所谓长柄就是由短柄滚筒刷用细铅丝接上长竹竿做成，用铅丝绑扎最少两道并且要牢固，竹竿长短可根据工作需要确定。根据需要采用不同规格大小的滚筒刷，便于操作和提高工作效率。滚筒刷的操作比较简便，工作效率高，现代船舶越来越大，在船上人员少、保养工作多的情况下更显示了滚筒刷涂漆方法的优越性。其缺点就是比较浪费油漆。油漆质量比采用扁刷差，油漆面干后光泽也差。为了保证油漆质量，增强油漆附着力，要求在使用滚筒刷时要来回接滚以增强油漆附着力。

滚筒刷使用的油漆桶一般采用长方形桶并配有漏板。为了减少不必要的浪费，特别是油漆船壳时滚筒上油漆不易太多，并要在油漆桶的漏板上滚一下，达到滚筒上油漆既饱和均匀又不下滴。

除船壳、甲板外一般采用滚筒刷涂漆方法配合扁刷进行涂刷较理想，既能发挥滚筒刷涂刷的优势，又能显示扁刷的优点。其方法是先用滚筒滚过后再用扁刷上下或左右拉顺。此种方法要求配合好。滚筒刷滚涂一块，扁刷拉刷一块，特别是干燥天气，更要注意抓紧时间。也可两人配合施工，一人操作滚筒，一人跟在后面操作扁刷。

4. 喷涂

有的船配有供喷涂用的小壶喷枪和压缩空气机，如图5-3-8所示，或大壶喷枪，如图5-3-9所示。小壶喷枪的空气喷嘴与料嘴互相垂直并有适当距离。当贮料罐加入油漆并盖好后，枪体接上压缩空气胶管，扳动扳机，高速的压缩空气从空气喷嘴喷出，使料嘴内形成负压将油漆引出，吹散成雾，喷向涂面。大壶喷枪贮料罐容量较大，喷出的涂料为扇形。扇形幅度和涂料流量可以由枪身后端的调节螺栓进行调节。

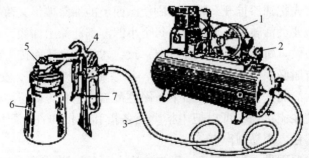

1—空气压缩机；2—压力表；3—软管；4—喷枪；5—喷嘴；6—贮料罐；7—扳机

图5-3-8　空气压缩机、小壶喷枪

使用小壶喷枪喷涂最好是使用喷漆（硝基类）。但从防火的要求来考虑，船上不能使用喷漆。如喷涂油性油漆，则要多加清油和松香水稀释。稀释后的油漆，一定要经筛子过滤，以免粗粒堵塞喷枪孔道及影响漆膜的平整。喷涂前要先试涂，如雾化不良，涂面产生橘皮现象，可多加些稀料，漆面产生流挂，则应少加稀料。漆雾太粗，可将压缩空气压力调高。部分漆雾未到涂面已飞扬在空气中，则应将压力调低。喷嘴与涂面距离为 20 厘米左右，太近会产生流挂，太远又会发生喷雾干结现象。喷涂时，喷枪喷嘴与涂面应为直角。漆膜的厚薄与喷枪移动速度有关，移动的速度均匀，漆膜厚薄也均

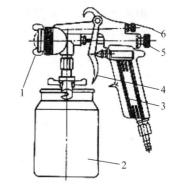

1—喷嘴；2—贮料罐；3—手柄；4—扳机；
5—流量调节螺栓；6—幅度调节螺栓

图 5-3-9　大壶喷枪

匀，喷涂的每度漆膜不能太厚。涂法应以纵横交替，先纵向后横向，或先横向后纵向喷，一遍就完成了一度。用喷涂法涂层均匀，对于凹凸不平、缝隙、曲面等比刷涂好，并提高了工效。但喷涂中压缩空气虽经过滤，仍不可避免地混有少量水分和油分，对漆膜质量有一定的影响，喷涂时涂料和稀料在空中扩散，对人体有害，在通风不良处所，遇明火还可能引起火灾，应该注意保护及防范。

（三）油漆施工注意事项

（1）油漆施工最好安排在春、秋两季，干燥无风，气温在 5 ℃～25 ℃时进行。

在烈日和高温下油漆易产生漆膜流挂，干燥后裂纹、起皱，稀释剂容易挥发。在潮湿天气最好不要进行油漆施工，因为在潮湿表面上油漆附着力很不牢固，并且会使漆膜长时间不干。受到露水的影响会使漆膜出现白色水点，降低漆膜质量。刮大风天气对室外油漆施工也不适宜。由于风的作用使稀释剂挥发过快，不利施工人员操作，涂刷稍不注意就会产生漆膜厚薄不均或皱纹皮现象。同时风把烟囱的烟灰和周围及码头上的灰沙刮起沾在新涂的油漆面上，使油漆面污浊，粗糙难看。

（2）涂面要干净、干燥，否则会影响漆膜质量。

（3）工作人员油漆施工时要戴棉纱手套，手边要有一团棉纱，当油漆滴下时要及时擦掉，并保持漆刷的清洁。刷子蘸漆宜少，勤在桶沿上刮，防止滴淋油漆。

（4）一般情况下油漆在 4 h 可达到表面干燥，但完全干燥需 24 h 以上，每一度油漆没干透不能涂刷第二度，否则会引起皱纹或龟裂。

（5）铝合金及镀锌零件上不允许用含有铜、汞、铅、明黄和铁红做颜料的底漆。

（6）不同颜色相接或打线时，一般情况下分两次涂刷。即第一色漆干后，再涂另一色漆。不同色漆同时涂刷时，先涂的色漆在相交处要薄涂一些，以免两色漆相交处因漆厚发生相混互渗现象。

（7）油漆使用前必须调匀，厚薄适中，既要便于施工又不影响油漆质量。漆桶和调漆工具要清洁，如有漆皮或杂质，应用铜网纱做成漏斗过滤后再使用。

（8）油漆中含有大量挥发性溶剂，过量吸入人体会引起中毒，对含有铜化合物及有毒颜料的油漆都应防止吸入。工作场地应通风良好，必要时应穿戴防护用品。

（9）漆膜应该采用多层薄涂的方法，层数越多保护能力当然越强，但是每涂刷一度，越薄越均匀越好（以不露底为原则）。如果每度涂刷太厚，就会产生油漆流挂，并且因为表面干燥之后底层接触不到空气，长期不会干燥，干燥后也会产生皱纹和裂纹，影响漆膜质量。

（四）结束工作——油漆场所的维护

油漆工作结束后，油漆场所，特别是过道处可用小绳拦挡。并在油漆场所附近写好字，告知船员注意，以防止油漆未干，人走上去而使油漆面被破坏。油漆工作完成后，应及时将小漆桶剩余的油漆刮净，并入一个桶里，上面加一层漆油以免油漆结皮。油漆开桶后未用完应随时将桶封闭严密，以免造成浪费。暂时不用的油漆桶应刮洗干净。如日久桶内积存漆皮太厚，可用微火将漆皮烧掉。然后再用棉纱或干布擦干净。烧时要选择安全防火的地方。

油漆刷，每次涂刷工作完毕后应将漆刷上剩余油漆涂刷完或在油漆桶上处理干净。如暂时不用，应把它放入水中，以免刷毛变硬不能使用造成浪费。如漆刷准备改涂别的颜色（特别是深色改淡色）或准备收藏，则应用松香水或煤油将漆刷上的油漆洗干净，再用热肥皂水和清水洗干净，待晾干后收藏。使用新漆刷时应将新刷用温水浸泡一下，可防止漆刷脱毛或刷毛太硬。

四、油漆知识

（一）油漆的成分

油漆也可叫作涂料。涂料是一种含油或不含油的胶状溶液，将它涂敷在物体表面上，可以结成一层薄膜保护物体。由于最早的涂料是用植物油和天然漆做原料的，所以叫油漆。随着科学技术的进步，现在大量采用人造有机合成的树脂作原料，用有机溶剂做稀料，可以少用油或不用油来生产涂料。

船用涂料一般由油料、树脂、颜料、稀释剂和辅助材料等成分组成。油料和树脂是漆膜的主要成膜物质（黏结剂）。次要成膜物质（颜料）能使漆膜具有各种颜色，并且具有增强漆膜的强度，有些颜料还具有抑制金属腐蚀、耐高温等作用。稀释剂用于溶解和稀释树脂和油料，改变涂料的黏稠度便于施工。辅助材料是涂料中的催干剂、增韧剂、固化剂、防潮剂等的统称，对漆膜的形成和性能起辅助和改善作用。

（二）油漆的特征

油漆可用作船体的保护层，因为它具有以下特性：

（1）附着能力：油漆是一种胶状物质，能够在任何形状的物体表面结成薄膜，且附着比较牢固。

（2）不渗透性：对水和化学盐类不渗透，从而可使物体表面不受浸溃腐蚀。

（3）耐气候性：能耐日光照射而不变色、粉化、变质，受干湿交替或温度变化而能在一定时间内保持漆膜完好的性能。

（4）物理性的保护能力：油漆能形成坚固的膜层，以防止物体表面直接受到摩擦、冲击。

（5）阻止生锈的化学性能和其他特殊性能：如有的油漆有耐热、耐酸、耐碱等特殊性能。

（6）装饰作用：油漆光亮漆膜可使船体整洁美观。

（三）常用油漆的种类

1. 红丹防锈漆（Red Lead Primer）

红丹防锈漆的颜料主要成分是四氧化三铅（Pb_3O_4），它和钢铁表面直接接触时能使钢铁表面氧化成三氧化二铁（Fe_3O_2）的均匀薄膜。这层薄膜坚固地附着钢铁表面，不使钢铁更深地锈蚀下去。红丹防锈漆的防锈性能和附着力都比较好；但是它的比重大，粒子粗，含毒性，并且能被海水溶解。船上常用来做打底漆，特别用在防锈要求较高的甲板上。

2. 各色防锈漆

防锈漆用来防锈打底涂层用。常用的有铁红防锈漆，它的附着力强，防锈性能仅次于红丹，涂于室内外防锈要求不太高的钢铁表面打底用；锌黄防锈漆有耐高温、附着力强、防锈性能良好及干性快等特性。适合用于铝、锌及铝合金表面。

3. 调和漆和磁漆（Veady Mixed Paint，Ename）

调和漆是用精炼干性油、颜料和溶剂等，经研磨配制而成，调和漆在船上使用广泛，它的附着力和耐气候性都很好，使用方便，并有一定的防锈作用，但干燥较慢，漆膜较柔软。

磁漆是用颜料和清漆配成，加入一定的稀料，它和一般调和漆相似，但质量比较好，干燥后光泽强，色彩鲜，漆膜平整强度大，干燥性也较快。

4. 清漆（Varnish）

清漆用来调制磁漆，或单独用于木质表面，它不含颜料成分，特点是干燥快，漆膜坚韧，光亮平滑，耐水性强等。常用的有以下两种：

（1）凡立水：是用树脂、漆油、稀料、催干剂炼制，对木质的保护作用很好。

（2）泡立水：也叫虫胶漆，有配制好的，也有用鳞片状的漆片（俗称洋干漆），在使用时用酒精来泡制的。特性是漆膜强度大，平滑光亮，温度、湿度的剧烈变化容易使漆膜破坏，只用于室内，是木质家具的优良涂料。

5. 黑沥青漆（Bituminaus Solution）

俗称"水罗松"，即黑沥青液（水柏油）。它的特性是，能防锈、防腐、防水和防化学品的侵蚀，但不耐久，不耐日光并且有毒。一般用于锚链舱或污水沟等内部阴暗潮湿之处。使用黑沥青漆时不需要打底漆。

6. 甲板漆（Deck Paint）

甲板经常被海水冲刷侵蚀，装载甲板货也多发生摩擦，所以甲板漆不仅需要防锈，还要求耐摩擦、耐日晒、耐化学品腐蚀、耐海水等性能。因此甲板漆一般用耐磨性强的酚醛漆料和颜料配成。

甲板防滑漆是用醇酸树脂为原料，加入氧化铁、铬黄、滑石粉、石棉等配制。用时再拌入约 1/10 的黄沙、2/10 的水泥。

7. 船壳漆和水线漆（Topside Paint，Boottopping Paint）

船壳漆是一般的防锈漆，它还比较耐海水、耐气候，也比一般油漆美观有光泽。

水线漆是用在船舶轻载水线和重载水线之间的油漆。这一部分船壳，由于装卸货物时干时湿，当干燥的漆膜浸入海水后，漆膜就逐渐吸收水分，露出水面后所吸收水分又从漆膜中蒸发出来，加上海水的冲击，使漆膜损耗极大。因此水线漆除要求有良好的隔水、防锈性能外，还必须具有很好的附着和耐气候性，由于水线部位只能用船舶轻载时来进行，因此还要具有快干性。

船壳漆和水线漆的颜色则按公司规定使用。

8. 船底漆（Ship Bottom Paint）

船舶轻载水线以下的船壳部分所用油漆膜称为船底漆。由于船底漆只能在船坞内进行，因此除防锈、防污性能外，还要具有耐久、快干、附着力强等特性。船底漆一般包括以下三种：

（1）底漆：在处理好的船底板上涂底漆两度，起防锈和隔水作用。

（2）防锈漆：在底漆干后，涂防锈漆两度，它除防锈外，还要使防污漆牢固地附着在它的表面又不渗透进去而腐蚀钢板。

（3）防污漆：是掺有化学毒素的油漆，如氧化铜、氧化汞等，能防止海藻、贝类寄生物在船底生长，保持船底光滑。

船底漆都是成套配制。目前我国船舶使用的有氯化橡胶沥青、氯化橡胶和环氧沥青系列高性能配套船底涂料，其使用寿命均在三年以上。

9. 银粉漆（Aluminum Primer）

有配制好的，也有将铝粉和油料分开盛装，使用前将两者调匀。自己调制时，可用一公斤铝粉加四公斤清漆，并加适量稀料和催干剂调匀后使用。银粉漆能防锈、耐热、反光，常用于发热管路和机器上，也可用作烟囱的底漆。

10. 烟囱漆（Fannel Paint）

先用黄酚醛烟囱漆打底两度，再用锌黄防锈漆打底一度，然后按规定所需的色漆涂装烟囱标志。

11. 油舱漆（Oil Tank Paint）

石油产品的有机酸和硫腐蚀性较强，油舱中经常油与海水交替装载，或用高温高压海水洗油舱的腐蚀更为严重。因此油舱漆要求附着力强、耐腐蚀、耐冲击的涂料。目前采用的环氧铁红防腐漆，效果较好。

上述为船舶常用的几种油漆，此外，为适应具体需要还有许多特种油漆和涂料，如加上硼酸盐制成的防火漆，电气部分采用的绝缘漆，双层底、尖舱及污水沟使用的水泥涂料，等等。随着油漆工业的发展也不断出现新的涂料，如硝化棉纤维喷漆，它以香蕉水为溶剂，性能好且成本高，船上施工受限。乳胶油是水溶性的涂料，用乙酸乙烯为原料耐水、耐晒、耐久，可以在潮湿表面施工。还有不除锈涂料，使用前把转化液和成膜液搅匀涂刷，它能将铁锈转化为涂料的组成部分，可省去除锈的繁重劳动，但对厚锈效果差，对旧漆面不能使用。

（四）油漆存储注意事项

（1）为避免油漆中的颜色沉淀和结块，每2个月应将每桶油漆上下倒置一次，特别是含铅的防锈漆。

（2）油漆应存放在远离高温、通风并有灭火装置的专用舱室内，一般涂料应存放于0℃以上40℃以下的环境中，锌粉和无机锌涂料储存于30℃以下、相对湿度为70%以下的环境中，以免结块变质；即使是室外临时堆放，也应有遮阳避雨的设施。

（3）根据油漆桶上保质期的长短而确定船存油漆的使用顺序，尽量在储存有效期内将船存油漆使用完毕；如油漆已超过储存期的话，使用前应检查油漆是否变质，确认没有变质方可使用。

（4）整桶油漆开启后，如见油漆表面已形成漆皮，则可沿边割开并除去此膜，然后充分地搅拌油漆，在涂漆时还要不停地搅拌。

（5）一次油漆未用完，在给油漆筒盖好盖后要摇晃一两分钟，以使桶内密不透风，避免形成漆膜。

五、油漆用量估算

油漆的涂盖面积和底质、气候、涂刷技术等有关，油漆用量除参照厂方说明外，还可根据所使用的涂料种类和理论涂布率来估算，例如：

醇酸油漆的理想干膜厚度是40~50微米，理论涂布率在8~10 m^2/l；

氯化橡胶漆的理想干膜厚度是80微米，理论涂布率在5 m^2/l；

环氧树脂漆的理想干膜厚度是100~125微米，理论涂布率在5~6 m^2/l；

沥青类油漆的理想干膜厚度是175微米，理论涂布率在3 m^2/l。

旧钢板使用量要略增加，使用滚涂较刷涂用量约增10%，在油漆工作进行前，可粗略地计算油漆用量避免造成困难和浪费。涂刷面积可按下列各式估算：

（1）船底（包括水线间面积）$A_1 = (2D+B) \times LBP \times P$ （m^2）

式中：D——满载吃水（m）；

B——船宽（m）；

LBP——两柱间长度（m）

P——造船系数：大油轮：0.9，散装船：0.85，杂货船：0.7~0.75。

（2）水线间 $A_2 = 2H$ （LBP = 0.5B）（m^2）

式中：H——水线间的高度（m）。

（3）干舷 $A_3 = 2H$ （LOA+0.5B）（m^2）

式中：H——干舷高度（m）；

LOA——船舶总长度。

（4）甲板 $A_4 = LOA \times B \times N$（m²）

式中：N——系数，大油轮及散装船 0.92，杂货船 0.88。

部分的面积可以按几何图形来估算。

六、油漆的配套使用

油漆品种繁多，所用基料，即主要成膜物质成分不同，如使用不当，不仅漆膜容易脱落而且开裂、粉化，造成极大浪费。在油漆面上涂漆的配套可参照表 5-3-1。

表 5-3-1　油漆配套使用表

上层油漆种类	下层油漆种类															
	油性系漆		沥青系漆		氯化橡胶系漆		环氧树脂系漆		焦油环氧系漆		乙稀系漆		醇酸树脂系漆		酚醛树脂系漆	
	新	旧	新	旧	新	旧	新	旧	新	旧	新	旧	新	旧	新	旧
油性系漆	◎	◎	△	×	×	○	○	○	○	○	○	○	○	○	○	○
沥青系漆	×	△	◎	◎	×	×	×	×	×	×	×	×	×	△	×	△
氯化橡胶系漆	×	×	×	△	◎	◎	○	○	○	△	○	○	△	△	△	△
环氧树脂系漆	×	×	×	×	○	○	◎	◎	△	△	○	○	×	×	×	×
焦油环氧系漆	×	×	×	×	○	○	◎	◎	◎	◎	○	○	×	×	×	×
乙稀系漆	×	×	×	×	○	○	○	○	○	○	◎	◎	×	×	×	×
醇酸树脂系漆	△	○	×	×	○	○	○	○	○	○	○	○	◎	◎	○	○
酚醛树脂系漆	○	○	×	×	○	○	○	○	◠	◠	◠	◠	○	○	◎	◎

注：◎——最佳　　○——可以用　　△——要注意　　×——不能用

在使用中最好按制造厂配好的配套油漆使用，原则上油性油漆、合成树脂及沥青漆等不要上下覆盖，特别是沥青系油漆不要与其他油漆互相混用。

各种油漆使用的稀料也不同，天然树脂应使用松节油。各种油性油漆，合成树脂类油漆一般使用 200 号汽油溶剂（也叫松香水）。沥青漆、氯化橡胶漆则用 200 号煤焦溶剂。虫胶漆用酒精，各种喷漆使用香蕉水。

第四节　装卸设备

船用装卸设备，亦称起货设备，是指船舶在装卸货作业时所使用的装置和机械的总称。通常分为吊杆装置、甲板起重机等类型。吊杆装置，根据起重量的大小又可分为轻型和重型两种。按结构和使用形式不同可分为轻型单吊杆、轻型双吊杆、一般重型吊杆和特殊 V 形重吊杆。实际使用中以前者来区分，即安全工作负荷 S. W. L 等于或小于 10 t 的吊杆称为轻型吊杆，安全工作负荷 S. W. L 大于 10 t 的吊杆称为重型吊杆。通常，在装卸货物时，其允许吊起的最大货物重量往往小于吊杆自身的安全工作负荷 S. W. L。

一、吊杆装置

（一）轻型吊杆

轻型吊杆主要由起重柱、吊杆装置和起货机三大部分组成。起重柱（桅）是起重设备中主要组件之一，其作用是在柱的下部设置吊杆承座，以支持吊杆旋转和承受吊杆在作业时的受力。在柱的上部设置千斤索眼板座，以承受吊杆作业时千斤索的拉力。轻型吊杆的详细结构、各部名称及布置如图 5-4-1 所示。

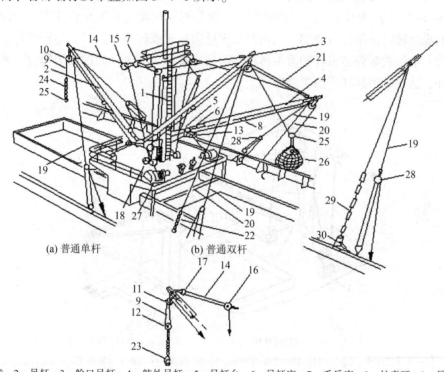

(a) 普通单杆　　　(b) 普通双杆

1—桅；2—吊杆；3—舱口吊杆；4—舷外吊杆；5—吊杆台；6—吊杆座；7—千斤座；8—护索环；9—吊货索；10—吊货滑车；11—上吊货滑车；12—下吊货滑车；13—吊杆座滑车；14—千斤索；15—千斤滑车；16—上千斤滑车；17—下千斤滑车；18—千斤索卷车；19—摆动稳索；20—保险稳索；21—吊杆间牵索；22—保险稳索链；23—吊货钩；24—吊货短链；25—三角眼板；26—吊货网兜；27—起货绞车；28—稳索滑车；29—有节定位索；30—有节定位索夹头

图 5-4-1　轻型吊杆装置

1. 轻型单吊杆的种类及使用操作

船用轻型单吊杆种类较多，作用、操作也不尽相同，以下面两种轻型单吊杆为例讲解操作方法。

（1）普通型单吊杆（General Derrick）：如图 5-4-1（a）所示，使用操作时，通常是调整好稳索、千斤索使吊杆置于某一合适的位置，吊货索也处于可用状态。当卸货时，使吊杆处于舱口上方，吊杆仰角的大小，由千斤索收放来控制，松放吊货索即入舱吊货。当绞收吊货索把货物吊至超过舱口上沿后，松出吊杆转向相反一侧的稳索，同时收入同向一侧的稳索。松放过程中，吊杆慢慢地转向卸货地点，到达合适的位置停下，松下吊货索将货物卸到指定的位置上；装货过程则相反。

（2）双千斤索单吊杆（Twin Span Derrick）：该吊杆无牵索工具，而由左右分开的两套千斤索具来操纵吊杆。这种吊杆装置主要有两种形式：一种是维列式，如 5-4-2（a）所示。它的两台千斤索绞车均为双卷筒式。其中一台控制变幅，即将两根千斤索的一端按相同方向绕进一对卷筒，绞车转动时，两根千斤索同时收进或放出，使吊杆变幅。另一台绞车控制吊杆回转，即将两根千斤索的另一端按相反方向绕在卷筒上，绞车转动时，两根千斤索一收一放，使吊杆回转。

图 5-4-2（b）为哈伦式。它的两根千斤索分别卷入各自的千斤索绞车。当两台千斤索绞车同步旋转时，吊杆就变幅。当两台绞车反向放置或转速不同时，吊杆就回转或既变幅又回转。哈伦式对轻型吊杆和重型吊杆都适用。装卸 20～40 t 重的集装箱时，常用双千斤索吊杆，这比使用翻转重吊更为方便。

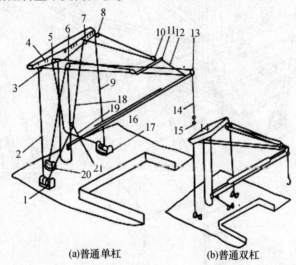

(a)普通单杠　　　　　　(b)普通双杠

1、17—千斤索绞车；2、9、18、19—千斤索动端；3、5、7、8—千斤索上导向滑车；4—桅肩；
6—吊货索导向滑车；10—千斤索横担滑车；11—横担；12—横担牵索；13—嵌入式吊货滑车；
14—吊货索；15—吊货钩；16—吊杆；20—起货绞车；21—千斤索下导向滑车

图 5-4-2　双千斤索吊杆装置

2. 轻型双吊杆

（1）种类及使用操作。

目前，船上使用的轻型双吊杆主要有以下两种类型：

①单千斤索轻型双吊杆：如图 5-4-1（b）所示，每根吊杆只有一根千斤索，其中一根吊杆放在舷外，另一根放在舱口上方。在两吊杆之间用吊杆牵索（中稳索）（21）接起

来，并用吊杆两面舷侧的吊杆稳索（20）吊杆系固在舷侧面眼环上，这样就可以把双吊杆固定在所需用的位置上。在卸货物时，可利用货舱口吊杆（3）的起货机绞进吊货索，把货物从舱内吊出舱口一定高度之后，再用舷外吊杆（4）的起货机绞进吊货索，同时松出货舱口吊杆的吊货索，使货物吊至舷外，然后两根吊货索同时松出，把货物卸下。装货时的操作顺序与卸货时相反。

②改良型的轻型双吊杆：如图5-4-3所示，它在桅旁设置两台千斤索绞车（3），而千斤索滑车的索端，通过导向滑车（4）到绞车（3）。在吊杆座同一横向轴线的两舷侧，各设一根支柱（7），用以固定吊杆稳索。吊杆的升降是用千斤索绞车操纵的。在升降过程中，吊杆上端只会上下移动，不会左右偏移，而且不必调整吊杆间牵索。因此，只要先用吊杆稳索，把吊杆左右位置固定好，就可以用千斤索绞车来调整吊杆的高低。这种改进可以缩短布置吊杆的时间。

（2）双杆作业布置。

单杆作业布置比较简单，也无须做太多的准备，而双杆作业布置比较复杂，往往在装卸货之前要用近1 h的时间整理准备，同时在装卸货物过程中，还要根据货物的堆垛情况进行适当调整。双杆作业布置得正确与否，直接关系到装卸货物的安全和避免事故的发生。值班驾驶员必须知晓这方面的知识，以便指导水手和装卸工人的操作。双杆作业的布置形式随着货物吊放位置的远近而有所不同。设计使用时，考虑到双杆的稳定性和各部分受力的牵连性，必须确定一个许用范围，许用范围的上下限称为极限位置，只要在极限位置内布置作业，正常情况下

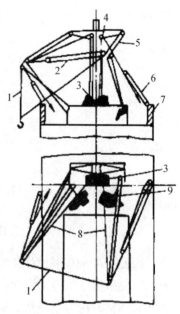

1—吊货索；2—吊杆间牵索滑车组；
3—千斤索绞车；4—千斤索导向滑车；
5—千斤索滑车组；6—吊杆稳索；
7—吊杆稳索固定柱；8—千斤索动端；
9—起货绞车

图5-4-3 改良型轻型双吊杆

就不会出什么问题。下面介绍一般双吊杆标准工况时的布置要点，如图5-4-4所示。

①应将舷内吊杆（大关）头的投影点置于距纵向舱口1.5 m、横向舱口1/4舱口长度处。最大仰角应小于75°。舷外吊杆（小关）头的投影点置于舱口后端延线至舷外3.5 m处，仰角应大于15°。吊杆与船中线的水平投影夹角宜在45°~65°，这样既可以保证吊杆在舷外有一定的距离，又可以防止两吊杆头部的距离过大。

②吊货钩起升高度达安全极限时，两根吊货索的夹角应小于120°。舷内吊杆稳索的布置应使其水平投影与吊杆水平投影呈90°，以减少吊杆的水平分力，同时稳索应尽量布置在舷墙或甲板的地令上，以减少稳索的张力。舷外吊杆稳索应尽量向后布置并且高一些，以减小对吊杆的作用力。

（3）双杆作业时操作注意事项：

①严禁超关、拖关、摔关和游关。

②吊杆的轴向压力与吊货索的夹角大小有关。吊货索的夹角越大，吊杆的轴向压力就

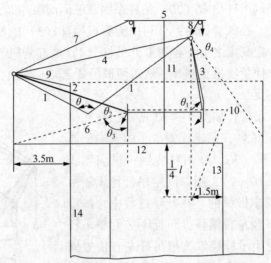

1—吊货索；2—舷外吊杆；3—舷内吊杆；4—吊杆间牵索；5—桅肩；6—吊钩；7、8—千斤索；
9、10—稳索；11—桅柱；12、13—横向舱口；14—舷边；θ_1—舷内吊杆仰角；θ_2—舷外吊杆仰角；
θ_3—舷外吊杆水平角；θ_4—舷内稳索与吊杆夹角

图 5-4-4 双杆标准工况布置简图

越大；因此，船舶不准使用"八字关"，货物不应吊起太高，防止两吊货索张角大于120°，而使吊货索张力剧增而导致严重后果。

③装卸货时应力求平稳，避免突然转向或急刹车。

④在作业中发现有异常情况或异常声响应立即停止工作，待检查并消除故障后再进行工作。

⑤吊杆的布置应由值班驾驶员负责，不能让装卸工人任意改变布置状态。

⑥起吊时，吊杆下严禁站人。暂不工作时，吊货索应收绞起来，使货钩不碰到人头。吊货索不应盘在甲板上。

3. 轻型吊杆的起落操作

吊杆的起落操作应在值班驾驶员指挥下进行。操作前，应将操作要点及注意事项交代清楚，并试验起货机。轻型单吊杆的起落操作比较简单。现就轻型双吊杆的起落操作分述如下：

（1）起吊杆。

①先打开吊杆支架的铁箍，并将稳索、吊货索、千斤索整理清楚，检查各个卸扣插销、细铁丝有无松动、脱落现象，再将吊货索松出。

②将调整稳索的活段扣结在舷边眼环上，再将辘绳在羊角上绾一道，握住尾端，起吊杆时适当溜出，使吊杆不左右摆动，同时由一人把中稳索做适当的收放。

③操作千斤索升降机使吊杆升起，同时松出调整稳索。当吊杆起至需要高度时，按制动开关使升降机停住，插上保险销子。

④调整好吊杆位置，将调整稳索收紧绾住，然后将保险稳索系妥，收紧扣住。

（2）落吊杆。

①解开保险稳索，将舷外吊杆拉入舷内。

②拔出千斤索升降机的保险销，脱开自动铁舌，启动升降机反转，松落吊杆。

③在吊杆接近支架时，必须特别缓慢细心地操作，以免发生事故。

④支架受力后，扣上铁箍，将稳索、吊货索整理清楚，检查保险销、制动铁舌是否放好。

（3）起落时注意事项。

①操作人员要精力集中，注意指挥者的指挥，不要左顾右盼。

②指挥者应站在适当的地点，使作业人员能清楚地看到指挥动作，以便正确执行。

③不准人员站在吊杆底下。

④应配备足够的作业人员。如果人员不足，应一根一根地起落。

⑤双杆同时起落时，操纵起货机者应互相配合好。

⑥在起落中，如发现滑车或起货机的转动有不正常的声音时，应暂时停止工作并进行详细检查，以防发生事故。

⑦一切绳索必须整理清楚，勿使在吊杆的起落过程中有盘住或钩住他物的现象发生。

（二）重型吊杆

为了满足装运大件货物的需要，有些杂货船除了配备轻型吊杆外，还在中间货舱口或重点货舱口设置重型吊杆（Heavy Derrick）。由于其起重超过了 10 t，它的结构装置与轻型吊杆有所不同，主要表现在吊杆的根部、头部和索具三方面。船上常用的有摆动或重型吊杆，如图 5-4-5 所示。

1. 主要结构装置特点

（1）吊杆根部的承座通常不设在桅或起重柱下部，而是直接安装在甲板或专用平台上，来承受巨大的吊杆轴向压力，以减轻桅的受力。

（2）吊杆头部不用吊杆环眼箍，而采用如图 5-4-5 所示的装置来承受吊货绞辘的重大负荷。吊货索的力端从吊货滑车组动滑车引出，经过吊杆头部所设的嵌入滑轮和桅杆上的导向滑车，由相邻货舱口上的起货机来操纵。

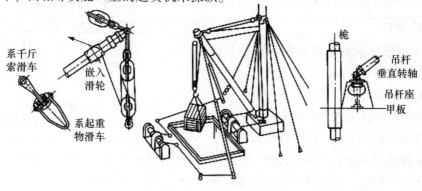

图 5-4-5　摆动式重型吊杆

（3）吊货索和千斤索均采用滑车组（绞辘），以减轻起货机的负荷。

2. 使用操作

重吊装卸货过程一般用四部绞车来操纵，一部操纵千斤索，一部操纵吊货索，还有两部操纵左右稳索。操纵卷缠千斤索的起货绞车，即可控制吊杆的起升与降落。操纵卷缠左右稳索的两部起货绞车，即可控制调整稳索。其中一台绞进，一台松出，便可把吊杆从舱口转至舷外，或从舷外转至舱口上方。操纵卷缠吊货索的起货绞车，即可控制吊货索的收放，进行货物装卸。

（三）V 形重吊

近年来，为了装卸重大件货物的需要，在有些较大型货船上采用翻转重吊，或称 V 形重吊。这类重吊不但改善了普通重吊杆的操纵使用性能，而且其起重能力大大增加，有的可达 500 t 或以上，给船舶的运输带来很大的方便。目前，V 形重吊根据吊杆顶部对吊货滑车组的翻转方式不同可分为叉式、单摆式或双摆式三种类型，而船上多用的双摆式。现仅就双摆式介绍如下：

1. 结构、布置及特点

如图 5-4-6 所示为 V 形双摆式翻转型重吊结构布置。它主要由两根成 V 形布置的起重柱、一根重型吊杆、两台起货绞车、两台千斤索绞车、左右两套千斤索索具及使用于前后两舱的吊货索索具等部件组成。起重柱头部装有轴承管及顶索转环，顶索部分能灵活地旋转，在吊杆顶部装有摆式滑轮。其维护简便，操作灵活，无须做任何准备工作，整套机构一人即能操作。由于不设桅支架、吊杆稳索和牵索，操作更安全。吊杆可翻转兼顾前后舱的起货任务，当重吊在一舱工作时，安装在起重柱上的轻型吊杆可同时在另一舱工作。

2. 使用操作

（1）使用千斤索滑车组控制吊杆的旋转与变幅。双千斤索重型吊杆无稳索装置，吊杆头部由两副千斤索滑车组引导，每一副滑车组由一个起货机带动，吊杆的旋转与变幅依靠绞收或收放两千斤索来进行，同时绞收或松放千斤索可使吊杆仰起或俯下。单独绞收一舷的千斤索，将使吊杆向同一舷旋转并慢慢仰起；单独松放一舷的千斤索，将使吊杆向另一舷旋转

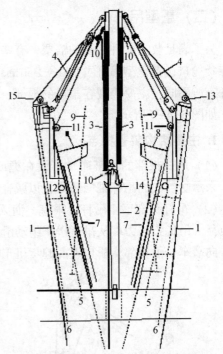

1—起重柱；2—重型吊杆；3—吊货滑车组；
4—千斤索滑车组；5—重吊起货绞车；
6—重吊千斤索绞车；7—梯；8—控制台；
9—轻型吊杆；10、11、12—吊货索导向滑车；
13—千斤索导向滑车；14—三字吊货钩；15—连接横杆

图 5-4-6　V 形双摆式翻转型吊杆

并慢慢俯下。如果以同一速度绞收一舷的千斤索，将使吊杆以大约同样的高度向绞收一舷做较快的旋转。如果两千斤索以不同的速度绞收，吊杆将向绞收速度较快的方向旋转。如果以不同的速度松出，吊杆将背向松出速度较快的方向旋转。

（2）使用吊货滑车组控制货物的升降。吊货滑车组采用无端法穿引，由两个上部吊货滑车和两个下部吊货滑车组合。滑车组钢丝绳的每一端先引向对应的转动头的滑车支座上的导向滑轮，再行至吊货绞车。吊货滑车组由两部绞车来绞动。如果只开动一部绞车，吊货钩升降速度减半。使用双吊货滑车组时，两个下部吊货滑车并接于一个连接横杆、山字钩，能吊全部安全负荷。如果用单吊货滑车组，则不需要连接横杆。山字钩与作业的滑车组相连接，只能吊起 1/2 的安全负荷。

3. 使用注意事项

V 形重吊使用操作时主要注意三点：

（1）控制吊杆的回转角（摆动角）不超过 60°。当吊有重物时，吊杆的稳定依靠两根千斤索同时受力。如果回转角太大，致使摆出舷的千斤索松弛，而另一舷千斤索受力加大，加上船舶的晃动或横倾，很可能使松弛一舷的千斤索不受力，全部受力集中于另一舷千斤索上，这样吊杆将失去稳定性，有倒下来的危险。当发现摆出舷的千斤索有松弛现象时（受力为零），应立即停止继续摆出，并同时将另一舷千斤索绞入，直到摆出舷千斤索重新受力。

（2）掌握吊杆的仰角。一般控制在 25°～75°，在这一范围内，吊杆可以摆动；超过此范围，吊杆不能摆动，以防止意外。

（3）掌握吊杆负重时船舶的横倾角。在吊重旋转中，当吊杆头未超过船舷时，横倾不得大于 8°，超过船舷时，一般不得超过 12°。另外，在吊重摆向舷外时，速度应缓慢，并做几次停歇，以观察船体横倾情况，防止摆出太快造成船体横倾角突然增大而影响船的动稳性。

4. 倒换舱口操作

倒换舱口有两种操作方法，操作前，应严格按使用说明书允许的纵倾（吃水差）角度要求进行。

（1）依靠吊货滑车组来操作。

①将两副千斤索同时以同样速度绞紧，使吊杆仰角达 86°～88°。这时应特别注意，由于吊杆与水平面接近垂直，若不注意，继续猛绞，会使千斤索眼板、滑车受到向下的拉力越来越大，以致把吊杆索具损坏。

②将吊货钩及连接梁从下滑车拆下，其中一个滑车系在吊杆根部的固定眼板上，如图 5-4-7 所示。另一个滑车装上吊货钩，并把连接横杆系在吊货钩上，再用一绳索把吊货钩系在甲板的眼板上，所以用起货机绞进吊货索，就能把吊杆倒换到另一个舱口上。

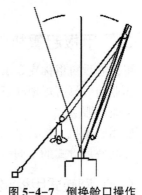

图 5-4-7　倒换舱口操作
（依靠吊货滑车组）

（2）利用拉索绞换来操作。

如图5-4-8所示为操作过程。首先用同样的速度绞紧两副千斤索滑车组，使吊杆缓慢上升至仰角约85°为止。这时不能再绞，然后用拉索缠在绞车上，将吊杆拉过死点（仰角为90°）。千斤索配合绞紧或放松，以免吊杆拉过死点时产生摇晃。在操作过程中，不可操之过急，以免拉坏索具。当吊杆越过死点后，利用吊杆重力即可倒换过去，而无须再用拉索来收绞。

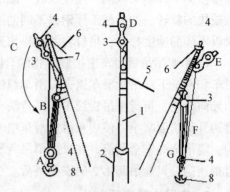

1—吊杆；2—起重柱；3、4—吊货滑车组；
5—拉索；6—吊货索；7—吊杆端部叉头；
8—三字吊货钩

图5-4-8　倒换舱口操作（利用拉索）

5. V形重吊的固定

重型吊杆用毕还得进行固定，以免在航行途中因风浪及船舶的摇摆而引起重吊的晃动，从而影响船舶的航行安全以致吊杆索具的损坏。

其固定方法（如图5-4-9所示）如下：

（1）以同样的速度绞进两副千斤索滑车组，使吊杆竖起并与垂线夹角约8°，如图5-4-9所示。

（2）拆下吊货钩并放妥在专用的槽架中，连接横梁不必拆下，而把它拴牢在支架上。

（3）绞紧吊货索滑车组和千斤索滑车组，就能把吊杆固定好。如果航行时间长，还得加上两副系紧滑车组，利用轻型起货机把它们绞紧。

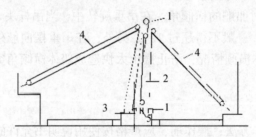

1—重型吊杆；2—吊货索滑车组；3—轻型起货机；4—系紧滑车组；5—连接横杆支架

图5-4-9　V形重吊的固定

二、甲板起重机

甲板起重机俗称克令吊（Crane），它的优点是工作面积大，机动灵活，操作方便，在装卸作业前后没有烦琐准备和收检索具等工作，并且重量轻，占地少，装卸效率高且又可为两个舱口服务。

船用起重机，按其动力源的不同，可分为电动式或液压式两种。电动式使用比较广泛。按其使用方式的不同，又可分为回转式、悬臂式和组合式三种。

（一）回转式甲板起重机

（1）基本结构：回转式甲板起重机由基座、回转塔架、吊臂、操纵装置等组成，如图

5-4-10 所示。基座固定在甲板上，并有旋转支撑装置（上坐圈、下坐圈、外围支承板）和旋转机构（电动机、小齿轮、大齿轮）。回转塔架支撑在基座上，包括上下两层，上层为操纵室，下层装有三部电机（供吊货索起升、吊臂的变幅和塔架的旋转）。吊臂根部固定在转塔架底部，可绕根部支点上下俯仰，其头部装有两套滑轮组供吊货索和千斤索用。

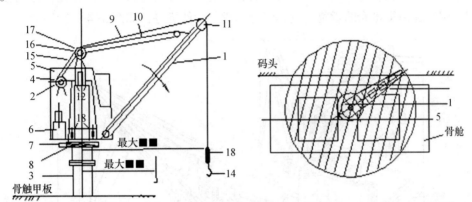

1—吊臂；2—起货绞车；3—定柱；4—变幅绞车；5—机房；6—旋转机构；7—小齿轮；8—大齿轮；
9—吊货索；10—千斤索滑车组；11—吊货索导向滑车；12—上支承；13—下支承；14—吊货钩；15—转环；
16—吊货索导向滑车；17—千斤索导向滑车；18—千斤索

图 5-4-10　回转式甲板起重机

（2）操纵主令及基本工作原理：在操纵室内，座椅两侧装有电机运转控制器。其中控制吊货索起升的为单主令：手柄向前，吊钩降下；手柄向后，吊钩上升。控制吊臂变幅和塔架旋转为双主令：手柄向前，幅度增大；手柄向后，幅度减小；手柄向左，塔架左转；手柄向右，则右转。旋转手柄在"0"挡为空挡，即刹车合上，定子断电，电机转子为自由状态。上述三个动作可单独，也可两两组合，甚至三个动作同时进行。

（二）悬臂式甲板起重机

这是一种新型的甲板起重机，如图 5-4-11 所示。它是利用可伸出（或转出）舷外的水平悬臂和在悬臂上行走的滑车组来起吊和移动货物的。其基本工作原理如下：

（1）起重机可沿甲板上的轨道前后移动，悬臂可向两舷伸出，如图 5-4-11（a）所示。

（2）在起重柱子上设水平悬臂代替吊杆，利用悬臂牵索把悬臂拉出舷外，而滑车组可沿着悬臂前后移动，如图 5-4-11（b）所示。水平悬臂可从舷门伸出，如图 5-4-11（c）所示。

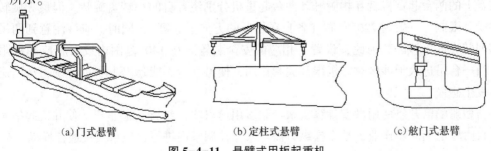

(a)门式悬臂　　　　　　　(b)定柱式悬臂　　　　　　　(c)舷门式悬臂

图 5-4-11　悬臂式甲板起重机

（三）组合式起重机

组合式起重机俗称双联回转式起重机。它是近年来随着船舶运输货物的多样化，起货设备多用途、大吨位发展而出现的。组合式起重机的结构特点是，两个单回转式起重机同装在一个转动平台上。它可以像两台独立的起重机一样分别进行各自的作业，也能够并联在一起，用以起吊重量大的货物，例如组合体货、大件货等，如图5-4-12所示。

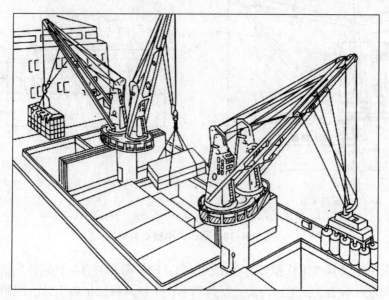

图5-4-12　组合式起重机

组合起吊大件货时，两台起重机的吊货钩与一吊货横梁相联结，并有主、副吊之分，主、副吊的吊货钢索分别连接于横梁的两端。将操纵室内的转换开关转到"双吊"位置，两台起重机就互相联锁，一起绕公用人转盘旋转，旋转角度正反360°无限制，并由主吊的操纵手柄进行主、副吊的合吊操作。为了保证吊运货物的平稳和安全，主、副吊上装有起升同步装置。当主吊起升高度大时，操作室内的偏角指示器偏转，指示出主、副吊卷筒的转角差，并通过电磁阀控制使主吊降速，以保持主、副吊的起升同步。同样，在主、副吊的两吊杆间产生角度偏差时，也有同步装置控制，以保持正变幅同步。如果一台起重机的起重能力为25 t，则两台并联工作时，就可以起吊50 t。

当两台起重机独立工作时，要将操纵室内的转换开关置于"单吊"位置，安装在公用大转盘上的两台起重机就互相脱开。两台起重机分别绕各自的小转盘旋转。但最大旋转角度要受到限制，一般为220°左右（各自在相反的方向上起算），同时，应该注意到两吊都能够回转进入干涉区。为此，设置了相应的安全装置。在140°范围内设置相应的极限开关。当一台吊进入干涉区时，极限开关起作用，使另一台不能越出140°的范围，从而避免两吊发生碰撞。

新型船舶已开始使用微型计算机来控制多用途双联（组合）起重机，使并机起吊实现三个自由度上的同步作业，整个操纵只需一人在控制室内进行，也可实现遥控操纵。

三、舱口盖

　　舱口盖是保证船舶货物安全并使之保证船体水密的一种封闭设备，同时还应具有一定的抵抗大件货压力的能力。舱口盖开启与关闭的机械化、自动化程度高低，直接关系到船舶货物的装卸效率与质量以及人员的劳动强度和船舶的停港时间。

　　舱口盖的形式很多，按制造材料可分木质、钢质、铝质及玻璃钢四种。木质舱口盖制造简单、重量轻，但开闭费时，劳动强度大，目前仅在内河较小的货船上还能看到。较大的船舶已普遍采用钢质舱盖。铝质和玻璃钢舱盖具有重量轻、耐腐蚀的优点。但铝质舱盖制造复杂，造价昂贵。玻璃钢舱盖的刚度差，容易老化腐蚀，目前只用作某些小船的轻型舱口盖。

　　按启闭动力不同舱口盖可分机械牵引式和液压启闭式两种。

（一）滚动式舱口盖

　　滚动式舱口盖又可分为滚翻式、滚移式和滚卷式三种。现仅以常用的滚翻式（Rollingtype）为例做介绍。

　　滚翻式舱口盖由盖板、水密装置、导向曳行装置和压紧装置组成。各盖板之间用链条连接，每一块盖板上都有一对行走滚轮（偏心轮），可沿舱口围板两边的面板行走，还有一个平衡轮，它不设置在板宽的中点处。当盖板进入舱口端的收藏坡道时，在重力作用下盖板便翻转成直立状态而存放，如图5-4-13所示。舱口较长时可将全部盖板分成两半，开启后，分别存放在舱口的两端。

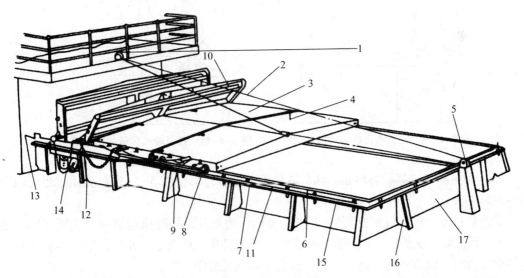

1—钢索（至绞车或吊钩）；2—拖索；3—顶板；4—连接处压紧器；5—滑轮（关闭舱口索具）；6—承压条；
7—螺旋扣；8—偏心轮；9—平衡轮；10—橡皮填料；11—滚轮；12—下落轨（在舱口围板后面）；13—上升轨；
14—板边链；15—舱口围板面板；16—舱口围板防挠材；17—舱口围板

图5-4-13　滚翻式舱口盖装置

关闭时，将钢索穿入在舱口正前方的开口导向滑车内，再用卸扣与收藏处的首端盖板相连接。操纵起货绞车或克令吊，绞动钢索拖带前面的一块盖板，导轮沿导板滚动，继后盖板之间相互由链条拉动。当盖板后部滚轮与导板接触后，则盖板绕导轮轴转动，直至其衔接轮与前块盖板上的衔接轮座吻合为止，以后继续沿舱口围板水平材上滚动，至首端盖板与制动器相碰时为止。

滚翻式舱口盖最大优点是结构比较简单，相对于其他类型的机械舱口盖，价格便宜，便于（分块）维修，在尺度、布置和用途上限制较少，因而在各种类型的船上获得最为广泛的应用。它的不足之处是所需的存放空间较大，提升及压紧所需的时间也较长。

（二）折叠式舱口盖

折叠式舱口盖（或称铰链式舱口盖），按其驱动方式可分为液压驱动式（用液压）、直接拉动式（用船上起重机或吊杆）、钢索拖曳式（用绞车）。折叠式舱口盖装置与滚动式舱口盖装置类似，不同的是盖板间用铰链连接。

1. 液压驱动式折叠舱盖

（1）两页液压铰链式舱口盖。两页液压铰链式舱口盖（图5-4-14）启闭过程比较简单：开启时，油缸柱塞伸长，使铰接点上升，两块盖板便翻转折合起来，其中靠近舱口端的盖板较短，因为它与铰接臂相连，所以它的转轴离开舱口有一定的距离。

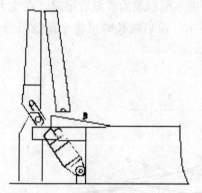 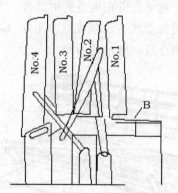

图5-4-14　两页液压铰链式舱口盖　　图5-4-15　四页液压铰链式舱口盖

（2）四页液压铰链式舱口盖。四页液压铰链式舱口盖（图5-4-15）启闭过程的顺序必须是以下方式：

①开启过程。第二组盖板（No. 3 + No. 4）开始起升，同时拖动第一组盖板（No. 1 + No. 2）。第二组盖板起升结束，第一组盖板才开始起升，直至全部开启完毕。当舱盖开启到储存位置时，收藏钩自动落下，扣住舱盖，达到完好固定。

②关闭过程。第一组盖板下滑完毕，第二组盖板开始下滑同时推动第一组盖板，第二组盖板下滑结束，全部关闭完毕。处于收藏位置时两盖板间的张角大小应适当，使盖板易于滑下又不致倾倒。

2. 直接拉动式折叠舱盖

直接拉动式折叠舱盖（图5-4-16）由三块铰接的盖板组成。它利用船上的起货机械将盖板收藏于舱口端部。钢索穿过铰链接于端板上的滑车，再与中间盖板相连接，拉紧（或放松）钢索可开启（关闭）舱口。如铰接滑车、拖曳眼板置于板宽之中点，其余构件成对地安装在盖板的两边。

直接拉动式舱盖便于采用自动压紧装置，使压紧的操作与关闭舱口的过程同时进行，因而与滚翻式相比操作更为简捷，与液压折叠式相比价格又较便宜，但是须利用船上的吊杆（或起重机）与之配合。

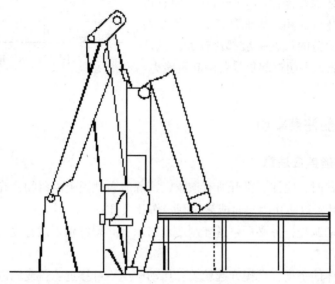

图5-4-16   直接拉动式折叠舱盖

3. 钢索拖曳式折叠舱盖

钢索拖曳式折叠舱盖（图5-4-17）在操作时，其相应的构件动作与液压式完全相似，但由于穿导钢索比较麻烦（尤其是多块折叠时），因而启闭舱口所需的时间长。

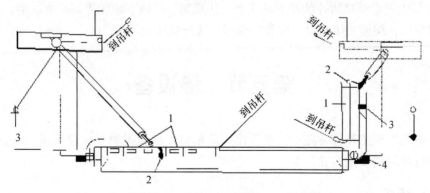

1—舱盖板；2—铰链；3—保险钩；4—缓冲器

图5-4-17   钢索驱动折叠式舱盖

（三）提升式舱口盖

提升式舱口盖又称箱形舱口盖。它通常用金属或玻璃钢将盖板拼制成箱形剖面，其盖板平面内设有若干埋置吊环。箱形舱盖本身不带专门的驱动机构，由船上或港口的起货机械来吊移。开舱时，可将舱盖板堆放在甲板上、码头边，如制成密封可提供浮力，还可存放在舷边的水中。箱形拼装舱口盖的结构及操作都十分简便，而且可获得最大的甲板开口面积，因而最适宜于集装箱船上采用。箱形舱盖的尺度一般都比较大，设计时应注意使箱形舱盖不超过起货设备的起重能力，如图 5-4-18 所示。

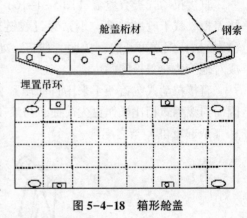

图 5-4-18 箱形舱盖

（四）开关舱注意事项

1. 开启钢制舱盖应注意

（1）开启舱盖时，应注意推开所有楔子，清除舱盖轨道上阻碍物，确认盖上及堆置区内无人及留存物品，以防止因出轨或滚轮倒转伤及人员。

（2）操作机动舱盖，务必严格遵守制造商指示，并须特别告诫有关人员，指示使用时可能发生的危险。

（3）考虑船体的平衡，缓慢开起舱盖，启动中绝不可接近舱盖或轨道。

（4）开启后检查舱盖是否在正确位置停止，接触点是否良好后，务必以掣止器固定妥当。

2. 关闭舱盖应注意

（1）确认货舱内无人员逗留，并清除舱盖轨道之阻碍物、栓帽等。

（2）导引钢索链接后才能卸下掣止器。注意盖、拉链、滚轮等的正常运动，与一同工作人员联络后，缓慢关闭舱盖，操作中绝不可接近舱盖或轨道。

第五节　锚设备

锚设备是甲板主要设备之一，主要作用是系泊、辅助操纵和应急用锚。锚设备由锚、锚链、锚机和附属设施组成。

（一）组成

锚设备由锚、锚链、锚链筒、制链器、锚机、锚链管、锚链舱和弃链器等几部分组成。其布置如图 5-5-1 所示。

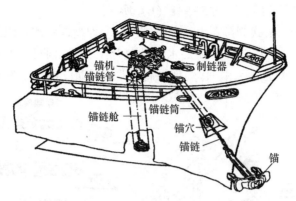

图 5-5-1　锚设备布置

1. 锚

锚是锚设备中产生抓驻力的重要设备。

2. 锚链

锚链主要用来连接锚和船体，传递锚产生的抓驻力。锚泊时，在出链长度适当时，悬垂部分的锚链也能产生一定的系留力。

3. 锚链筒

锚链筒是锚链进出以及收藏锚干的孔道，由甲板链孔、舷边链孔和筒体三部分组成。筒体内设有冲水装置，用于在起锚时冲洗锚和锚链。在甲板链孔处设有防浪盖，以防止海水从锚链筒涌上甲板，保证工作人员安全。有的船在甲板链孔处设有导链滚轮，以减轻锚链与甲板链孔的摩擦。锚链筒直径约为链径的 10 倍，其上下口一般均设有锚唇，分别称为上锚唇、下锚唇（用钢板或铸钢制成的锚唇外缘的圆弧，半径一般应不小于锚链直径的 12 倍），其作用是减少锚链与上下口的磨损。

为了减少由锚引起的水和空气阻力，以及锚爪击水引起的水花飞溅，一些低干舷船或快速船在舷边链孔处做成能收藏锚冠及锚爪的锚穴，其形状有方形、圆形、伞形等。

锚链筒应能满足收锚时使锚爪紧贴船壳，锚干连同转环一起留在锚链筒内。抛锚时使锚干易于脱出锚链筒。此外，锚链筒的下口应离满载水线有一定的距离，以减少航行时船首波浪冲击锚体。锚链筒的位置距船舶中线有适当距离，以免起锚时锚爪卡在首柱上。

4. 制链器

制链器用于夹住锚链，在锚泊时，承受锚链张力以保护锚机。航行时承受锚的重力和惯性力，防止锚链滑出。制链器设置在锚机和锚链筒之间，三者保持在一条直线上，常用的有以下三种：

（1）螺旋制链器。螺旋制链器由两块夹板和一个带摇柄的有正倒螺纹的螺杆组成。当转动摇柄使两夹板夹紧时，可将锚链夹住；反之松开夹板，锚链即可自由进出。其松紧动作较慢，但操作方便，工作可靠，广泛用于大中型船舶上，如图 5-5-2（a）所示。

（2）闸刀式制链器。闸刀式制链器结构简单，操作迅速。但当其尺寸大时显得笨重，一般只在中小型船舶上使用，如图 5-5-2（b）所示。

（3）链式制链器。链式制链器由一个链钩、一个伸缩螺丝和一段短链组成。它用卸扣固定在甲板上，使用时，将链钩钩在一水平的链环上，然后收紧伸缩螺丝，即可拉紧锚链。它常与螺旋制链器配套使用，作为螺旋制链器的辅助设备，如图 5-5-2（c）所示。

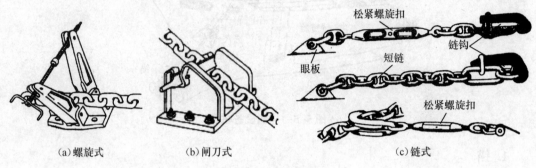

（a）螺旋式　　　　　（b）闸刀式　　　　　　　（c）链式

图 5-5-2　制链器

5. 锚机

锚机作为抛锚、起锚的机械，也可做船舶绞缆用。

6. 锚链管

锚链管是锚链进出锚链舱的通道，位于锚机链轮下方，正对锚链舱的中央，其直径为锚链环直径的 7~8 倍，其甲板管口设有防水盖，在开航后应关闭，以防海水由此进入锚链舱。

7. 锚链舱

锚链舱用以存放锚链。一般设在防撞舱壁之前，锚机下面，首尖舱的后面上部，其形状为圆形或方形，圆形锚链舱直径约为链径 30 倍时，可自动盘放而不必人工排链。锚链舱内设有污水井和排水管以排除积水，防止锚链锈蚀。舱壁上设有人孔和壁梯供人员进出锚链舱。

8. 弃链器

弃链器是在紧急情况下使锚链末端迅速与船体脱开的专用装置，一般设在人员易于到达的地方或锚链舱舱壁上，通过锚链末端链环与弃链装置相连。弃链器应能保证在紧急情况下迅速可靠地脱开锚链。常见的有横闩式弃链器和螺旋式弃链器等。

（1）横闩式弃链器。其结构简单，使用方便，在紧急情况下只要敲出横闩即能松脱末端链环。分为甲板弃链器和锚链舱弃链器两种。图 5-5-3（a）为甲板弃链器，在甲板上的弃链器通常外罩一个水密盖，既可达到水密，又能防止不慎触碰而松脱。

（2）螺旋式弃链器。其结构较复杂，利用螺杆的伸缩使脱钩松开或夹住，但使用安全可靠，即使在锚链绷紧时也易松脱，缺点是开启动作较缓慢。图 5-5-3（b）为装设于锚链舱舱壁上的弃链器。

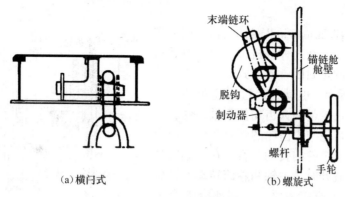

（a）横闩式　　　　　　　　（b）螺旋式

图 5-5-3　弃链器

（二）锚机的使用

锚机是用以收绞锚和锚链的机械。锚机也用于收绞缆绳。它主要由动力源、传动机构、锚链轮和刹车等组成。一般锚机也设有绞缆卷筒。

锚机因动力源不同而分为蒸汽锚机、电动锚机和电动液压锚机，也可根据链轮轴中心线的位置分为卧式锚机和立式锚机。

1. 蒸汽锚机

蒸汽锚机（Steam Windlass）使用由蒸汽机带动，经过曲拐轴由齿轮带动滚筒轴运转，由滚筒轴经由离合器带动链轮运转，链轮上也设有刹车装置。其特点是动力大，结构简单。目前，海船上锚机以电动锚机和电动液压锚机为主。在一些早期建造的油轮上或现有大型油船基于防火防爆要求，仍采用蒸汽锚机。其使用操作步骤如下：

（1）通知机舱供气。

（2）开机前先打开排水阀和排气阀，排出管内和气缸内的冷凝残水。

（3）轴承、曲柄连杆、十字头滑道等处加油润滑。

（4）查看离合器是否脱离开铰链轮，刹车是否刹牢，再打开制链器。

（5）供气后，向逆时针方向旋开排气阀少许，先暖缸排放冷凝残水，待残水排净后关闭排气阀，稍开大气门阀使活塞运转，试转倒正车，待运转正常，关闭气门阀，试车完毕。

（6）如向外松出锚和锚链时，将制动手轮向反时针方向旋转，刹车带即松开，锚和锚链凭自重会自由松出。如果停止松出，只要将制动手轮向顺时针方向旋紧，刹车带便刹住锚链轮，锚链即停止松出。

（7）如要绞进或绞出锚链，应先调整离合器对正锚链轮闭合，然后松开刹车，此时锚链已由锚机控制。启动气门阀，转动锚机，将倒正车手柄向前推即绞进锚链，向后拉即绞出锚链。

（8）锚机使用完毕，应使离合器与锚链轮脱开，气门控制阀关紧，打开排气阀，制链器合上。如果是冬季，还须将供气管道上的排水阀打开，排放残水，以防管道冻裂。

2. 电动锚机

电动锚机（Electric Windlass）是目前船上应用最广的一种锚机。在这种锚机中，驱动电动机采用电磁制动器的全封闭、防水式电动机。其外形如图 5-5-4 所示，电动机经过减速箱的变速小齿轮传动，小齿轮带动大齿轮使主轴转动，主轴上有链轮，大齿轮与小齿轮的啮合和脱开由离合器控制，以控制链轮的转动与否。在抛起锚作业中，当离合器脱开时，主轴和卷筒转动而链轮不转，可作为抛锚或绞缆之用。当离合器合上时，卷筒与链轮同时转动，可作为起锚或深水抛锚时送锚之用。在链轮上设有带式刹车，用以刹住链轮，以控制松链速度。

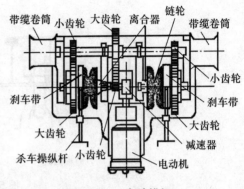

图 5-5-4　电动锚机

（1）操作步骤。

①通知机舱供电。

②将各油杯、轴承等处加油润滑。

③检查离合器是否脱开，刹车是否刹牢，打开制链器，操纵杆（柄）置于停车位置。

④把控制箱上电源启动开关接通，将操纵杆推至微速绞进位置试车运转，过 1 min 后再将操纵杆拉至停车位置暂停后，置于微速绞出位置试倒车运转 1 min 后停车。

⑤刹车和锚链轮离合器的使用与蒸汽机基本相同。

（2）注意事项。

①在绞锚和绞缆时，如果发现锚机绞不动，要迅速停车，避免锚机负荷过重烧坏电机。

②由绞进改为绞出时，应先停车，然后再倒车，如果直接从正车改为倒车可能损伤机轴。

③在锚机负荷较重时，应看电压表 J 针是否超过规定电压，超过时应停车。

④注意电机温度，有烧焦油味或冒烟时，马上停车，通知机舱有关人员检查处理。

⑤在工作时要注意轴承温度，减速寻机油温度以及电压电流是否超过规定。

⑥锚机使用完毕，把控制箱上电源断开，通知机舱停止供电。

3. 电动液压锚机

电动液压锚机（Hydraulic Windlass，也称液压锚机），由电动机带动液压泵，驱动油马达，然后经过减速器（或无需减速器）使锚机运转。它结构紧凑，体积小，操作平稳，变速性能好，但制造技术和维护保养要求较高，如图 5-5-5 所示。

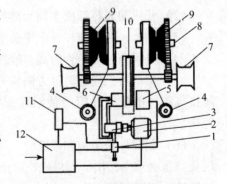

1—操纵手柄；2—电动机；3—油泵；
4—刹车手轮；5—电磁刹车；6—油马达；
7—绞缆筒；8—锚链轮离合器；9—锚链轮；
10—齿轮箱；11—控制按钮；12—电源箱。

图 5-5-5　电动液压锚机

操作步骤：

（1）通知机舱供电，开启高压油泵阀门。

（2）检查高压油泵的压力是否正常，按需要调节至适当压力。

（3）启动油泵开关，先按辅助油泵开关，过 1 min 后再按主油泵开关，注意压力表指针所指压力是否正常。

（4）在各油杯、轴承等处加油润滑。

（5）先做短时间运转试车，观察运转正常后，可扳动操纵手柄开始使用。

（6）使用完毕应先关主油泵，后关辅助油泵，然后通知机舱停止供电。

（三）抛锚作业

1. 准备工作

（1）通知机舱供电（蒸汽锚机供气）。

（2）解开锚机罩，查看有无异常情况。

（3）将刹车带刹牢，脱开离合器，加油润滑锚机并空车运转，逐级变速查看正反转是否正常。

（4）移开防浪盖，合上离合器，打开制链器，松开刹车带，使链轮得力，开动锚机将锚送出锚链筒，悬挂在水面之上，刹紧刹车带，再脱开离合器。此时锚只受刹车带控制，处于可自由抛落状态，只要刹车带一松，锚即可抛下。

（5）备好锚球或锚灯。

（6）锚备妥后，报告驾驶室，并派人观察舷外锚的下方是否有小船接近。

2. 抛锚操作

（1）当得到驾驶室抛锚命令后，大副立即指示木匠松开刹车带，让锚凭自重落下。水不太深时，第一次松出链一般为一节入水至多二节，锚着底后应将锚链刹住，同时应显示锚泊信号（关航行灯）。

（2）为保证锚链顺利松出，船舶应保持适当的退速。并控制速度快慢，若退速太慢则锚链堆积，太快则锚链刹不住。此时应报告驾驶台锚链方向，以便用车舵给予配合。

（3）当松链长度约为 2.5 倍水深时，将锚链刹住，利用船惯性使锚爪抓入土中。待松出的链吃力张紧前及时松链，每次半节左右，反复几次，使锚能抓底抓牢，一直松至所需链长。

（4）抛锚过程中，大副应随时用口头或手势（夜间用手电筒）向船长报告锚链在水中的方向及受力情况。木匠用钟声报告锚链松出的节数。

（5）抛锚抛妥后上好制链器，切断电源，罩好锚机操纵台的帆布罩。

（四）起锚作业

1. 准备工作

（1）通知机舱送电，供锚链水。

（2）锚机加油润滑，空车运转，确认一切正常后再合上离合器，打开制链器和刹车带，让锚机受力。

（3）准备工作完毕，向驾驶室报告。

2. 绞锚操作

（1）接到驾驶室起锚口令后，大副根据锚链受力情况指示木匠以适当速度绞锚。

（2）开启锚链水冲洗锚链上的污泥。

（3）绞锚过程中，大副应随时将锚链的方向报告给船长，以便驾驶室进行车、舵配合。木匠用钟声报告锚链在水中的节数。

（4）绞锚时若风大流急，锚链绷得很紧，此时不能硬绞，而要报告驾驶室进车配合，等船身向前移动锚链松弛后再绞，以防损伤锚链和锚机。若锚链横越船首，应利用车、舵将船逐渐领直后再绞。

（5）锚一离底，应敲乱钟报告，同时降下锚球或关闭锚灯。锚出水后，要观察锚爪上是否挂有杂物，若有应及时清理，然后根据需要将锚悬于舷外待用或收妥。

（6）结束工作：若锚不再使用须收进锚链筒时，应慢慢绞进直到锚爪与船舷紧贴为止；合上制链器，用锚机倒出一点锚链，使制链器吃力，然后上紧刹车，脱开离合器；关闭锚链水，盖上锚链筒防浪盖，罩好锚机，用链式制链器加固锚链，封好锚链管口，通知机舱关闭锚机电源。

（五）抛起锚口令

抛起锚口令由驾驶室发出，大副听到后立即复诵一次并指挥木匠执行，抛锚完毕后报告驾驶室。执行完毕后再向驾驶室报告。

抛起锚常用口令如表 5-5-1 所列。

表 5-5-1　抛起锚口令

锚令（Anchor order）	报告或回答（Report or reply）
准备绞（起）锚 Stand by（to）heave away/in anchor	锚备好 All ready（to）heavy away/in
绞（起）锚 Heavy in/away	绞（起）锚 Heavy in/away
备左（右、双）锚 Stand by port（starboard, both）anchor（s）	左（右、双）锚备好 Port（starboard, both）anchor（s）is（are）ready
抛（左、右）锚 Let go port（starboard, both）anchor（s）	抛（左、右）锚 Let go port（starboard, both）anchor（s）
刹住 Hold on	刹住 Hold on
停止绞锚 Hold on, avast heaving	停止绞锚 Hold on, avast heaving

续表

锚令（Anchor order）	报告或回答（Report or reply）
锚链方向？ How is chain leading?	锚链垂直 Up and down
	锚链向前 Leading ahead
	锚链向后 Leading aft
	锚链正横 Leading abeam
	锚链过船头 Across bow
锚链放松 Slack away, or pay out	锚链放松 Slack away, or pay out
×节入水×shackles in water	×节入水×shackles in water
×节甲板×shackles on deck	×节甲板×shackles on deck
×节锚链筒×shackles hawspipe	×shackles hawspipe
锚已抓牢 Brought up	
锚未抓牢 Brought	
锚离底 Anchor aweigh	
锚绞缠 Foul anchor/Anchor fouling	
锚清爽 Clear anchor/Anchor clear	
收好锚 Stow the anchor	

（六）锚设备的检查和保养

锚设备的检查保养大体有日常检查保养、定期检查保养等。

1. 日常检查保养

（1）锚。

①检查锚卸扣的磨损与变形情况，并注意横销是否松动。

②注意锚头横销是否松动，锚爪有否弯曲和裂纹，转动是否灵活，角度是否正常。

③起锚时，锚出水后观察锚爪上是否挂有杂物，并放慢绞进速度，以利锚爪最后平稳贴近船舷。

（2）锚链。

①平时轮流使用左、右锚。

②注意锚链标记是否清晰。如有脱落应及时补做。

③检查链环、卸扣是否有裂纹、变形和结构松动情况及磨损程度。

④检查转环是否灵活，并适时加油润滑。

（3）锚机。

①按操作程序进行操作。

②经常检查刹车是否良好。

③每次使用前加油、试车。蒸汽机使用前应排出气缸积水，直到放水孔喷出气再试车。

④离合器经常加油，保证操作轻便灵活。

⑤注意链轮的轮齿、蜗杆的螺纹等的磨损情况。

（4）制链器。

①摩擦表面经常涂油，其余部位应涂防锈漆。

②经常检查基座与甲板连接的紧固情况。

（5）弃链器。

①检查保护罩的完好程度。

②转动部位经常加油。

2. 定期检查保养

锚设备的定期检查保养至少每半年一次。

（1）锚。

①按日常检查保养方法进行外观检查。

②检查锚爪转至最大角度的灵活性及与船舷的贴合紧密性。

③修船检查时，锚的失重不超过原锚重的20%。

④当发现锚损坏时，应送厂修理，换备用锚。

（2）锚链。

①将全部锚链从锚链舱倒出排列在甲板上，清除污泥、铁锈和油漆。

②裂纹检查：用手锤敲击每个链环和卸扣，听其声音是否清脆。

③变形检查：测量链环和卸扣的长度。有挡链环长度超过原长7%，无挡链环或卸扣超过原长8%就不能使用。

④磨损检查：检查环与环的接触处和锚链与锚链筒的摩擦处，用卡尺量其同一截面的最大、最小直径，取平均值。Ⅰ类航区，若发现链环直径小于原规定直径的88%就应换新。Ⅱ、Ⅲ类航区85%就应换新。

⑤结构松动检查：检查横档是否松动，连接链环和卸扣的销子是否松动，铅封是否脱落。

⑥修船检查时，将全部的连接链环（卸扣）拆开，更换销钉和铅封。锚端链节和末端链节对调，并做好记录。检修时锚链煨火以消除细小伤痕和内应力。

⑦锚链检修后，应涂沥青两度，并做好标记。

（3）锚机。

①链轮、制链器、导链滚轮和锚链筒应呈一直线。

②各传动齿轮轮齿的磨损应不超过原来厚度的10%。

③锚机底座钢板蚀耗超过原厚25%时应及时修复。

（4）锚链舱。

①利用锚链全部倒出的机会，进行清洁工作，并检查排水设备是否正常。

②更换损坏的衬垫。必要时，舱底重抹水泥或重涂油漆。

③检查锚链管的磨损情况。

（七）判断锚到底

锚链在甲板部分突然松弛，出现下垂后伸直现象。船舶移动时，锚链倾斜，锚机负荷减小等现象，表明锚已到底。

（八）判断锚抓牢

按计划松出锚链后，将锚链刹住，观察锚链的状态。如果锚链向前拉紧，平稳而有节奏地在水面上下抬动，然后略有松弛，说明锚已抓牢。如果锚链拉直后，在水面不断抖动，且并无松弛现象，说明锚在水底拖动，应立即报告船长，采取措施。

（九）深水抛锚操作

水深超过 25 m 时，为防止锚冲击力过大以及锚链松出太快，抛锚时须用锚机送锚至距海底 10 m 左右，再自由抛下。水深大于 40 m 时，应用锚机将锚送至海底，再用刹车慢慢松链，每次松链只能松出几米。

（十）锚离底判断

锚爪出土瞬间锚机负荷最大，锚离底后锚机负荷突然下降，锚机转速由慢变快，声音变得轻快。锚离底瞬间锚链将向船边荡来，随即锚链处于垂直状态。

抛起锚操作一般由大副和木匠或水手长在船首操作，大副执行驾驶台（船长）发出的锚泊命令，并向驾驶台报告锚泊命令的执行情况和锚链的状态，以便驾驶台采取相应的操船措施，使锚尽快抓牢。

第六节　引航梯、升降机、舷梯和防鼠挡的安全收放

引航员登离船装置包括引航员软梯、舷墙梯、舷梯或引航员升降器以及其他相关设备。舷梯是供船员及其他人员上下船的梯子。严格按要求安放和维护引航员梯、舷梯，保证人员登离船安全。防鼠挡用以防止鼠类动物沿缆绳爬上或爬下船舶。

一、引航梯的安全收放

引航员登离船装置应能有效地供引航员从任一舷安全地登船和离船。引航员登离船装置包括引航员软梯（简称引航梯，Pilot Ladder）、舷墙梯、舷梯以及其他相关设备。

（一）准备

将引航梯及附属物从收藏处取出，检查是否齐全，有无影响安全的损坏，检查梯绳有无霉变质，梯板有无腐烂、裂缝，夜间专用照明灯具是否完好，救生圈是否符合有关要求

及所有用具是否清洁无油污。

（二）安装（图5-6-1）

（1）根据引航员的要求或船长的命令确定安放位置（左舷或右舷）；

（2）引航员登船位置舷墙入口处支柱及扶手栏杆的安装应正确、牢固；

（3）将梯子放出舷外至水面以上一定高度，然后把引航梯上端的绳索系固在入口处舷墙下方的地令或羊角上；

（4）若为卷边船舷，则应装上铺平踏板；

（5）将下舷墙的舷墙梯与入口扶手栏杆对接并捆扎牢固；

（6）在引航员登船位置附近应配备直径不小于28 mm的安全绳、吊物绳2根、带自亮灯和安全绳的救生圈一只等设备；

（7）夜间还应准备好足够的照明设备，将其安放在合适的位置并调整好；

（8）引航梯安放完毕后，应再仔细地检查、试验一次，确保符合规范要求。

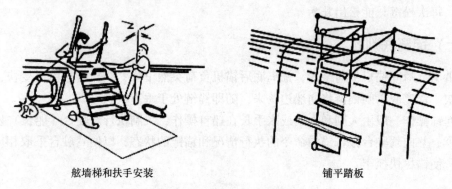

舷墙梯和扶手安装　　　　　　　铺平踏板

图5-6-1　引航员梯的安装

（三）注意事项

（1）引航梯最下面一块踏板距离水面的高度由引航员决定，大船上的人员应根据引航员的要求进行调整，梯子放下不能过长，梯尾部不准卷折。

（2）根据规范规定，当从海平面至船舶出入口的距离超过9m时，应在每一舷装设与引航梯相连的舷梯或引航员升降器，以保证引航员登离船的安全。引航梯与舷梯应用小绳系牢。

（四）收藏保管

（1）引航梯用完后，应检查其是否有被损坏至不符合规范要求之处，如有应及时修理；

（2）引航梯如沾有海水，应用淡水冲刷，晾干后收藏在规定的地方；

（3）存放引航梯的地点应尽可能保持清洁、干燥、通风，应避免闷热和烈日的曝晒。

二、舷梯收放

舷梯是供船员及其他人员上下船的梯子。它通常用于船舶靠泊在码头或锚泊时，人员登、离码头，上、下小艇时使用，如图 5-6-2 所示。

（一）舷梯的结构

舷梯的主要结构为两块夹板，中间安装梯阶（俗称踏板），梯的上下两端各装置一小平台，上平台的里边用铰链固定在船壳上，下平台可根据需要调整角度。因船舷高度不同，舷梯有的是由 2～3 节接成的，有的节与节相交处还设有转角平台。沿舷梯两边和上、下平台外缘安装有高约 1 m 的金属支柱，柱与柱之间以绳索或细铁链连接作为扶手，有的舷梯把支柱用铰链安装在夹板上，支柱在铰链上摺转就可以沿夹板放倒或竖立起来。

图 5-6-2　舷梯

（二）舷梯的收放

1. 放舷梯

（1）接通电源。

（2）检查船舷外有无障碍物，吊臂、滑轮、钢丝绳是否活络，有无损伤。

（3）将旋转盘下撑挡放妥，操纵控制器按钮，稍稍收紧吊梯钢丝绳，松开所有的固梯钩，然后慢慢松出钢丝绳，将梯子放平。

（4）竖起支柱或插好支柱。

（5）安装好两边扶手，将梯子的下平台放到一定角度，插妥横销，放妥梯子，放平下平台便于人员上下舷梯，然后，穿妥扶手索。

（6）系浮筒时，应先将安全网系妥；靠码头时，应在梯子放妥后再装上安全网。

（7）由一人指挥、一人操纵控制器，将舷梯松放到适当位置，插上保险销，关掉电源，收好控制器，系妥扶手索。

（8）调整好吊梯索，使其不妨碍人员上下舷梯。

（9）检查梯口的救生圈是否符合要求。

2. 收舷梯

（1）接通电源，拔下保险销，检查梯子附近有无障碍物，回收舷梯是否安全，卸下安全网，将舷梯绞平；

（2）将下平台横销拔出，将其放平，插上横销，收回扶手索，将支柱放平或拔下；

（3）慢慢将舷梯外缘绞收上翻贴近船边；

（4）舷梯到位，将所有的固梯钩挂好，收紧；

（5）切断电源，整理附件，收妥。

（三）舷梯的保养

（1）应经常保持舷梯的清洁，各金属部分如支柱、链条、梯阶、滑车、平台等必须及时除锈和油漆，滑轮铰链等部位应经常加油润滑；

（2）防止超重、碰击或扭曲舷梯，舷梯上不许放置沉重的物品；

（3）在舷梯与船舷之间要有护舷物；

（4）如支柱卸下时，应将支柱沿扶手绳合并在一起，用索端将其捆好，存放在库房内；

（5）按航行状态吊绑舷梯时，务必收妥吊柱滑车组，并将吊柱固定牢靠。

三、引航员升降器的操作

（一）结构

引航员机械升降器由机械动力绞车、升降索和梯或平台三部分组成。梯上部的刚性梯不少于2.5 m，能安全地载人升降，有足够数量的不滑踏步和安全扶手。在下面有一根不小于1.8 m的防扭杆，杆的两端装有滚轮，在整个升降过程中，滚轮在船壳板上灵活滚动。刚性梯上有一个保护圈，提供身体支撑。上部刚性梯可用750 mm×750 mm平台代替。刚性梯的下面软梯有8个踏步，不需要防转踏步，但其顶部有一个合适的附件把它系固在上面刚性的梯上。软性梯边绳连续无连接节，软性梯与刚性梯同长，踏步之间垂直距离相等，两侧扶手尽可能排成直线，如图5-6-3所示。

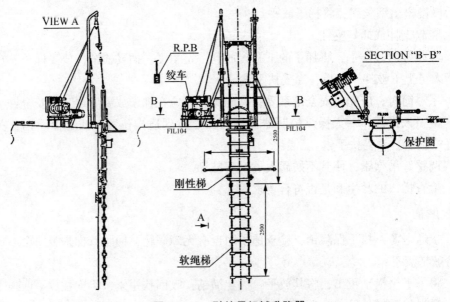

图5-6-3　引航员机械升降器

（二）操作

（1）机械升降器的装配、试验和使用必须由一个高级船员负责，任何一个船员在装配和操纵升降器之前，应接受装配和操纵程序的培训。

（2）升降器的操作者、登离梯负责的人员和登乘人之间有合适的通信手段。

（3）操纵人员站在控制点能够连续地看到最高点和最低点的升降梯工作状况。

四、防鼠挡的安放

防鼠挡又称防鼠板，一般由薄钢板或塑料板制成的。根据港口的有关规定，船靠妥码头后，必须在每根系缆绳上放妥防鼠挡，以防止鼠类动物沿缆绳爬上或爬下船舶。

使用方法：打开防鼠挡的下部，提起细绳将防鼠挡安放在船舷外的系船缆上，关闭防鼠挡的下部。最后将细绳的上端在船舶的栏杆上系牢，如图 5-6-4 所示。

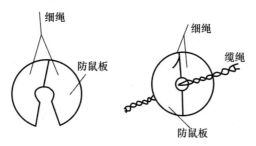

图 5-6-4　防鼠挡

第七节　堵漏器械和堵漏方法

船舶可能会因为各种海损事故而破舱进水，因而根据船舶规范要求配备了各种堵漏器材。船舶发生漏损时，可根据破损的情况选用合适的堵漏器材，采用合适的方法进行堵漏应急。

一、堵漏器材的种类

船上配备堵漏器材的种类、数量、规格根据船舶的大小、类型、航区等确定。常用的堵漏器材包括堵漏毯、堵漏板、堵漏箱（盒）、堵漏柱、堵漏螺杆、钩头螺杆、木塞、木柱、木板、木楔、水泥和黄沙等。

（一）堵漏毯

堵漏毯又称堵漏席、堵漏垫（图 5-7-1），是进行舷外堵漏的有效工具。它虽不能完全将船壳水下破口堵严，但能大大减少破口的进水量。

1. 堵漏毯的类型

堵漏毯有重型和轻型两种，规格有 2.0×2.0（m²）、2.5×2.5（m²）、3.0×3.0（m²）、3.5×3.5（m²）、4×4（m²）等。

重型堵漏毯用镀锌钢丝绳编成网眼直径约 30 mm 的网络，两面都装上双层防水帆布，毯的四角和每边中央都装有穿索具用的套环。

轻型堵漏毯无钢丝网络，在上下两层帆布当中铺上粗羊毛毯，并每隔 200 mm 用帆线按对角平行方向缝牢。这种堵漏毯比较软，为了防止在堵大洞时海水将毯压入洞

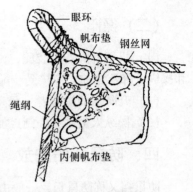

图 5-7-1　堵漏毯

内，特在毯的一面用帆布缝上几道管套，可插入几根直径 25 mm 的镀锌钢管作为支撑，使用时无管的一面贴在船壳上。在船体弯曲较大的地方，带撑管的堵漏毯不适用，此时可采用一面缝有油麻绒的堵漏毯，堵漏时将有麻绒的一面转向破洞，靠水压将堵漏毯压紧在船壳板上，堵住破洞。

2. 堵漏毯的索具

每张堵漏毯配有：

（1）顶索 2 根：用 16 mm，纤维绳，每根长 20 m，顶索上有深度标志。

（2）前后张索各 1 根：用 16 mm，纤维绳，每根长应为船长的一半以上。

（3）底索 2 根：用 12 mm，钢丝绳，每根长度应为船深与船宽之和的 2 倍再加上 5 m。

（4）卸扣 8 只：直径 19 mm，用来连接绳索和堵漏毯上的套环。

（5）导索滑车 4 只：用来把绳索引至车绞紧。

3. 堵漏毯的使用方法

（1）菱形挂法。只用 1 根底索，如图 5-7-2 所示。这种挂法，平直船壳及弯曲船壳处均适用。确定漏洞位置后，如用毛毯型堵漏毯，应将有毛的一面朝上，平放在漏洞上方的甲板上，如图 5-7-3 所示，接好前后张索，系好顶索，并将顶索放在堵漏毯下，将底索从船首前端兜过船底，沿两舷拉到漏洞处。底索的一端用卸扣接在堵漏毯上，一端在另一舷准备绞收，即可准备放毯堵漏。放时根据破洞深度，按标志将顶索固定好，再将堵漏毯推下水，在相对的一舷绞收底索，同时不断收紧张索，直到顶索标志指明已到达破洞时为止，如图 5-7-4 所示。

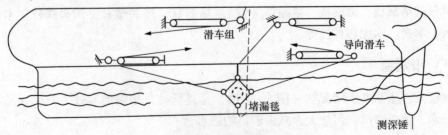

图 5-7-2　菱形挂法

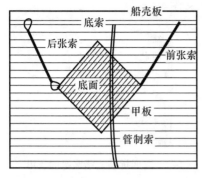

图 5-7-3　堵漏毯在甲板上准备放出舷外

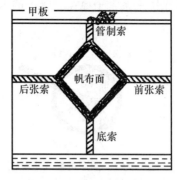

图 5-7-4　堵漏毯在破洞外

（2）方形挂法。适用于平直船壳处，使用 2 根底索，操作方法和菱形挂法相似，如图 5-7-5 所示，此法最适合于堵水线附近的破洞。

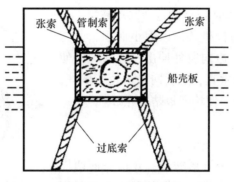

图 5-7-5　方形挂法

（二）堵漏板

堵漏板有方形式、圆形式、螺杆折式等。

1. 方形堵漏板

方形堵漏板由吊索、铁板、橡皮垫、拉索等组成，如图 5-7-6 所示。它是从舷外向内堵的一种堵漏工具。

使用方法是在拉索一端系一小绳，再用小绳系一木块从船内推出，待木块浮出水面后，从甲板上将它捞起并将拉索系在堵漏板的中央眼环上，然后边松吊索边将拉索拉进舷内，使堵漏板紧贴船壳。

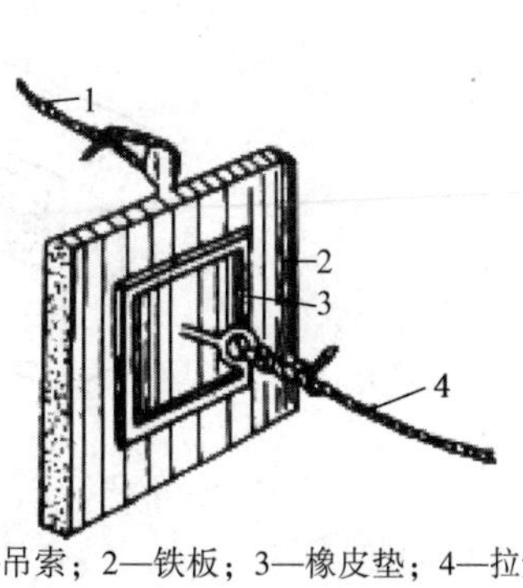

2. 圆形折叠式堵漏板

圆形折叠式堵漏板由拉索、橡皮、两折式铁板、铰链等组成。它是一种简易型堵漏工具，如图 5-7-7 所示。

使用方法是先将堵漏板折叠好，从舷内破洞口伸向舷外展开（图 5-7-8）并拉紧压住

1—吊索；2—铁板；3—橡皮垫；4—拉索

图 5-7-6　方形堵漏板

破洞，然后靠拉索系紧于撑在肋骨上的木棍来支撑。

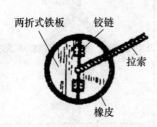

图 5-7-7 圆形折叠式堵漏板　　图 5-7-8 圆形折叠式堵漏板的使用

3. 螺杆折叠式堵漏板

螺杆折叠式堵漏板由螺杆、螺母、支架、铰链、三折式铁板、橡皮等组成，如图 5-7-9 所示，该堵漏板适合于堵住直径在 280 mm 以下的近似圆形破洞。

使用方法是先把堵漏板折叠，以缩小面积，并与螺杆平行，从破洞舱内一边向舱外伸出，转动螺杆使堵漏板张开并与螺杆保持垂直，然后向舱内拉紧螺杆，抵上撑脚，旋紧蝶形螺母，使堵漏板贴紧壳板。

（三）堵漏箱

也称堵漏盒，它是一个方形铁箱，开口一面四周有橡皮垫条，是一种从船内进行堵漏的器材。主要用于覆罩有较大向内卷边的洞口，或有一些小型突出物

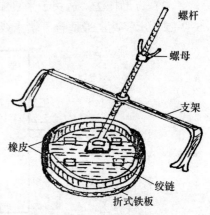

图 5-7-9 螺杆折叠式堵漏板

的舷壳裂口，或以木塞、木楔塞漏后四周仍不规则的缝孔等。其规格一般为 400 mm×400 mm×300 mm 的无盖铁盒。使用方法如图 5-7-10 所示。

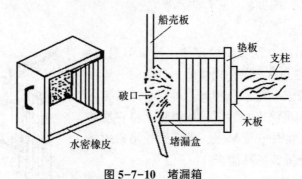

图 5-7-10 堵漏箱

（四）堵漏螺杆

堵漏螺杆适合堵中型破洞，并用如图 5-7-11 所示的有孔垫木、垫板和软垫圈配合。

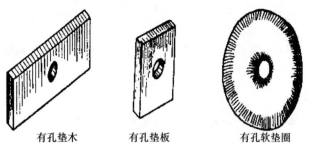

图 5-7-11　有孔垫木、垫板和软垫圈

1. T 形固定式螺杆

T 形固定式螺杆用来堵船壳上的裂口。螺杆由舷内经裂口伸出舷外后，将与螺杆垂直的横杆转到与裂口呈直角，如图 5-7-12 所示，然后加有孔软垫和垫木，再用螺母旋紧，裂口大时，可同时使用几根。

2. 活动 T 形螺杆

活动 T 形螺杆和固定式螺杆不同的是螺杆头上的横杆是活动的，使用时将横杆折直后伸出舷外，更加方便，如图 5-7-13 所示。

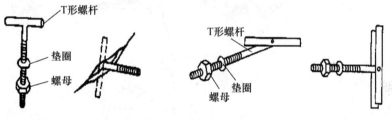

图 5-7-12　T 形固定式螺杆　　　图 5-7-13　活动 T 形螺杆

3. 钩头螺杆

钩头螺杆有 L 形和 J 形，如图 5-7-14 所示。这些堵漏杆适合于船壳裂口和破洞。

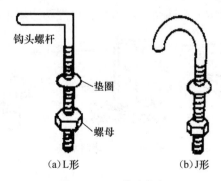

（a）L形　　　　　（b）J形

图 5-7-14　钩头螺杆

（五）堵漏柱

堵漏柱是堵漏时做支撑用的，长度不一。配有一定数量的垫木和垫板，以便支撑时可垫至所需的长度，并使撑力分散。

1. 伸缩型堵漏柱

伸缩型堵漏柱由钢管或铁管制成，伸缩度为 0.5～1.2 m。

2. 堵漏木支柱

堵漏木支柱用松木或杉木制成，有圆形支柱和方形支柱，长度为 4～6 m。

（六）其他堵漏器材

1. 堵漏木塞

大的木塞可从舷外塞住中型破洞。塞法是，在木塞两端旋上一个螺丝环，环上各系一根绳索，大的一端为吊索，小的一端为拉索。木塞用吊索吊到破洞处，由船内用带钩艇篙经破洞处钩入拉索，然后拉紧系牢，如图 5-7-15 所示。

图 5-7-15　堵漏木塞

2. 堵漏木楔

堵漏木楔用来衬垫支柱，它的长度为厚度的 5～6 倍。衬垫时，将两块的尖端相对，上下叠起，如图 5-7-16 所示。为防止木楔滑出，可在两边用木钉钉住以便固定。

图 5-7-16　堵漏木楔

3. 堵漏用垫料和填料

堵漏用垫料和填料有软垫、浸油麻絮、橡胶垫等。

4. 水泥、黄沙、石子及催凝剂

一般应备有 10 包 500 号的高强度水泥、300 kg 洁净无杂物的粗粒黄沙、400 kg 直径 25 mm 以下的石子。催凝剂用苏打或水玻璃代替。

5. 堵漏用工具

堵漏用工具有锤子、锯子、电钻、扳手等木工和钳工工具以及各种钉子、螺丝、铁丝等材料。

6. 充气袋

充气袋有圆形、圆柱形等。使用时将充气袋放在漏洞处，利用潜水空气泵膨胀堵住漏洞。也有用二氧化碳充气使袋膨胀的。袋上设安全阀，当压力太大时可以放气。

7. 木滑车组

一般用双饼木滑车组来拉紧各种绳索。

二、堵漏

堵漏应根据破损位置及破洞大小而采取不同的措施。

（一）水线以下船壳破洞的堵法

水线以下直径小于 76 mm 的小孔，可用吸水发涨的软木塞堵住。孔小时，圆形和方形混用，如图 5-7-17 所示，或用布包卷木塞，如图 5-7-18 所示，如要进一步水密，还可用麻丝填塞。

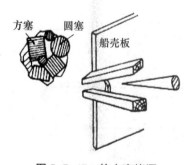

图 5-7-17　软木塞堵漏

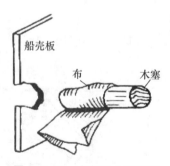

图 5-7-18　布包卷木塞堵漏

小于堵漏板的洞可用堵漏板堵住，大于堵漏板的洞先用堵漏毯堵住，排水后再用水泥箱堵漏，其方法是根据破洞大小，用木板制成型箱，先在破洞上敷设钢筋或组织丝网，再将型箱架设在破洞上，灌进调拌好的水泥浆。为了防止水泥浆被渗进的水冲走，可在型箱侧壁上装一排水泥浆。如需灌入浸水部位，应使用一漏斗和槽管，以免水泥浆被冲走。灌时要一面移动槽管下端，一面用铁条将水泥浆捣下去，如图 5-7-19 所示。槽管里要保持高于水面的水泥浆，以防海水侵入。

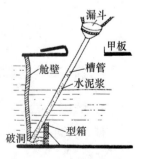

图 5-7-19　水泥箱堵漏

（二）水线以上船壳破洞的堵法

水线上的破洞在舷内舷外都可堵塞，但从外向里堵比较可靠。小的破洞，各种堵漏器材均可使用，如用木塞堵，可使用吊索及拉索由舷外堵塞。大的破洞，可用床垫和撑柱，如图5-7-20所示进行撑堵。

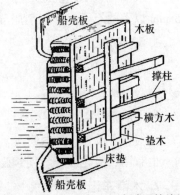

图 5-7-20　水线以上船壳破洞的堵漏

（三）裂缝的堵法

裂缝不能直接用木塞打入，应先在裂缝两端钻小孔止裂，用麻丝、破布或木塞将缝堵塞之后，再用螺丝旋入小孔堵塞。

（四）舱壁支撑

破舱进水后，随进水水位的升高，舱壁承受的压力也越来越大，为防止舱壁压裂，水漫至邻舱，需要在邻舱的舱壁上用垫木、垫板、支柱、木楔等进行支撑。

支撑的要点如下：

（1）支撑点的位置应位于舱内水位的 1/3～1/2 高度处。

（2）使用垫板的垫木来分散应力，垫木应横架在舱壁加强筋上，并应有若干支撑点。

（3）支撑力应与舱壁垂直，可使用垂直支撑法，或三角支撑法，如图5-7-21所示三角支撑时支撑合力必须和舱壁平面呈直角，支撑角越小支撑合力越大。

（4）支撑应结实，其横截面应不少于 100 mm×100 mm。支柱应用木楔打紧，并用马钉将其固定。

（5）若舱壁已变形，不能用千斤顶进行矫正，以防破裂。

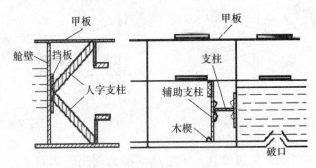

图 5-7-21　舱壁支撑方式

（五）其他堵漏方法

1. 焊补

情况许可时，可以用船上电焊设备进行破洞焊补。

2. 粘补

使用黏合剂将钢板粘补，黏合面要平坦洁净，可先用汽油去污，黏合后静止固化，在 20 ℃～25 ℃时，初步固化要 2～3 h，10 h 左右才基本固化。

3. 泡沫体堵漏

使用化学泡沫方法，在几分钟至几十分钟内泡沫体填充到破损舱室内，使损伤处被泡沫密封，以阻止进水。

三、堵漏器材的保管和检查

（1）堵漏器材、工具、材料应存放在水线以上易取的舱室内，专人保管，不能移作他用。存放堵漏器材的舱室外须有明显的标记，室内干燥、通风。

（2）各种金属堵漏器材与部件，应注意保养，防止锈蚀，活动部分应经常加油润滑，以保持灵活。

（3）由纤维材料制作的堵漏器材，如堵漏毯、软垫、帆布和麻絮等，应经常晾晒通风，保持干燥，不使其霉烂。

（4）木质堵漏器材不要置于高温、潮湿处。木塞、木楔等工具材料要清点，检查是否安全。

（5）堵漏橡皮、各种橡皮垫不可遇油，也不宜置于高温或潮湿处。

（6）各种堵漏器材每半年检查一次。水泥要防潮，防止压实结块，一年更换一次。黄沙应洁净，不为油脂和尘土所污染。

第六章 值班水手实操评估

第一节 水手值班

项目一 《1972 年国际海上避碰规则》船舶号灯与号型示意图

一、在航机动船（第 23 条）

（1）$L \geqslant 50$ m。

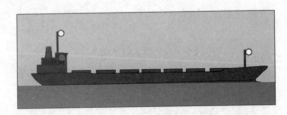

（2）$L \geqslant 50$ m。

（3）$L \geqslant 50$ m。　　　　　　　　　　　　（4）$L < 50$ m。

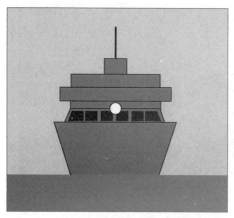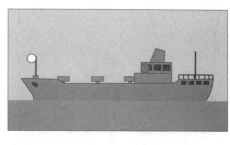

（5）气垫船在非排水状态下航行时。

（6）$L < 20$ m。　　　　　　　　　　　　（7）$L < 20$ m。

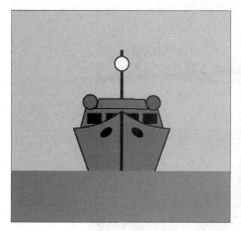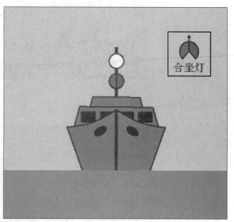

（8）$L < 12$ m。

（9）$L < 7$ m 且 $v \leqslant 7$ Kn。

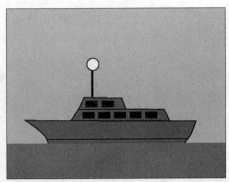

二、拖带和顶推（第24条）

1. 机动船当拖带时

（1）$L \geqslant 50$ m，拖带长度 $l > 200$ m。

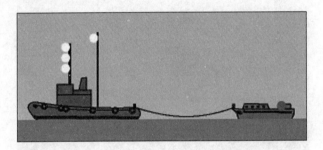

（2）$L < 50$ m，$l \leqslant 200$ m。

（3）$l > 200$ m。

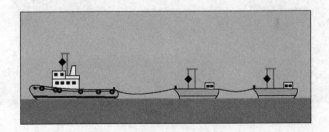

2. 组合体

$L \geqslant 50$ m。

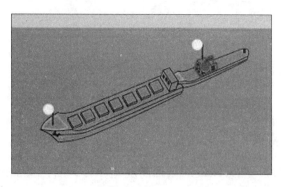

3. 机动船顶推时

（1） $L \geqslant 50$m。

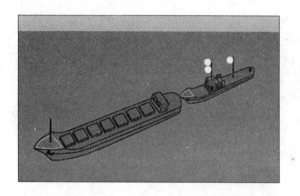

（2） $L < 50$m。

4. 机动船当旁拖时 $L < 50$m

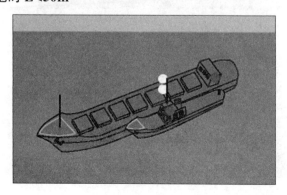

5. 一艘通常不从事拖带作业的船舶在从事拖带另一遇险或需要救助的船舶

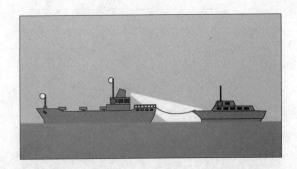

6. 一艘不易觉察的、部分淹没的被拖船舶或物体或者这类船舶或物体的组合体

（1）$b_{被拖}<25$ m。

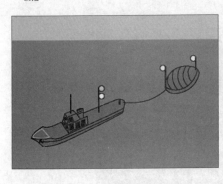

（2）$b_{被拖}\geqslant25$ m。

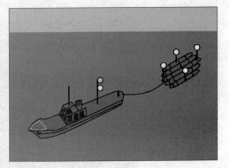

（3）$l_{被拖}>100$ m，$b_{被拖}\geqslant25$ m。

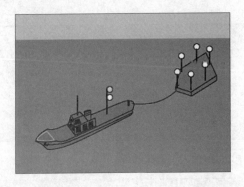

（4）$l>200$ m。

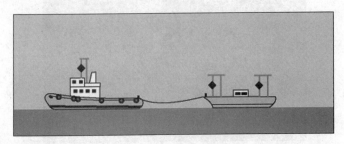

三、在航帆船和划桨船（第 25 条）

1. 在航帆船

（1）$L \geq 20$ m。

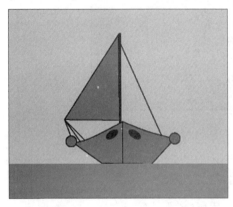

（2）$L \geq 20$ m。

（3）$L < 20$ m。

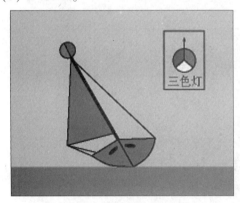

（4）$L < 7$ m。

2. 机帆并用船

3. 划桨船

四、渔船（第26条）

1. 从事拖网作业渔船

（1）$L \geqslant 50$ m，对水移动。

（2）$L < 50$ m，对水移动。

（3）$L<50$ m，不对水移动、锚泊。

（4）L≥20m，在航、锚泊。

2. 从事非拖网作业渔船

（1）$l_{渔具外伸}>150$ m，对水移动。

（2）$l_{渔具外伸}$ <150 m，对水移动。

（3）$l_{渔具外伸}$ >150 m，对水移动。

尾视

（4）$l_{渔具外伸}$ >150 m，不对水移动、锚泊。

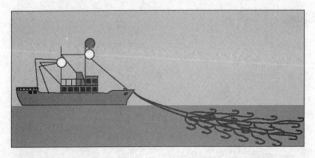

（5）$l_{渔具外伸}$ >150 m，在航、锚泊。

3. 在相互邻近处捕鱼的渔船额外信号（项目二）

（1）拖网渔船额外信号。

①从事拖网捕鱼放网时，$L \geqslant 50$ m。

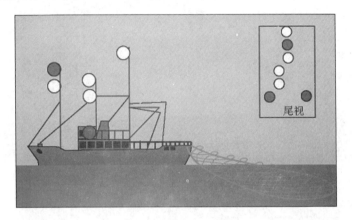

②从事拖网捕鱼起网时，$L < 50$ m。

③从事拖网捕鱼网挂住障碍物时，$L < 50$ m。

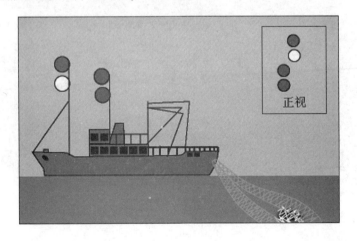

④对拖。

⑤对拖放网（起网、网挂住）。

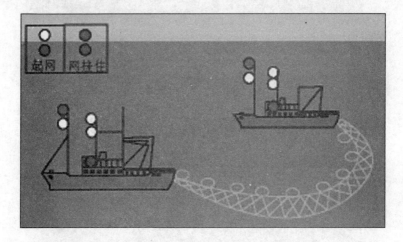

（2）围网渔船额外信号。

五、失去控制或操纵能力受到限制的船舶（第27条）

1. 失去控制船舶

（1）$L \geq 12$ m，对水移动（侧视图）。

（2）$L \geq 12$ m，对水移动（正视图）。

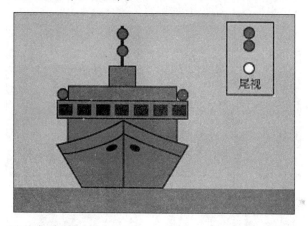

（3）$L \geq 12$ m，不对水移动。

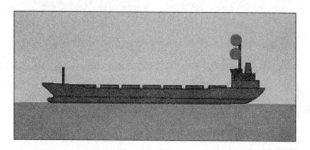

（4）在航。

2. 操纵能力受到限制的船舶

（1）$L \geqslant 50$ m，对水移动。

（2）$L \geqslant 50$ m，对水移动。

（3）$L < 50$ m，不对水移动（锚泊时加锚灯）。

（4）在航。

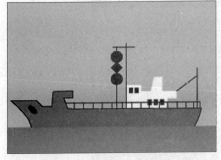

（5）锚泊。

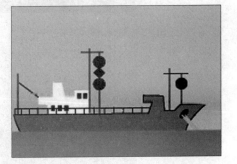

3. 从事拖带而不能偏离航向的机动船

（1）$L < 50$ m，$L > 200$ m。

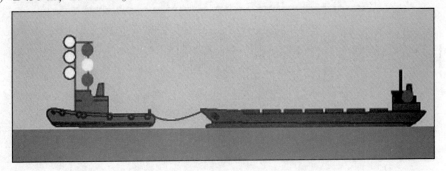

（2）$L>200$ m。

4. 从事疏浚或水下作业的船舶操纵能力受到限制

（1）$L\geqslant50$ m，对水移动。

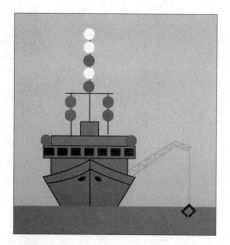

（2）12 m$\leqslant L<50$ m，对水移动。

（3）不对水移动、锚泊。

（4）在航、锚泊。

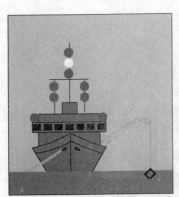

5. 从事潜水作业的船舶

6. 从事清除水雷作业的船舶

（1）L<50 m。

（2）在航。

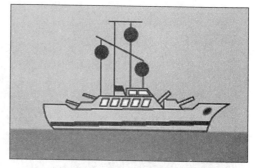

（3）L<50 m，锚泊。

（4）锚泊。

六、限于吃水的船舶（第 28 条）

（1）L≥50 m。

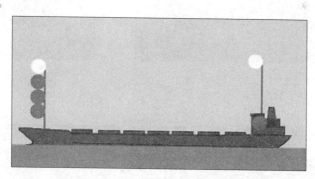

（2）L≥50 m。

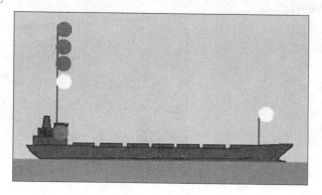

（3）L≥50 m。

（4）在航。

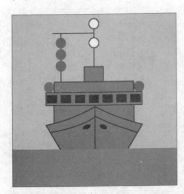

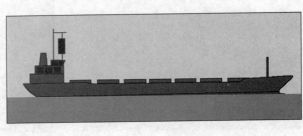

七、引航船舶执行引航任务（第29条）

（1）L≥20 m。

（2）L≥20 m。

（3）L≥20 m。

（4）锚泊。

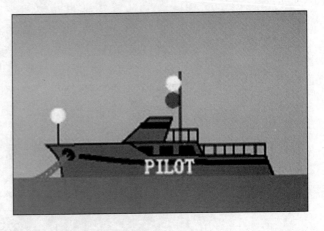

（5）$L<20$ m。

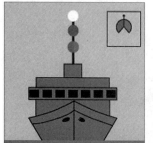

（6）锚泊。

八、锚泊船舶和搁浅船舶（第 30 条）

1. 锚泊船

（1）$L \geqslant 100$ m。

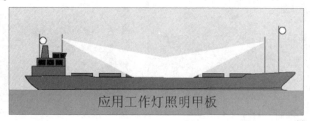

（2）50 m $\leqslant L < 100$ m。

（3）L 不限。

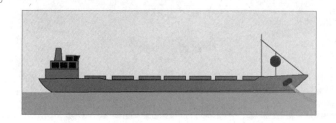

（4） $L<50$ m。

还可用工作灯照明甲板

2. 搁浅船

（1） $L\geqslant50$ m。

（2） 12 m $\leqslant L<50$ m。

（3） L 不限。

九、水上飞机（第 31 条）

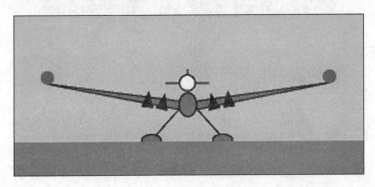

十、招引注意信号（第 36 条)

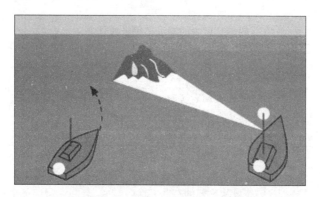

十一、号灯平面示意图

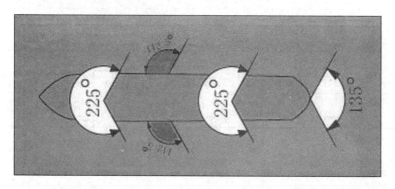

号型号		Shapes list		
球体	圆锥体	圆柱体	菱形体	两个圆锥体 尖端对接
0.6 m以上	0.6 m以上	0.6 m以上	0.6 m以上	0.6 m以上

项目二　声响和灯光信号

船舶互见中的操纵和警告信号含义

信号	信号的意义	发号器具
· · · · · ·	在航机动船 我正在向右转向 我正在向左转向 我正在向后推进	号笛（并可用灯号补充） 见第 58 和 59 页
── · ── · ·	在航机动船在狭水道或航道 我船企图从你船的右舷追越 我船企图从你船的左舷追越	号笛
── · ── ·	同意追越	号笛
· · · · ·	对你船的意图或行动无法了解或有怀疑	号笛，该声号可以用至少五次短而急的闪光来补充
──	船舶在驶近可能被居间障碍物遮蔽的他船的水道或航道的弯头或地段时，应鸣放的警告信号	号笛

能见度不良时船舶使用的声号

船舶状态	声号	说明	器具
机动船在航且对水移动	──	应以每次不超过 2 min 的间隔鸣放一长声	号笛
机动船在航但已停车，并且不对水移动时	── ──	应以每次不超过 2 min 的间隔鸣放两长声，两长声间的间隔约 2 s	号笛
失去控制的船 操纵能力受到限制的船舶 限于吃水的船舶 帆船 从事捕鱼的船舶 从事拖带或顶推他船的船舶	── · ·	应以每次不超过 2 min 的间隔鸣放三声，即一长声继二短声	号笛
从事捕鱼的船舶锚泊时 操纵能力受到限制的船舶在锚泊中执行任务时	── · ·	应以每次不超过 2 min 的间隔鸣放三声，即一长声继二短声	号笛
一艘被拖船或者多艘被拖船的最后一艘，如配有船员	── · · ·	应以每次不超过 2 min 的间隔鸣放四声，即一长声继三短声。当可行时，这种声号应在拖船鸣放声号之后立即鸣放	号笛
当一顶推船和一被顶推船牢固地连接为一个组合体时，应作为一艘机动船	──或 ── ──	在航对水移动 在航已停车，且不对水移动	号笛

续表

船舶状态	声号	说明	器具
锚泊中的船舶	·—·	应以每次不超过 1 min 的间隔急敲号钟约 5 s，长度为 100 m 或 100 m 以上的船舶，应在船前部敲打号钟，并在紧接钟声之后，在船尾部急敲号锣 5 s	号笛
搁浅的船舶	·—· 或 ··—	同上，如有要求，应加发锣号。此外，还应在紧接急敲号钟之前和之后，各分隔而清楚地敲打号钟三下。搁浅的船还可以鸣放合适的笛号	号笛
长度小于 12 m 的船舶	发出有效的声响声信号	不要求鸣放上述信号，但如不鸣放上述信号，则应以每次不超过 2 min 的间隔鸣放他种有效的信号	发声器具
引航船执行任务时	同机动船另加 ····	除上述 1、2 或 7 所规定的声号外，还可以鸣放由 4 短声组成的识别信号	号笛

项目三 国旗

俄罗斯	西班牙	法国	德国
Russia	Spain	France	Germany

菲律宾	新加坡	加拿大	墨西哥
Philippines	Singapore	Canada	Mexico

利比里亚	巴西	美国	印度
Liberia	Brazil	United States	India

韩国	马来西亚	新西兰	埃及
Republic of Korea	Malaysia	New Zealand	Egypt

土耳其	丹麦	希腊	葡萄牙
Turkey	Denmark	Greece	Portugal

意大利	澳大利亚	巴拿马	圣文森特及格瑞那丁斯
Italy	Australia	Panama	Saint Vincent and the Grenadines

项目四　信号旗

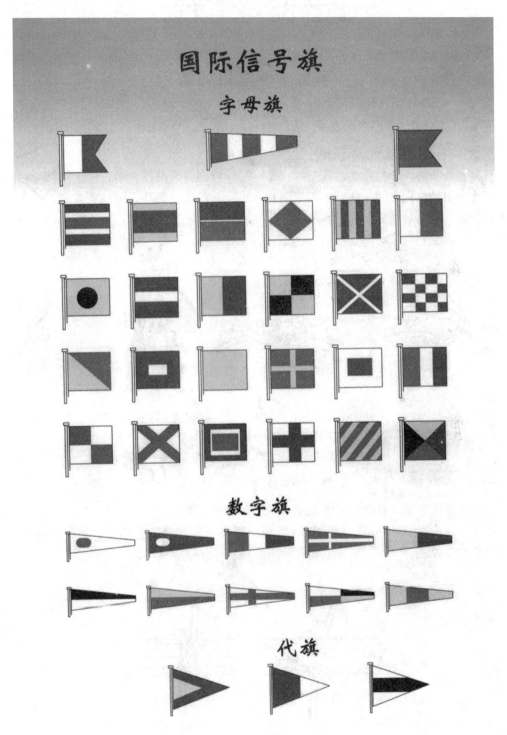

第二节　水手工艺

项目一　常用绳结

一、平结和缩帆结

用途：两根粗细相近的小绳相连接用。

打法：两手各握一根绳头，先打好一个半结，将两绳头并拢，再打一个半结，但要注意，绳头穿出的方向必须与各自的绳根同在一边，并形成一绳环，绳结要收紧，绳头不能留太短，以防受力后滑脱，如图 6-2-1（a）（b）所示。为了便于解开，将平结的一根绳头做成活头叫缩帆结，如图 6-2-1（c）（d）所示。

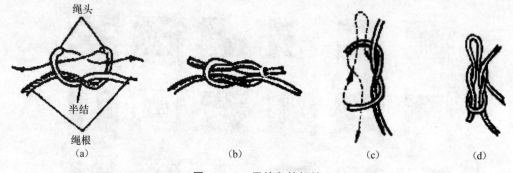

图 6-2-1　平结和缩帆结

二、丁香结

用途：将绳索系固在圆形物体上或小绳与大缆垂直连接。

打法：绳头在圆柱上绕一圈后压住绳根，再绕一圈，然后从第二个绳圈的绳根下引出，如图 6-2-2 所示。

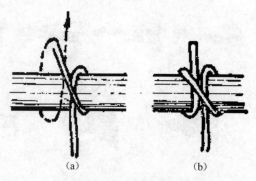

图 6-2-2　丁香结

注意事项：绳头不能留得太短，绳结要收紧，以免受力后滑脱；使用时要注意绳根受力的方向，防止绳头被绳根压住不易解开；若属临时性系结，为便于迅速解开，可将绳头留成活头状态，但绳股不可交压，绳结要确实收紧。当需系留较长时间时，在打好丁香结后，可将绳头在绳根上再打个半结，成为"丁香加半结"，则更牢靠，如图 6-2-3 所示。

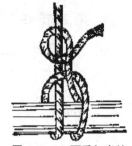

图 6-2-3　丁香加半结

三、"8"字形结

用途：防止绳头从孔眼中滑出。如上高绳穿过滑车的绳孔后，系上此结，即可防止上高绳滑出。

打法：将绳头压住绳根，成一绳圈，然后绳头再反向绕过绳根后穿入绳圈后收紧，如图 6-2-4 所示。

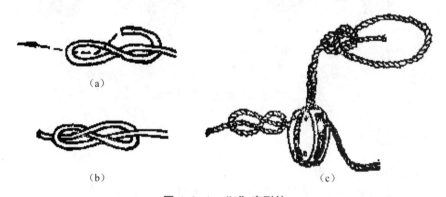

（a）

（b）

（c）

图 6-2-4　"8"字形结

四、单套结

用途：做一临时绳圈。高空、舷外作业是用保险绳打此结作系于腰间的安全带用。也可以用作绳与绳或绳与环的临时连接。

打法：先估出所需绳圈大小，在离绳头一定距离的绳根处打一半结，拉直绳头，在绳根处形成一小绳圈，将绳头绕过绳根穿回小绳圈内，收紧即可，如图 6-2-5 所示。

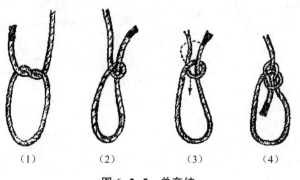

（1）　　　（2）　　　（3）　　　（4）

图 6-2-5　单套结

五、单索花和双索花

用途：单索花用于两根粗细不同的绳索相连接，或绳端与索环、小嵌环连接。双索花用途与单索花相同，但比较牢固。常用在受力较大的地方，如上高绳与座板绳连接。

打法：将绳头穿过绳环的绳根一周，再从绳根下面穿出，收紧即成单索花。双索花的打法是在单索花的基础上，将绳头再绕绳根下穿出，即成双索花，如图6-2-6（a）和图6-2-6（b）所示。

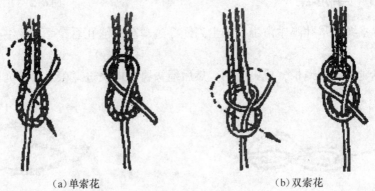

（a）单索花   （b）双索花

图 6-2-6　单索花和双索花

六、钩头结

用途：绳子挂在钩子上用。

打法：绳头绕钩把一圈后压在绳根下即成，如图6-2-7（a）所示。将钩头结绳头留长，再绕钩把一周后，压在绳根下面则成为双钩头结，如图6-2-7（b）所示。

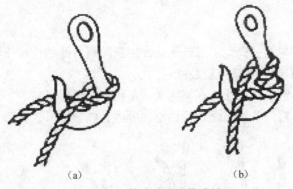

（a）   （b）

图 6-2-7　钩头结及双钩头结

七、圆材结

用途：拖曳、吊起圆柱形物体。

打法：绳头绕圆柱一周后再绕绳根一周，然后折回，在圆柱的绳圈上面绕2～3圈，收紧即可，如图6-2-8所示。

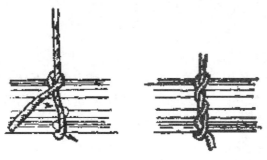

图 6-2-8　圆材结

八、拖木结

用途：拖吊较长的木材及其他圆柱形物体时使用。

打法：打好圆材结后，再做一半结从物体端套进收紧即成。另一种打法是在物体端部先打一半结，然后在半结内侧打一圆材结，收紧即成，如图 6-2-9 所示。

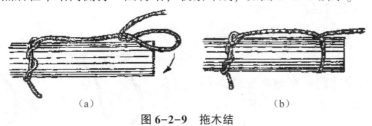

（a）　　　　　　　　　　　（b）

图 6-2-9　拖木结

九、立桶结

用途：用于起吊桶、缸、罐、瓶等无耳环的单件物品的专用绳结。

打法：将桶底压在绳索中段，将绳的两端打一半结并将半结张开套在桶的外面，使处于桶的重心稍上处，桶两边绳子要对称，兜底绳应处于桶底当中并拉紧才能起吊，系结方法有简易和正规的立桶结两种，如图 6-2-10 所示。

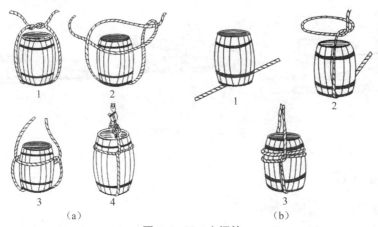

1　　　　　　2

3　　　　　4

（a）

1　　　　　　2

3

（b）

图 6-2-10　立桶结

十、止索结

用途：临时止住缆绳活动。

打法：化纤缆止索结使用双根的止索结，在大缆上面上下交叉缠绕三次以上，然后将两根制索绳并拢扭紧握在手中。钢索止索结使用止索链，先在钢缆上逆搓向打一绳圈，收紧后再顺着钢缆搓向缠绕几圈，用力握住绳端，如图6-2-11所示。

（a）　　　　　　　　　　　　　　　　　　　（b）

图6-2-11　止索结

十一、撇缆活结

用途：撇缆绳与系船缆相接，以便将系船索拉上码头。

打法：将撇缆绳绳头穿过系船缆眼环后，在绳根做一绳环，将绳头绕该环一圈以后，做一活头塞进绳环，收紧绳根即可，如图6-2-12所示。

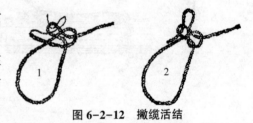

图6-2-12　撇缆活结

十二、系缆活结

用途：用于防止绾在双桩上的钢丝绳弹出或松脱。

打法：取2米长左右小绳，对折双并将弯折而成的绳环从第3道与第4道钢缆之间穿过，将另一边两绳头绕过缆桩上面的三道钢索后做成活头，穿过绳环，将绳环收紧，再将另一绳头也做成活头穿进前一个绳环中，收紧前一个绳环，如图6-2-13所示。

（a）　　　　　　　　　　　　（b）　　　　　　　　　　　　（c）

图6-2-13　系缆活结

十三、架板结

用途：架板绳与架板相连接用。

打法：将架板绳中部放在架板上横档里面，两边绳子往下在横档下面交叉后绕到架板上，在横档外交叉，再将横档里面绕在架板上的那一段绳子拉长，从架板端部套入，收紧两边绳子，如图 6-2-14 所示。实际使用时还应用两边的绳子在横档两边各加做一绳圈套入横档，并要注意两绳圈套好后两边绳子出绳方向要一致。

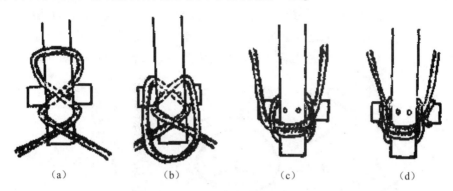

(a)　　　　　　(b)　　　　　　(c)　　　　　　(d)

图 6-2-14　架板结

注意：架板的布置因作业方式不同而异，系结时所用的绳段也不同。采用双绳固定的方式时，应取架板绳的中间绳段系结，以保持架板绳两端等长；若采用可松降式的固定方式，应以架板绳的一端系结，绳头应留足长度以供打单套结和松降结，连接方法如图 6-2-15 所示。

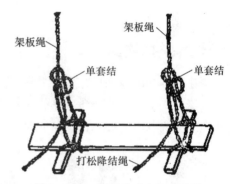

架板绳　　　　　　架板绳
架板绳　　　　　　　　单套结
单套结
打松降结绳

图 6-2-15　可松降式架板的连接

十四、架板活结

用途：将架板绳固定在栏杆上用。

打法：架板放在舷外后，将架板绳双绳在两栏杆上绕一周后，在两道栏杆之间分开，如图 6-2-16 (a) 所示，两绳各做成一绳环，左环从架板绳左侧伸出栏杆外，右环从右侧伸出栏杆外，用右环套左环，收紧右绳，如图 6-2-16 (b) 所示。再将右绳做一绳环，在栏杆外面穿入左环，收紧左绳，将右环拉长到一定程度，使能绕两栏杆之间所有绳索打一半结，如图 6-2-16 (c) 所示。

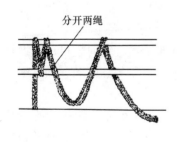

分开两绳

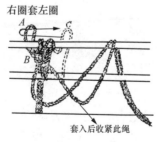

右圈套左圈

A　　　C

B

套入后收紧此绳

C

绕绳一圈打半结收紧即成

图 6-2-16　架板活结

十五、杆棒结

用途：用于将两个绳头做成临时绳环，穿过杆棒抬、吊起物体。

打法：将 A 端的绳头做一个眼环，用离 B 端的绳头一定距离处的绳索在眼环上绕一周后做成另一眼环，然后从两绳之间穿过，如图 6-2-17（a）所示，形成两个绳圈，收紧即可，如图 6-2-17（b）所示。注意：绳结打好后，两端绳头不能留得太短，以防滑脱。

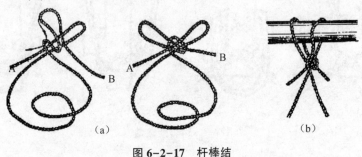

图 6-2-17　杆棒结

十六、扎绳结

用途：绑扎两根平行并列的绳索用。

打法：将绑扎用的细绳一端放在被扎的粗绳上，然后缠绕 10～12 圈，再将绳头在被扎粗绳之间绕两周，最后在两面的两圈绳索上各打一平结收紧即成，如图 6-2-18 所示。

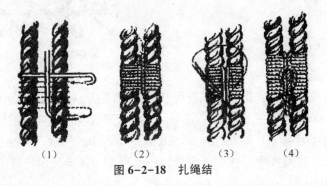

（1）　　　　（2）　　　　（3）　　　　（4）

图 6-2-18　扎绳结

十七、扎绳头

用途：扎绳头用于绑扎绳端或单股绳股的绳头，防止绳头松散，同时也可用作缆绳的标记。根据缆绳的性质、粗细，以及绑扎的用途，可选用帆线、细绳、索条、油麻绳、铁丝等，作为绑扎材料。

打法：将缠扎用的帆经或小绳折双，小绳头留成一长一短，小绳环朝被扎的绳端一侧，平放在被扎的绳头上。按住短绳头，将长绳头顺着被扎绳头的绳股搓向，平整地缠绕在线头上。缠绕一圈后就应把两个小绳头压紧，如图 6-2-19（a）所示。接着往绳端方向，边缠绕、边收紧，圈数缠足后，将剩下的小绳头从小绳环中穿过，如图 6-2-19

（b）所示。最后收紧两个小绳头，剪平余尾，如图 6-2-19（c）所示。

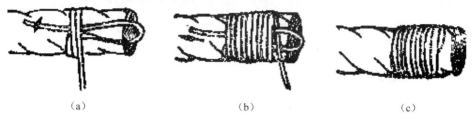

（a）　　　　　　　　（b）　　　　　　　　（c）

图 6-2-19　扎绳头

十八、鲁班结

用途：升吊或拖拉圆柱形物体，防止绳索滑脱。

打法：将绳端绕物体两周后压在绳干上，再将绳端绕物体一周从绳干的另一侧通过并穿过第三次构成的绳圈内，收紧即成，如图 6-2-20 所示。

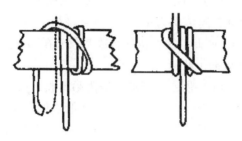

图 6-2-20　鲁班结

十九、缩短结

用途：可根据情况或场地，临时将一根长绳索按一定的长度缩短，而不必将绳索切断。

打法：缩短结打法较多，下面仅介绍 Z 形缩短法。根据需要缩短的长度，将其折回，形成 Z 形，在距 Z 形两端适当距离处用绳干圈成半结套在 Z 形端部绳环上，收紧后用细绳将两端扎牢即成，如图 6-2-21 所示。

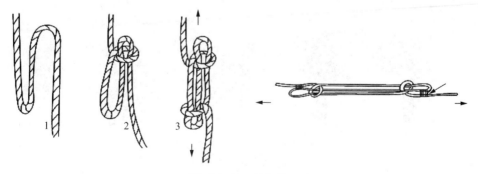

图 6-2-21　缩短结

项目二 常用编结、三股绳插接

一、常用编结

1. 纤维绳编结工具

水手刀：用来割断绳股和帆线。

木　笔：用来穿开绳股，扩大绳股空隙，便于穿插。

木　槌：用来敲平插接处，保证绳股紧密、平整。

尖嘴钳：用来抽拉绳股。

2. 扶索结

用途：绳索穿过栏杆或踏板的圆孔后，用此结来卡住圆孔，既美观又能防止脱落。

编结步骤：

第一步：如图6-2-22（a）所示。先将松开的绳头朝上，让各绳股自然向下弯垂。任取一绳股为第1股，反时针方向依次为第2、3股。将第1股按反时针方向，从下向上绕绳弯，放在第2、3股之间；照此编法，依次将第2股放在第3、1股之间，第3股放在第1、2股之间。然后将各绳股向上收紧。

第二步：如图6-2-22（b）所示，任取一股为第1股，反时针方向依次为第2、3股。将第1股按反时针方向，向下绕绳弯，放在第2、3股之间，留下一小绳弯，第2股按反时针方向，压住第1股、绳头放在第3、1股之间；第3股按反时针方向，压住第2股、绳头放在第3、1股之间；第3股按反时针方向，压住第2股、绳头从第1股留下的小绳弯中向下穿出。将各绳股向下收紧。

第三步：如图6-2-22（c）所示。任取一股为第1股，按反时针方向，依次将各股顺着各自左边一绳股绕绳弯，然后从下向上穿过一横交绳股。第3股应穿过两股平行的横交绳股。将各绳股向上收紧。从第三步起应用木笔配合编插。

第四步：如图6-2-22（d）所示。任取一股为第1股，按反时针方向，依次将各股顺着左边一绳股绕绳弯，然后从一横交绳股与一对平行绳股交会处向下穿出，第3股应从两对平行绳股的交会处向下穿出。将各绳股向下收紧。用木槌敲实、敲圆，割去多余绳头，如图6-2-22（e）所示。

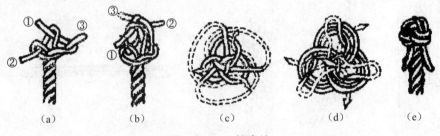

(a)　　　　(b)　　　　(c)　　　　(d)　　　　(e)

图6-2-22 扶索结

3. 救生索编中结

用途：垂挂于吊艇架横张索上的救生索，从连接眼环起，应每隔 0.5 米编一个结，供船员上下艇时手攀脚蹬之用。

编结步骤：

（1）准备工作。先在救生索上的编结处做上记号。每个救生索中结需用两根编结绳。编结绳可选用直径与救生索相同或相近的三股纤维绳，裁剪出长度约 80 cm 的索股。索股两端应用帆线扎好绳头。

（2）编结方法。用木笔挑开救生索上编结处的绳股，将备妥的两根索股穿入，调整 4 个绳头使之等长，如图 6-2-23（a）所示。任取一股为第 1 股，按反时针方向的顺序依次分为第 2、3、4 股，如图 6-2-23（b）所示。按照编搜索结的 4 个步骤，将 4 条索股编在救生索的外围，像编花箍。最后将各股绳头向下收紧，并用木槌敲实、敲圆，割去多余绳头，如图 6-2-23（c）所示。编结时应按自上而下的顺序进行，使每结的绳头朝下，绳结要收紧，各花股的间隙要均匀。

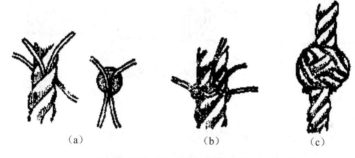

（a）　　　　　　　　（b）　　　　　　　　（c）

图 6-2-23　救生索编中结

4. 三股花箍

用途：箍紧木碰垫、橡胶管等，或装饰在栏杆等处。

（1）准备工作：准备一根直径小于被编结物直径 1/10 的编结绳，其长度是被编结物周长的 10 倍。

（2）编法：此编结可直接打在被编箍物上，也可先在手中编结然后再放到被箍物上。现以在圆柱上编结为例。将编结绳放在圆柱上，外端绳长，内端绳短，拿起外端绳由上往下绕一圈后向左压住内端绳，再绕一圈，接着由下往上从交叉在前面的内端绳下穿出，如图 6-2-24（a）所示。把穿出的绳头稍拉向内端，然后将绕在圆柱上左边的绳圈从左向右压在右边绳圈上，右边绳圈从右向左移到左边。用原来外端绳的绳头，从左向右穿过移到左边来的绳圈，如图 6-2-24（b）（c）所示。再把绕在圆柱上右边的绳圈从右向左压在左边绳圈上，左边绳圈在右边绳圈下从左边向右移到右边。仍用外端绳头从右向左穿过移到右边来的绳圈，如图 6-2-24（d）所示。如被编箍物较粗大可照上述方法左右再穿插一次，直到两边绳头碰头穿过为止，如图 6-2-24（e）所示。然后用内端或外端绳头，各顺着左右相邻的绳索，平行跟着穿插，直至各箍绳索均穿过三股并平行为止，如图

6-2-24（f）所示。最后依次收紧多余绳索，割平塞进花箍内即成。

若被箍物直径大，为讲究美观，可增加花箍绳的长度，以便增加花束，即在第3股围绕第一股穿插时多穿几次，直至活端与根端在被箍物上相对。

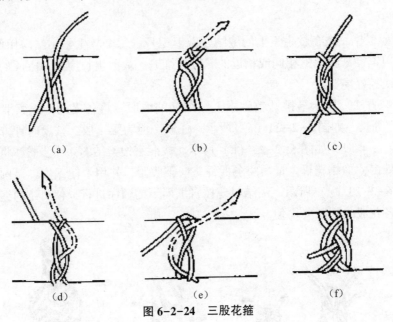

图 6-2-24 三股花箍

5. 四股花箍

用途：箍紧木碰垫、橡胶管等，或装饰在圆柱形物体等处。

（1）准备工作：准备一根直径小于被编结物直径 1/10 的编结绳。其长度是被编结物周长 10～14 倍。

（2）编法：此结可直接打在被箍物上，也可在手中编结，然后再放到被箍物上。现以在圆柱上编结为例。将编结绳放到被编结的圆柱上，拿起外端的编结绳，由外向内绕圆柱一周，自左向右打一半结如图 6-2-25（a）所示，然后再将绳头向左压住第 1 股绳股，绕圆柱一周，绳头从下向上穿过第一个两绳交叉处如图 6-2-25（b）所示；接着绳头压住第二个两绳交叉处，再穿过第三个交叉处，绕圆柱自绳根左侧取出，自左向右穿过绳根的绳索如图 6-2-25（c）所示；接着绳头从右向左穿过被第 1 股和第 3 股压住的第 2 股，如图 6-2-25（d）所示，再从左向右穿过第 3 股，然后将两绳头相对平行并列依次穿插，直至所需圈数。最后依次收紧，留出绳头割平塞进花箍内即可，如图 6-2-25（e）（f）所示。

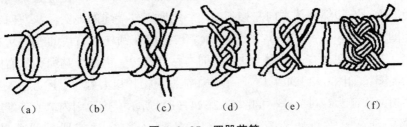

图 6-2-25 四股花箍

二、三股绳插接

1. 纤维绳插结工具

水手刀：用来割断绳股和帆线。

木　笔：用来穿开绳股，扩大绳股空隙，便于穿插。

木　槌：用来敲平插接处，保证绳股紧密、平整。

2. 绳头反插结

用途：加强绳头牢固，防止绳头松散。

插法：

（1）插前准备：

把绳端松开约周长的 4 倍，按反时针方向分为 1、2、3 股，第 1 股在左，第 2 股在右，第 3 股在中间。

（2）插法：

第一步：用左手握住绳干和绳干破散处，大拇指将第 1 股第 2 股左右分开，并压住第 3 股。

第二步：用右手将第 1 股放在大拇指上后置于第 2 股和第 3 股之间。

第三步：将第 2 股压在第 1 股上后，放在第 3 股和第 1 股之间。

第四步：将第 3 股压在第 2 股上后，从第 1 股下面穿过，置于第 1 股和第 2 股之间，将各股收紧，起头完了如图 6-2-26（1）所示。

第五步：任取一股，逆着绳干股纹的方向，压一股插一股，三股插完，一花便结束。插完 2～3 花后割去多余股端即成如图 6-2-26（2）（3）所示。

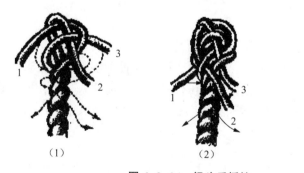

（1）　　　　　　　　　　（2）　　　　　　　　　　（3）

图 6-2-26　绳头反插接

3. 索眼（琵琶头）插接

用途：绳端做成索眼，便于系缆、连接等。

插法：

（1）插前准备：

①距绳端 4～6 倍周长处用细绳临时扎率，三根股端用帆线扎牢，以防绳干和股端松散，便于穿插。

②根据需要量好环的大小，如属右搓绳，把绳端弯成环形状放在绳干右侧，确定下笔位置。

③把绳端三股按反时针方向排列，左为第1活股，中为第2活股，右为第3活股。

（2）插法：

①将第2活股（中间活股）逆着股纹穿过绳干上面一股。

②将第1活股逆着股纹穿过第2活股左侧绳干上的绳股中，如图6-2-27（a）所示。

③将第3活股逆着股纹穿过第2活股右侧绳干上的绳股中，将各股收紧起头完了如图6-2-27（b）所示。

④在插第一花、第二花和第三花时，任取一活股，逆着绳干股纹的方向，压一股插一股，三股插完一花便结束。一般需插三花。

为了防止股端缩出，插完三花后，将每股分成两半，每半股与相邻的另半股合在一起，用本股端的索条扎牢留约3厘米剪去。如做圆锥形收尾，在插第二花时，从每活股芯中剪去1/3股，插第三花时再剪去1/3股。三花插完收尾结束如图6-2-27（c）所示。

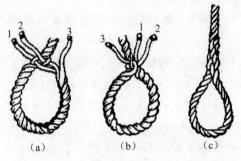

（a）　　　　（b）　　　　（c）

图6-2-27　索眼（琵琶头）插接

4. 插套环

用途：在索眼中加一套环，使索眼坚固耐磨。

插法：将绳头松开四花，分成1、2、3股，把套环置于索眼内。将第1股横向通过套环开口逆绳搓插入紧邻的绳股中，把第2股压住第1股向前插入一股，再将索眼反转使第3股逆绳搓插入相近的绳股中，最后再把第1股插入相邻的绳股中，这为起头。以下三花插法同索眼插法，如图6-2-28所示。

图6-2-28　三股纤维绳插套环

5. 短插接

用途：同样粗细的绳索连接用。

插法：

（1）插前准备：

①将两根绳端的 6 个活股端用帆线扎牢。

②把两绳端各松开约 5 倍周长，并按原排列次序分成三角形。

③把两端各活股互相交叉插入另一绳端的股缝中后收紧，如图 6-2-29（a）所示。

（2）插法：

①将一端 3 根活股各逆着另一绳干股纹压一股插入相邻的一股中，然后将各活股收紧，

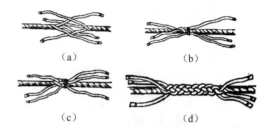

图 6-2-29 三股纤维绳短插接

使两绳交接紧密，受力均匀（需用细绳把暂不插的一端绑牢，以防松退）如图 6-2-29（b）所示。

②按上述方法，再把两端各活股插三花，如图 6-2-29（c）所示。

③用木槌敲平，为防止股端缩出，绳端应留长些，或将各股分成两半，每半股与相邻的另半股合在一起扎牢，留约 2 厘米长剪去，如图 6-2-29（d）所示。

6. 长插接

用途：同样粗细两绳相接。这种接法使缆绳的粗细不变，可以通过滑轮，但牢固性比短插接差。

插法：

（1）准备工作。用帆线或胶带把两绳各绳股的绳头扎牢，两根绳的绳头各松开六花，或绳索周长的 8～12 倍长度。

（2）起头。按短插接起头方法，两绳头相对收紧起头结束。

（3）插法。取其中任意相对一组，打一半结收紧。取另外相对一组，将其中一股松开，所留空隙用另一端的绳股填补，这样一松一填，直到留有插接余地处止。然后将两绳股打一半结后再向前压一股插一股。再取最后相对一组用上述方法向另一端一松一填，直到留有插接余地处止。然后再将两绳股打一半结后各向前压一股插一股。再照上述方法各绳股每插一次抽出绳股 1/2 收尾。最后将多余各段绳股绳头割开，用木槌敲平即成，如图 6-2-30 所示。

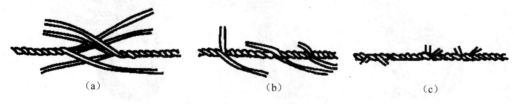

图 6-2-30 三股纤维绳长插接

项目三 船用钢丝绳切断和眼环插接

一、使用工具

(1) 榔头1把;
(2) 铁笔2支;
(3) 液压钢丝剪1把;
(4) 钢凿或斩斧或断线钳1把;
(5) 卷尺或木尺1把;
(6) 夹缆器1台;
(7) 防护眼镜1副;
(8) 油麻绳、棉帆线各1卷。

二、插接注意事项

(1) 插接时防止铁笔滑脱伤人;
(2) 插接时防止钢丝绳索股弹击伤人;
(3) 起头后接合部必须收紧,以免影响强度。

三、切断钢丝绳的安全注意事项

(1) 切断钢丝绳前,必须在切断处两端留出约10 cm的长度,并各用油麻绳扎紧,防止切断后钢丝绳松散。

(2) 切断钢丝绳时,必须戴防护眼镜,防止碎钢丝绳弹伤眼睛。

(3) 如使用大锤、斩斧切断钢丝绳时,两操作者必须站成"T"形,不可对面站立操作,防止大锤脱柄伤人。操作时,斩斧要拿稳,大锤要敲准,并注意周围环境。

四、起头法

(1) 二、四起头:6股钢丝绳4股在上,2股在下,绳芯在上,1~4股绳股,同孔进,异孔出,如图6-2-31所示。

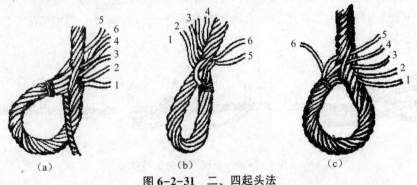

图6-2-31 二、四起头法

（2）三、三起头：6 股钢丝绳 3 股在上，3 股在下，绳芯在下，1～3 股绳股，同孔进，异孔出，如图 6-2-32 所示。

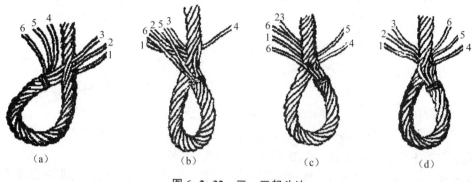

（a）　　　　　（b）　　　　　（c）　　　　　（d）

图 6-2-32　三、三起头法

（3）一、五起头：6 股钢丝绳 5 股在上，1 股在下，绳芯在上，1～5 股绳股，同孔进，异孔出，如图 6-2-33 所示。

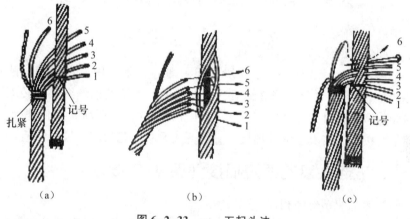

（a）　　　　　　　　（b）　　　　　　　　（c）

图 6-2-33　一、五起头法

五、插接法

单花插：是压 1 股插 1 股。即为压、插均在同一绳股上。

暗双花插：是压 1 股插 2 股，右搓绳是向左压 1 股，向右插 2 股。

明双花插：是压 2 股插 2 股，右搓绳是向左压 2 股，向右插 2 股。

六、收尾法

暗双花收尾：插接花数完成后，把其中 1、3、5 根绳股切断，将 2、4、6 绳股接暗双花法各插一花。

单花跑插收尾：在单花插中，将 1、3、5 根绳股连续跑插四花，2、4、6 绳股连续跑插五花，或者 1、4 股连续跑插四花，2、5 股连续跑插五花，3、6 股连续跑插六花。

剥皮去芯插皮收尾：接插花数完成后，将每根绳股的钢丝外层剥开，去掉里芯，用外层插单花二花、暗双花一花，最后把里芯、钢丝皮扭断即可。

七、二、四起头双花插钢丝绳、索眼(俗称琵琶头)(图6-2-31)

用途：钢丝绳端做索眼用。

（1）准备工作：在绳端10倍周长处，用油麻绳扎紧，将6股绳股松开，擦去油渍，每股绳头用棉帆线扎紧，丈量好眼环大小并做出记号。

（2）在记号处铁笔插入，4股在上，两股在下，绳芯在上。从外向里依次1、2、3、4根绳股从第1股同孔穿进，异孔穿出，起头完成。

（3）铁笔在第4股穿出孔插入2股绳股，将第5股在铁笔剖开处插入并收紧。

铁笔在第5股中插入2股，把第6股在铁笔剖开处插入并收紧。

铁笔在第6、1、2、3绳股缝中按顺序插入2股，把第1、2、3、4绳股在铁笔剖开处按顺序插入，这时暗双花一花完成。铁笔仍按暗双花顺序继续插入，此时即改为明双花，明双花需插二花后收尾，最后用榔头敲打平整服帖，把多余绳股切断。

八、三、三起头单花插钢丝绳索眼 (图6-2-32)

用途：做静索索眼。

准备工作同二、四琵琶头。

铁笔在记号处插入，3股在上，3股在下，绳芯在下，用三、三起头法把第1、2、3绳股依次插入并收紧，铁笔在第3绳股穿出孔插入，铁笔按钢丝绳搓向转动，每转动一圈，第3绳股与铁笔相对剖开处插入。然后倒回铁笔。第3绳股同时倒回拉紧，这就插了一花，铁笔不要拔出，按上法继续插接，直到完成要求的花数即可拔出铁笔。

九、一、五起头双花插短插接 (图6-2-33)

用途：同样粗细的钢丝绳相接。

（1）准备工作：先把两根钢丝绳头相对左右排列，左边一根钢丝绳在距离绳头14倍于绳的周长处，用油麻绳扎紧，散开各股，擦去油渍，各股绳头用棉帆线扎紧，右边一根钢丝绳绳头暂不散开，应用油麻绳扎紧，并在距离绳头14倍于绳的周长处做一记号。把两根钢丝绳相对放好，左边的一根放在外边做插接绳，右边的一根放在里边做被插接绳。

（2）铁笔在被插接绳记号处插入，将被插接绳的绳股5股在上，1股在下，绳芯在上，取插接绳任何一股作为第1股，在铁笔剖开处从外向内插入。接着同一、五起头法把2、3、4、5股顺次同孔插入第1股处，从异孔穿出并收紧，铁笔在第5股穿出孔处向左插入两股（暗双花），把第6股在铁笔剖开处插入，异孔穿进，从第5股同孔穿出。铁笔在第6股缝中向左插入两股，将第1绳股在剖开处异孔进，异孔出。然后把各股一并敲紧。继之各股插法同二、四起头插索眼一样，暗双花一花，明双花三花，然后采取任何一种收尾法。

（3）转过左边钢丝绳，解开原来右边钢丝绳的绳头，散开各股，做好准备工作并解开已插接钢丝绳上的油麻绳。

（4）把散开绳股右边的一股作第 1 股，铁笔在第 6 股绳股穿出孔插入两股，把第 1 股从外向内在铁笔剖开处插入，异孔进，从第 6 绳股同孔穿出（用暗双花），不需要一、五起头。

（5）照上述方法，插完暗双花、明双花三花，收尾相同，用榔头自插接中间向两边敲打，使插接处更为平整，最后切断余下绳股。

十、逆插

最简单的逆插法是一股插一股，将散股第 1、2、3 股置于绳根之上，第 4、5、6 股置于绳根之下。铁笔顺着搓纹从右向左插入根股的第 1 股，散股第 1 股顺着铁笔插入方向也从右向左穿绕。以同样方法再插第 2、3、4 股，敲紧后再以同样方法插第 5 股和第 6 股，但是第 6 股从根股的第 5、6 股之下穿过，与第 5 股是同孔进，后孔出，起头后可按插三股纤维绳的方法压一股插一股，也可以用压一股插两股的双花方法逆搓向插三花后收尾。

项目四　撇缆作业

一、抛投式

将撇缆绳尾端绳的索眼套在左手腕上，按绳搓向盘成大圈与小圈两部分，小圈的圈数按撇缆者右手能握多少来决定，小圈的直径为 30 厘米左右，每圈盘理时不应有扭劲。盘好后，下垂的撇缆头距手掌 50 厘米左右，并应在绳圈外面。左手握大圈，右手抓住连同撇缆头的小圈。操作时撇缆人员面与目标约呈 160°站立，左脚在身后，右脚在身前，两脚间距稍比肩宽，上身重心稍向下倾。撇出前先用右手在身右侧前后摆动一到两次，摆动时应控制使撇缆头与绳圈同荡，然后由身体带动右手由慢到快转向目标（重心从后过渡到前），借腰部力量顺势将右手的绳圈与撇缆头呈 45°撇出，同时向前松掉左手上的全部绳圈。

注意：撇时，应防止撇出是用力过猛而使身体向后摔倒，出手时右肘部应朝上，并控制好出绳的方向，如图 6-2-34 所示。

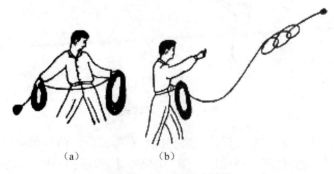

（a）　　　　　（b）

图 6-2-34　抛投式撇缆

二、离心式撇缆方法

1. 水平离心式

将撇缆绳尾端套在左手腕上，盘成小圈，绳圈直径约 30 厘米，全部绳圈由左手握住。右手在距撇缆头 2 米左右处折一道并抓住，面对目标（或稍侧）两脚分开与肩同宽，右手稍举过头顶，将撇缆头做反时针旋转，旋转轨迹的平面右倾 10° 左右，然后借腰部力量加快旋转速度，控制好方向撇向目标，同时松掉左手上的全部绳子。

2. 垂直离心式（水拓式）

站到船首最前端，面向目标。将撇缆绳尾端套在里挡手腕上，并抓住盘好的全部小绳圈。外挡手在距撇缆头 3 米左右处折一道并抓住。双手垂出舷外，把撇缆头前后晃几下，然后在身体外侧做过头顶的 360° 旋转，旋转方向为从下至上，由前向后，借腰部力量加快旋转速度，控制好对目标的方向撇出，同时松掉里挡手上的全部绳圈。该方法还可以先将撇缆绳与所带缆绳连接好，撇缆绳圈理清置于甲板适当处，用单手或双手控制旋转后撇向目标。

三、旋转式（旋转离心式）

这是在抛投式基础上，增加了身体的旋转的动作，类似掷铁饼的动作，使撇缆头摆动速度加快，增加撇缆抛出速度，使撇缆能撇出更远的距离。

首先把撇缆绳以顺时针方向盘在左手上，然后在距离撇缆头 1 m 处折一环状，把环套在撇缆上，用右手食指和中指钩住，尾端单套结套在左手腕上或右手腕上，如图 6-2-35 所示。

（a）　　　　（b）　　　　（c）

（d）

图 6-2-35　旋转式

撇缆时，操作人员左侧对着目标，左脚在前，右脚在后，两脚距离稍宽于肩。身体向后转动，右手在身体侧面摆动，将撇缆头摆动起来，然后蹬伸右腿，以左脚前脚掌为轴，身体形成以左侧为轴的单腿支撑向逆时针旋转，右脚前跨；转身 180°，再以右脚前脚掌为轴继续向逆时针旋转 180°，左脚前跨，当躯干右侧转到对着目标时，右腿向前迈一步，最后用腰部力量，以最大的速度发挥全身的力量集中在撇缆上，以 30°角将撇缆投向目标。采用此法应在船舶有足够空间情况下使用，并应注意防止滑倒。

四、摆动式（码头式）

先将撇缆绳按顺时针方向盘在左手中，盘至一半长度后逐渐缩小盘圈，左手中指扣牢尾端琵琶头，右手持于距撇缆头 0.9 m 处，人左侧对着目标，左脚在前右脚在后，两脚距离稍大于肩宽，以反时针方向摆动右臂数次，将撇缆头垂直转动并加速。当左臂扬至最高点向下摆动时，右脚向前踏一步身体向左转（转 160°），撇缆绳从身体前摆过至左侧，撇缆头摆到身体左侧后，摆动右臂向右，用全身的力量将撇缆抛向目标，左手顺势将撇缆绳送出，如图 6-2-36 所示。这种撇法适宜在宽敞的甲板处，人站的位置距离舷墙或栏杆要远些，以防撇缆头受阻。

（a）　　　　　　　　（b）　　　　　　　　（c）

图 6-2-36　码头式

项目五　上高作业

上高作业是指作业面距离基准面高度超过 2 米的作业，船上最常见的上高作业是船舶桅上作业，是指利用座板在桅上进行安装属具、敲铲铁锈、涂刷油漆等工作，它是船员应掌握的工作之一，桅上作业要大胆心细，要有熟练的技巧，要能灵活应用。上下配合，才能完成任务。

一、使用工具（图 6-2-37）

（1）上高绳 1 根，周长为 2～2.5 英寸的纤维绳，长度为桅高的 2 倍以上；

（2）单人座板 1 块；

（3）安全带 1 副和保险绳 1 根（保险绳采用绳周长 1.5～2 英寸的白棕绳或尼龙绳）

（4）辫子滑车 2 具；

（5）工作绳 1 根（直径 10 m）；

（6）帆布工具袋一个；

（7）视工作情况准备其他需要的工具，盛入帆布工具袋内。

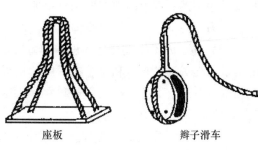

座板　　　　　　　辫子滑车

图 6-2-37

二、工作步骤

（1）索具检查：桅上作业所需要的工具、索具等全部搬到桅下甲板上，认真检查座板绳、保险绳、滑车和座板是否牢固，有无断裂磨损等现象。必须保证索具绝对安全。

（2）桅下准备：上桅装辫子滑车的工作人员，穿好安全带，将上高用的辫子滑车和保险用的辫子滑车的绳头，穿过各自滑车车头的铁环，各打一个"8"字形结（或直接打一个单套结），使其形成一个环形，便于背带上桅。将上高绳的一端穿过辫子滑车绳孔，在绳头打个"8"字形结，防止上高绳从滑车中滑出来。用同样的方法将保险绳绳头，穿过保险用的辫子滑车绳孔，打一个"8"字形结。防止保险绳从滑车中滑出来，如图6-2-38所示。

图 6-2-38　座板绳穿过辫子滑车

（3）上桅：上桅装辫子滑车的工作人员，背上上高、保险用的辫子滑车和上高绳及保险绳，顺着桅梯爬到桅顶上。爬桅梯时两手抓紧梯边栏柱，两眼向上，一步一步地向上爬去。

（4）辫子滑车生根：爬到桅顶上后，如要将滑车固定在左手侧，右脚跨高两级梯档，并插入梯档内，左脚站在梯档上，这样就可腾出两手进行工作（如要将滑车固定在右手侧，左脚跨高两级梯档，并插入梯档内，右脚站在梯档上）。首先上桅的工作人员将保险滑车固定在桅肩的栏杆上或桅顶上，保险绳绳头打一个单套结，呈一个环形，将安全带固定在保险绳上，保险绳拉出一定长度固定在安全带上。然后在牢固的地方将上高滑车的辫子绳用丁香结加半结系牢在桅顶上。如木滑车辫子绳系在桅肩的栏杆上时，则必须绕过两档栏杆后再用丁香结加半结系牢。

（5）桅上工作人员将辫子滑车上的上高绳松拉到甲板上，下面的协助人员将上高绳在座板绳上打一双索花结把座板连接好，双索花结的绳头必须留出1 m长，以便在座板上打松降结用，然后把上高绳双股用双手抓住，两脚踩在座板上，把全身的重量吃力在上高绳上，用力蹬几下，试一试上高绳的安全强度是否可靠，无问题后把座板拉到桅顶上。

（6）桅上的工作人员将座板绳的力端和根端用左手抓紧，用右手在座板中间将上高绳的力端的绳子提起来，和左手抓紧的两根绳子并在一起，这样左手抓住的绳子成为3根，利用双索花结余下的1 m的绳子将左手抓住的3根绳子一起用丁香结捆绑牢，收紧丁香结（此处的丁香结又称松降结）。

（7）桅上工作人员坐上座板，系牢座板拦腰绳，用绳子吊上所需工具，就可进行工作。当工作告一段落需要往下松移时，先解开保险绳，松开一定长度固定在安全带上。然后左手握住双股座板吊绳，右手松活端的上高绳，由于人的重量座板自然向下松移，当松移到所需工作位置时，把松降结收紧，工作人员坐在座板上就不会下降了，可重新开始工作。每当工作告一段落再要往下松移时可照上述方法进行，直至松降到甲板上为止，如

图 6-2-39 所示。

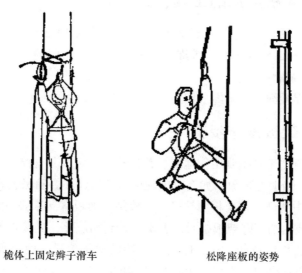

桅体上固定辫子滑车　　　　松降座板的姿势

图 6-2-39

（8）上桅工作完毕后，解开松降结，解开双索花，拉下上高绳，把上高绳盘好。解开保险绳并拉下保险绳。然后工作人员再从桅梯爬到桅顶上，解开辫子滑车，利用辫子绳打一单套结或打一个"8"字形结，把辫子滑车背在身上，从桅梯上下来，最后脱掉安全带，把索具、工具等全部搬回原处存放好，以便今后工作时使用。

三、工作注意事项

（1）上桅工作前各种索具必须经过仔细检查，看是否合格，尤其上高绳、保险绳有无磨损和腐蚀，木滑车各构件、辫子绳是否牢固。

（2）桅上作业一定要穿安全带系牢保险绳，不能因怕麻烦不使用，以防工作中失手，造成不堪设想的事故。

（3）桅上作业所需工具，必须装入桶内或工具袋内，并将桶或工具袋系在座板下面，便于工作时使用。不准把工具插在腰间或装在口袋内，以防不慎失落，击伤下面人员或损坏甲板设备。

（4）桅上工作人员不准穿硬底皮鞋和过宽松肥大的衣服，以免妨碍工作。不准戴皮手套，不准穿高筒胶鞋，以免发生工伤事故。

（5）桅下协助工作人员，必须戴安全帽，以防上面工具失落击伤头部，并不准随便离开工作岗位，集中思想上下配合工作。

项目六　舷外作业

船体两舷中部的船壳，一般比较平直，便于搭架板进行舷外保养工作。环境条件许可时，最好是在锚泊或系泊浮筒时进行船壳的油漆保养，以免灰尘、煤烟等附着在油漆表面上。在涂刷水线时，如风浪平静，可用小艇进行。

一、舷外搭架板应用的工具、索具

（1）架板（俗称跳板）：木质，长2.5～3.5 m、宽约40 cm、厚2.5 cm以上。

（2）架板绳：2～2.5英寸的纤维绳，按船舶大小、船舷的高低决定架板绳的长短，一般用30 m长度的绳索两根。

（3）安全带连保险绳：保险绳采用绳周1.5～2英寸的白棕绳或尼龙绳。

二、舷外搭架板操作步骤

（1）将搭架及所需工具抬到工作地点，首先检查架板及其支撑是否牢固，架板绳是否有霉点或磨损过大、断股等现象，如有以上现象必须换新，要确保索具安全可靠。

（2）用架板绳中间部分在架板两端打上架板结。架板有支撑的一面是反面，没有支撑的一面是正面，架板两端打好架板结后，把架板抬到船舷外，支撑长的一端朝里，短的一端朝外，把外挡的架板绳拉起，让它吃力，里挡的绳子放松，使架板正面朝里，反面朝外。把架板松放到所需要的工作位置上，松外挡的绳子，使架板的正面在上，反面在下，并将架板放平，然后将双根架板绳在舷边栏杆上打一架板活结。如舷边没有栏杆只有舷墙，则可在舷墙上面的铁环上打一丁香结加半结系牢，或绾在羊角上系牢。

（3）架板搭好后，操作人员穿上安全带，系牢保险绳。保险绳的长度要适当，以架板至舷边栏杆间的高度为准。将保险绳的一端用单套结或丁香结系在栏杆上（或固定在舷墙上坚固牢靠的眼环、羊角等处）。

如果架板放下的位置距离甲板位置稍低，工作人员可跨出栏杆或舷墙，两手握住架板绳，两脚的前掌抵在船壳板上，两腿稍微弯曲，臀部与足跟约齐平，手脚交叉一步一步地向下挪动，或两脚夹住绳索滑下。下到架板后，先用力蹬一蹬，试一试架板是否牢固，并使架板上的绳结吃力，然后再开始工作。如果架板放得太低，可先放下软梯，由软梯下至架板，如图6-2-40所示。

图6-2-40　上下软梯

（4）当工作人员在架板上站好后，甲板上的协助人员把工具放在工具袋或铅桶中，用小绳吊至距甲板适当高度绑好，以便架板上的工作人员取用。

（5）工作完毕后，甲板上协助人员先把工具吊上来。如架板放得不是过低，可用两手抓住架板绳，顺绳爬上甲板，姿势与下架板相同。如果架板位置很低，可用绳梯爬上，上下绳梯时，双手握住绳梯的一边索，一脚在里挡，一脚在外挡，以免绳梯摇摆不定。

（6）工作人员上来后先脱掉安全带，解开保险绳，由两人同时用双手拧起外挡架板绳，将架板拉上甲板，解清绳结，整理绳索，把全部工具和索具放回原处。

三、船首、船尾舷外作业

船首、船尾部分的舷外作业比船中部分困难，因船型关系，首、尾部的两舷是向内凹进的。现在船上常采用的方法有两种：一种使用搭架板的方法进行工作；另一种是用船上的吊杆，工作人员在特制的工作架内开动起货机，用吊货索将工作架伸出船首或船尾的舷外以进行操作。

船首搭架板如图6-2-41所示。

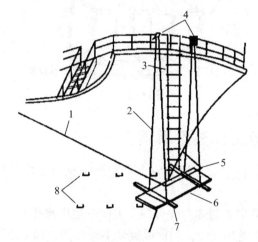

1—拦架板绳；2—架板绳；3—工作软梯；4—架板活结；
5—小绳；6—架板；7—撑挡；8—小铁环

图6-2-41　船首搭架板

1. 船首尾搭架板步骤

（1）当架板搭好，工作人员下至架板，工具也送下之后，用一根周长为51～64 mm纤维绳作为制动拦架板绳，在首或尾一舷甲板上固定后，再绕到另一舷甲板上，用力或使用锚机逐渐收紧拦架板绳，直到能工作后再系牢在甲板上，然后用小绳（绳周25 mm、长3 m的纤维绳），把拦架板绳和架板绳扎紧，以免移动。如船壳上焊有小铁环时，工作人员下至架板后．即用小绳将架板和小铁环连接起来，绑在架板绳上，使架板靠近船壳便于工作。

（2）船船首、尾搭架板时，工作人员上下，可根据情况从架板绳溜下、爬上或用绳梯上下。

2. 用吊货杆和工作架舷外油漆作业

（1）先准备好工作架、长柄漆刷和油漆桶，升起单吊货杆，如图 6-2-42 所示。

（2）将吊货钢丝绳上的吊货钩换下，用卸扣和工作架连接妥当。工作人员带着油漆桶进入架内。

（3）开动起货机吊起工作架，缓慢地伸出船外，这时甲板上的协助人员将长柄漆刷递给工作架内的人员，再放落工作架至适当位置后，即可进行工作。

这种方法比搭架板方便，但只适宜舷外油漆工作，对敲铲除锈仍需用搭架板的方法。

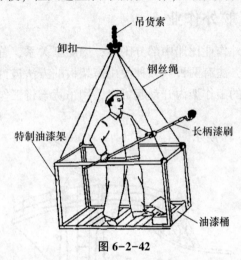

图 6-2-42

四、舷外搭架板工作注意事项

（1）舷外搭架板时，在甲板上应有专人负责照顾安全工作及传送工具等，不得随意离开。

（2）舷外作业时，应事先通知有关部门，关闭舷边出水孔，禁止使用与这些出水孔相连接的浴池、厕所等，并通知机舱，确保螺旋桨不得转动，锚必须制牢。

（3）在架板上的工作人员，一定要用安全带系牢保险绳。上下架板时应与同伴相互沟通，协调动作。

（4）如架板过长或过重，应在架板中间加一根架板绳，以增加架板强度。

（5）所有工具必须用工具袋或小桶递送，以免落入水中或击伤人员。

（6）架板、架板绳和工作架的强度必须严格检查，是否有霉烂、断裂、磨损等险情。用后放在固定的位置上，专门保管。

（7）使用工作架，开动起货机必须十分稳妥，听从指挥员的指挥。工作人员在工作架内两脚要站稳，保持身体平衡，需移动工作位置时，应向指挥员报告。

船上上层建筑物或货舱内舱壁等的保养工作，有时也需用搭架板，其方法与搭架板方法基本相同，在架板下面的照顾人员应戴安全帽。

五、船舶烟囱外壳作业

烟囱外壳作业，是在烟囱外壳进行除锈，涂刷油漆，做烟囱标记和清洁等工作。由于烟囱外壳多是椭圆形或圆形的，活动面少，缺少固定点，因此，烟囱外壳作业需要搭架板，工作人员才能在烟囱外壳工作。如一般涂刷油漆工作可以用座板进行工作，烟囱搭架板法及松降结如图 6-2-43 和图 6-2-44 所示。

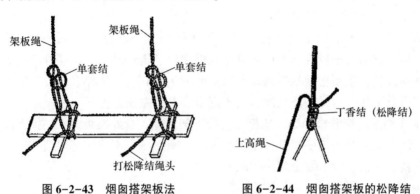

图 6-2-43　烟囱搭架板法　　　　图 6-2-44　烟囱搭架板的松降结

1. 使用工具

（1）视烟囱的实际情况，如烟囱上面有固定环，则准备卸扣 4 只，没有固定环的，则准备 S 形钩子。

（2）视工作情况需要，用架板或座板。

（3）木滑车、架板绳（架板绳的周长和长度同舷外作业架板绳一样）。

（4）安全带和保险绳。

（5）视工作需要，如除锈则准备敲铲工具，如涂刷油漆则准备油漆刷、油漆桶、油漆等。

（6）准备一根圆周 25 mm 的白棕绳或尼龙绳，绳长 1 倍烟囱的高度以备吊工具、索具等用。

2. 工作步骤

（1）所需工具、索具、架板等用具全部搬到烟囱边附近，2 名上烟囱顶上工作人员系好安全带，连接好保险绳，随身带上吊索具的小绳 1 根，从烟囱的梯子爬到顶上。

（2）将身体伏在烟囱边上，送下身边携带的工作绳，把下面的 4 只小滑车、2 根架板绳、4 只卸扣或 S 形钩子，吊到烟囱顶上，按照工作位置，用卸扣或 S 形钩子安装好木滑车，有固定环的用卸扣连接木滑车，没有固定环的用 S 形钩子挂在烟囱边上，木滑车挂在 S 形钩子上，将架板绳分别穿过木滑车，送到下面。

（3）烟囱顶上的 2 名工作人员各自安装木滑车 2 只，将保险绳穿过其中 1 只木滑车，松放适当长度，系牢在身上的安全带上。然后将架板绳穿过另一只木滑车，下面的协助人员，把上面松下的架板绳留出 3 m，分别在架板两端各打一架板结，把架板吊绳拉成三角形打一单套结，使架板平衡吊起。下面的协助人员拉另一端的架板绳用力把架板拉到烟囱顶上。

（4）上面的工作人员将身体伏在烟囱边上，在架板两端分别打好松降结。

（5）烟囱顶上的工作人员，进入架板后，先用力蹬一蹬，试一试架板是否牢固，并使架板上的绳结吃力，然后再开始工作。

（6）工作告一段落，需要往下移动时，工作人员互相招呼，一起利用松降结降落，直至松到所需工作位置为止，然后收紧丁香结，重新工作。架板往下移动时，首先要放松保险绳至一定长度，并固定在安全带上。

（7）按照上述方法，由上而下直至烟囱下边为止。架板松到下面后，解开松降结，松掉保险绳。如需移动架板位置，工作人员则从烟囱梯子爬到顶上，移动滑车或 S 形钩子至架板所需移动位置，重新把架板拉到烟囱顶上两端重新打一松降结，2 名工作人员分别坐在架板两端进行工作。这样循环几次，直至把全部工作完成为止。

（8）工作结束，解开松降结、架板结，拉下架板绳，盘好架板绳，松掉保险绳，脱掉安全带，工作人员从烟囱梯子爬到顶上把滑车、卸扣或 S 形钩子一起拆下来。打扫场地，把工具、索具、架板、滑车等全部撤回原处放好。

3. 工作注意事项

（1）认真检查索具、用具等（和舷外作业一样）。

（2）上烟囱作业，一定要穿安全带、系保险绳。

（3）在甲板上协助人员要戴安全帽。

（4）工作前应和机舱联系，烟囱的热度不能过高，不能拉汽笛，不能放蒸汽。

六、船舶驾驶台外搭架板操作

船舶驾驶台外面必须经常保持清洁、美观，因此要经常清洗油漆、敲铲铁锈，涂刷油漆工作，它的工作方法和操作步骤和烟囱外壳作业相同，不再另行介绍。

参考文献

［1］魏智勇. 水手业务［M］. 武汉：武汉理工大学出版社，2016.

［2］杜林海，吴金龙，戚发勇. 高级值班水手业务［M］. 大连：大连海事大学出版社，2020.

［3］张玉良. 水手业务与值班［M］. 大连：大连海事大学出版社，2003.

［4］谭日江. 高级值班水手业务［M］. 北京：人民交通出版社，2012.

［5］王锦发. 值班水手业务［M］. 北京：人民交通出版社，2012.

［6］张克家，吴金龙，戚发勇. 值班水手业务考试指南［M］. 大连：大连海事大学出版社，2015.